Bechtold · Heinlein: Snort, Acid & Co.

open
source
P R E S S

Thomas Bechtold · Peer Heinlein

Snort, Acid & Co.

Einbruchserkennung mit Linux

Bibliografische Information Der Deutschen Bibliothek

Die Deutsche Bibliothek verzeichnet diese Publikation in der Deutschen Nationalbibliografie; detaillierte bibliografische Daten sind im Internet über http://dnb.ddb.de abrufbar.

© 2004 Open Source Press GmbH, München
Gesamtlektorat: Dr. Markus Wirtz
Satz: Open Source Press GmbH (LaTeX)
Grafiken: Jens Kulmegies
Umschlaggestaltung: Fritz Design GmbH, Erlangen
Gesamtherstellung: Kösel, Krugzell

ISBN 3-937514-03-1   http://www.opensourcepress.de

Vorwort

Dieses Buch möchte Ihnen helfen, ein eigenes *Intrusion Detection System* (IDS) auf der Basis von Snort aufzubauen. Wir werden auf ca. 250 Seiten nicht sämtliche Aspekte und Möglichkeiten der Einbruchserkennung erörtern können – aber das soll das Buch auch nicht leisten. Vielmehr möchten wir Ihnen eine kompakte, von Fachleuten entworfene und geprüfte Anleitung geben, wie Sie mit möglichst wenig Aufwand möglichst schnell zu einem grundsätzlich ausreichenden IDS kommen.

Dieses Buch wendet sich, bildlich gesprochen, an den gestressten Administrator, der partout genug Arbeit auf dem Schreibtisch und keine Zeit hat, sich in Hunderte Seiten dicke Grundlagenwerke einzuarbeiten, daraus das für ihn Wichtige abzuleiten und anschließend mühsam nach dem Trial-and-Error-Verfahren ein eigenes Snort-IDS aufzubauen. Wir präsentieren Ihnen eine fertige Lösung, die Sie in kürzester Zeit nachbauen und später weiter verfeinern und anpassen können.

Dennoch widmen wir uns selbstverständlich auch den Grundlagen der Intrusion Detection – sozusagen am lebenden Beispiel, am gerade gemeinsam aufgebauten IDS-Netzwerk.

Eine solche Schritt-für-Schritt-Bauanleitung bringt natürlich Kompromisse und Probleme mit sich: Was in einer Software-Version reibungslos funktionierte, kann sich in einer anderen Version wieder anders verhalten. Parameter und Pfade werden umbenannt, Pakete und Bibliotheken kommen zu einer Distribution hinzu oder werden ersetzt – und nicht zuletzt unterscheiden sich auch SUSE und Debian oft genug grundlegend voneinander.

Wir haben die hier geschilderten Bauanleitungen basierend auf Debian Woody und SUSE Version 9.1 entworfen. Es steht Ihnen frei, abweichend davon eine andere (ältere oder neuere) Version oder vielleicht eine ganz andere Distribution einzusetzen, doch müssen Sie damit rechnen, dass dann einiges von unserer Lösung abweichen, anders heißen oder funktionieren kann. Insoweit bitten wir um Verständnis, dass wir weder alle alten Versionen beachten, noch alle zukünftigen Änderungen in unserer Kristallkugel vorhersehen können. Am zugrunde liegenden Prinzip dürfte sich jedoch nicht allzu viel ändern, so dass es für Administratoren mit etwas Erfahrung ein Leichtes sein sollte, die hier geschilderten Wege an andere Gegebenheiten anzupassen.

Ob Sie SUSE oder Debian einsetzen, spielt prinzipiell keine Rolle – wir gehen jeweils auf beide Varianten ein, sofern Unterschiede bestehen. Bezüglich SUSE Linux möchten wir Ihnen aber empfehlen, mindestens Version 9.1 zu nutzen, da erst diese ein aktuelles Snort 2.1 enthält; SUSE 9.0 würde bereits das eigene Kompilieren von Snort erfordern. Das können Sie tun, das können Sie sich aber auch ersparen…

Viele Leute haben am Zustandekommen dieses Buches mitgewirkt und verdienen dafür großen Dank. Patrick German, Tom Scholz und Peer Hartleben aus unserem Team bei „Heinlein & Partner", die die Lösungen mühsam nachgebaut und kontrolliert haben, und natürlich auch Jens Kulmegies, der die Grafiken für das Buch aufbereitet hat.

Ebenso wichtig sind natürlich die stets hilfsbereiten Kollegen Martin F. Krafft und Mathias Kettner, sowie Klaus Singvogel, der Snort-Maintainer bei der SUSE.

Thomas Bechtold, Peer Heinlein   Berlin, im Juni 2004

Inhaltsverzeichnis

Teil 1

Grundlagen der Einbruchserkennung

1

Warum und wie funktionieren Angriffe?

Die Frage, was eine Aktion zum Angriff macht, lässt sich kaum eindeutig beantworten. Was einmal vollkommen unauffällig ist (beispielsweise der Login eines Mitarbeiters gegen 9 Uhr), kann unter anderen Umständen höchst alarmierend oder eben „feindlich" sein (ein Login mit dem Account eines im Krankenhaus liegenden Mitarbeiters um 23 Uhr).

Für ein *Intrusion Detection System* (IDS) wie für einen Administrator ist es äußerst schwierig zu entscheiden, was einen Angriff ausmacht bzw. woran man ihn erkennt. Entsprechend utopisch ist die Annahme, ein solches System könne „out of the box" funktionieren, oder es sei in der Lage, *jeden* Angriff zu erkennen. *Ausreichend* sicher muss es sein – das ist unser Maßstab.

1.1 Wann ist ein Angriff ein Angriff?

Ein Angriff besteht selten aus genau einer Aktion, die zum Erfolg führt. Er umfasst vielmehr den Einsatz verschiedener Werkzeuge, die, gekonnt eingesetzt und kombiniert, schließlich zum Erfolg führen. Im realen Leben ist das nicht anders: Ein Einbruch ins Museum ist nicht bereits durch den Einstieg über die Dachluke geglückt, auch das Ausschalten der Alarmanlage, das Schlafmittel für den Wärter und ein saftiges Steak für den Wachhund gehören dazu.

Jedes einzelne Mittel ist, für sich gesehen, oftmals harmlos oder kann auch ein zufälliger Fehler sein, ebenso wie eine Axt ein harmloses Werkzeug oder eben ein Hilfsmittel bei einem Einbruch darstellen kann.

1.2 Das Handwerkszeug der Angreifer

Wir kommen also nicht umhin, uns einen Überblick über die verschiedenen Techniken und Angriffsmöglichkeiten zu verschaffen. Die bloße Installation von Snort nützt nichts, wenn wir dessen Meldungen nicht auch interpretieren und bewerten können.

1.2.1 Buffer Overflows

Buffer Overflows entstehen durch fehlerhaft programmierte Software, in der nicht geprüft wird, ob eine Dateneingabe in den dafür vorgesehenen Speicherbereich passt. Ragt sie darüber hinaus, überschreibt sie den dahinter liegenden Speicherbereich.

Ein Angreifer kann nun über lokal präparierte Kommandos, aber auch remote durch Netzwerkverbindungen diesen Fehler ausnutzen, z. B. durch die Eingabe einer überlangen Mailadresse an einer Stelle, an der die Eingabedaten in das Programms ungeschützt übernommen werden.

Gelingt es dem Angreifer durch Experimente und genaues Studium des angegriffenen Programms herauszufinden, was in den dahinterliegenden Bereichen gespeichert ist, kann er gezielt Programmcode in seine Dateneingabe einbauen und den weiteren Speicherbereich und dadurch den Code des laufenden Programms überschreiben, um seinen eigenen Code zur Ausführung zu bringen.

Dieser Code wird dann unter dem Benutzeraccount des angegriffenen Programms ausgeführt; im besten Fall ist das ein unprivilegierter Systemaccount, im ungünstigsten Fall root. Dabei muss sich der Angreifer nicht einmal festlegen, was er auf dem System eigentlich will: Wenige eingespeiste Code-Zeilen genügen, um lokal oder über einen TCP/IP-Port eine passwortfreie (root-?) Shell zu starten, über die er dann in einem zweiten Schritt uneingeschränkten Zugriff auf das System hat.

Wichtige Erkenntnis: Auch eine Software, die installiert, aber derzeit nicht benutzt wird, kann eine Gefahr darstellen. Ein lokaler Angreifer könnte sie starten und die Schwachstelle ausnutzen – wichtig ist das vor allem bei **suid**-Programmen. Je mehr solcher Programme installiert sind, desto wahrscheinlicher sind Buffer Overflows zu finden.

Installieren Sie also nur tatsächlich benötigte Software auf Ihrem System und halten Sie diese auf dem neuesten Stand! Nur nicht-installierte Software kann dem System nicht gefährlich werden. Auch sollten Sie bereits den Zugriff auf IP-Ebene weitestgehend limitieren. Ein Dienst, der ohnehin nur für interne Mitarbeiter zur Verfügung steht, darf nicht aus dem Internet heraus erreichbar sein, selbst wenn es eine Absicherung durch Nutzernamen und Passwort gibt. Bereits Fehler in der Passwortabfrage können dazu führen, dass der Angreifer Zugriff auf diesen Dienst erhält.

Ein guter Anlaufpunkt, um auf dem neuesten Stand zu bleiben, ist die Mailingliste **Bugtraq** (ausschließlich Englisch). Ein Eintrag in diese und weitere interessante Mailinglisten kann unter der Adresse **http://www.securityfocus.com/archive** erfolgen.

1.2.2 Spoofing

Spoofing bedeutet soviel wie „jemanden beschwindeln" oder „jemandem etwas vorgaukeln". Im Computernetzwerk heißt das, dass der Angreifer IP-Pakete und andere Daten mit einem falschen Absender versieht. Das kann der Tarnung dienen, ist aber vor allem wichtig, um mit gefälschter Identität Firewalls oder andere Schutzmechanismen zu überwinden. Unter Umständen kann ein Angreifer damit auch bestehende Verbindungen übernehmen und unter seine Kontrolle bringen.

Man unterscheidet folgende Arten des Spoofing:

IP-Spoofing

Das Internet Protocol Address Spoofing (kurz: IP-Spoofing) wird häufig benutzt, um Zugang zu einem privaten Netzwerk zu erlangen oder um Denial-of-Service-Attacken durchzuführen, deren Verursacher unerkannt bleiben will.

Die IP-Nummer des Absenders entscheidet häufig in Firewalls oder Paketfiltern, ob ein IP-Paket passieren darf; teilweise erlauben auch verschiedene Dienste allein auf der IP basierend einen Zugriff, z. B. der TCP-Wrapper oder das rhosts-System.

Es ist relativ einfach, IP-Pakete mit einer beliebigen IP-Nummer als Absender zu erzeugen. Schwieriger ist es allerdings, eine komplette Verbindung über IP-Spoofing abzuwickeln, da die Antworten des Servers an die gefälschte IP-Adresse geschickt werden. Unmöglich ist eine solche Verbindung aber dennoch nicht!

DNS-Spoofing

Da DNS von fast allen Diensten im Internet genutzt wird, ist es ein interessantes Ziel für Angreifer. Gelingt es, einem Nameserver falsche Informationen „unterzujubeln", greift ein Client, der diesen Nameserver benutzt, nichts ahnend auf eine falsche Adresse zu, oder ein Server erlaubt einem Client irrtümlich einen Zugriff auf einen Dienst.

DNS-Spoofing ist gar nicht einmal so schwierig, da DNS-Server die Eigenschaft haben, die DNS-Daten zu cachen. Älteren Versionen der sehr weit verbreiteten Nameserver-Software BIND konnte man DNS-Informationen zusenden, nach denen gar nicht gefragt war. Dennoch wurden diese DNS-Daten in den Cache übernommen und anschließend für einen längeren Zeitraum als gültige DNS-Daten verwendet. Auch wenn neuere Versionen dieses Verhalten abgelegt haben, ist es durchaus auch heute noch möglich, falsche DNS-Daten einzuspeisen.

Nehmen Sie an, ein User möchte auf den passwortgeschützten Intranet-Server der Firma zugreifen. Dazu wird der zugehörige DNS-Resolver irgendwann eine entsprechende DNS-Anfrage stellen. Gelingt es, diesen DNS-Resolver immer und immer wieder mit gefälschten Antworten mit der gefälschten Absende-IP des DNS-Servers zu bombardieren, ist es nur eine Frage der Zeit, bis eine unserer gefälschten Antworten zwischen der Anfrage und der „echten" Antwort beim DNS-Resolver eintrifft. Er wird die gefälschte Antwort als echt akzeptieren und die später eintreffende Antwort des wirklichen Servers als falsch oder doppelt verwerfen.

Als weitere Schutzmaßnahme wurde begonnen, DNS-Anfragen mit einem Schlüssel zu versehen, der in den Antworten enthalten sein muss. Das gestaltet ein DNS-Spoofing zwar schwieriger (da wir nicht „blind" antworten können), macht es aber nicht unmöglich, solange wir es nur schaffen, die Anfrage schneller mitzuschneiden, als der jeweils angefragte DNS-Server zu antworten vermag (letzteren könnten wir über eine DoS-Attacke vorübergehend lahm legen).

Eine DNS-Anfrage kann sehr einfach mitgelesen werden. Voraussetzung hierfür ist ein installierter Paketsniffer wie **tcpdump**.

```
linux:~ # tcpdump -n -v port 53
tcpdump: listening on eth0
19:53:31.451894 192.168.1.10.1025 > 194.25.2.129.53:  [udp sum ok] 25632
+ A? www.opensourcepress.de. [|domain] (DF) (ttl 64, id 0, len 68)
19:53:31.528569 194.25.2.129.53 > 192.168.1.10.1025:  25632 1/0/0 www.op
ensourcepress.de. A[|domain] (DF) (ttl 56, id 0, len 84)
```

tcpdump unterdrückt durch den Parameter **-n** bei der Ausgabe die Namensauflösung und lauscht nur an Port **53**. Über diesen Port laufen normalerweise die DNS-Abfragen. Die erste Zeile der Ausgabe ist die Anfrage des Rechners **192.168.1.10** an den Nameserver mit der IP-Adresse **194.25.2.129**. Gefragt wird nach dem Domainnamen **www.opensourcepress.de**. Die zweite Zeile ist dann die Antwort des Nameservers.

ARP- bzw. MAC-Spoofing

Innerhalb eines LAN werden auf den unteren OSI-Schichten Pakete ausschließlich über MAC-Adressen, nicht über IP-Adressen im Ethernet versendet. Theoretisch hat dabei jede Netzwerkkarte eine eindeutige, fest einprogrammierte und weltweit einmalige, 48 Bit große MAC-Adresse. Praktisch ist es jedoch kein Problem, die MAC-Adresse zu ändern oder einer Netzwerkkarte weitere – auch ausgedachte – MAC-Adressen zuzuweisen.

Wenn ein Host eine andere IP-Nummer im LAN (anderer Host oder das Gateway nach draußen) erreichen muss, stellt er nach dem ARP-Protokoll eine Broadcast-Anfrage, um herauszufinden, welche MAC-Adresse eine bestimmte IP-Nummer hat. Existiert ein Host mit der angefragten IP-Nummer, wird er mit der Angabe seiner MAC-Adresse antworten.

```
linux:~ # tcpdump arp
21:12:44.354206 arp who-has 192.168.1.1 tell 192.168.1.133
21:12:44.355072 arp reply 192.168.1.1 is-at 0:80:48:21:d6:b0
```

Diese Adresse speichert der anfragende Host zur späteren Nutzung temporär in seiner ARP-Tabelle. Mit dem Programm **arp** können Sie diese Tabelle auslesen, der Parameter **-n** verhindert die Namensauflösung der IP-Adresse:

```
linux:~ # arp -n
Address          HWtype  HWaddress          Flags Mask      Iface
192.168.1.1      ether   00:80:48:21:D6:B0  C                eth0
[...]
```

Die Schwachstelle dabei liegt – ähnlich wie beim DNS – darin, dass die Hosts auch ARP-Antworten übernehmen, die sie selbst nie angefragt haben, oder die von anderen Hosts abgeschickt worden sind. Es ist absolut unproblematisch, einem Host eine falsche MAC-Adresse vorzugeben, die er dann blind übernimmt.

In diesem Mitschnitt durch **tcpdump** ist deutlich zu sehen, wie ein Host nach der MAC-Adresse eines Netzwerkgateways **192.168.1.1** fragt. Unter den Antworten ist zwar auch die echte MAC-Adresse, diese wird jedoch vom Angreifer sofort durch weitere gefälschte **arp**-Antworten überschrieben:

```
linux:~ # tcpdump arp
21:18:41.444985 arp who-has 192.168.1.1 tell 192.168.1.133
21:18:41.449618 arp reply 192.168.1.1 is-at 0:80:48:21:d6:b0
21:18:41.449652 arp reply 192.168.1.1 is-at ea:1a:de:ad:be:3
21:18:41.449658 arp reply 192.168.1.1 is-at ea:1a:de:ad:be:3
21:18:41.450107 arp reply 192.168.1.1 is-at 0:80:48:21:d6:b0
21:18:41.450121 arp reply 192.168.1.1 is-at ea:1a:de:ad:be:3
21:18:41.450126 arp reply 192.168.1.1 is-at ea:1a:de:ad:be:3
```

Ein Blick in die arp-Tabelle auf dem manipulierten Host **192.168.1.133** zeigt dann auch sofort die Wirksamkeit des Spoofings:

```
linux:~ # arp -n
Address          HWtype  HWaddress         Flags Mask      Iface
192.168.1.1      ether   EA:1A:DE:AD:BE:03 C               eth0
```

Im Ergebnis wird der Host zwar aus seiner Sicht weiterhin mit der IP **192.168.1.1** kommunizieren, in Wirklichkeit aber an die MAC-Adresse des Angreifers adressieren, so dass die Ethernet-Pakete (und damit die IP-Daten) beim falschen Rechner landen. Der Angreifer kann die Rolle des eigentlich angefragten Servers komplett übernehmen oder über passende Software als „Relay" arbeiten, d. h., er leitet die falsch adressierten Pakete anschließend an die richtige MAC-Adresse weiter, hat nun aber den kompletten Verkehr unter seiner Kontrolle zum Protokollieren – oder auch Fälschen.[1]

Alternativ kann über ARP-Spoofing auch ein temporärer Denial of Service (DoS) gegen einen einzelnen Rechner gefahren werden: Speisen wir eine völlig falsche MAC-Adresse zu einer bestimmten IP-Nummer ein, wird er diese IP-Nummer nicht mehr erreichen können – zumindest für eine gewisse Zeit und ohne dass es sichtbare Schäden oder nachvollziehbare Ereignisse in den Logfiles des betroffenen Host geben wird.

Diese Methode kann nur in einem internen Netz durchgeführt werden, da das ARP-Protokoll nicht routbar ist und sich die MAC-Adressierung ebenfalls nur im LAN abspielt: Will ein Client einen entfernten, nur über IP-Routing zu erreichenden Server ansprechen, stellt er eine ARP-Anfrage nach der MAC-Adresse des Gateways, an die die Daten dann geschickt werden.

Zum Schutz vor ARP-Spoofing besteht die Möglichkeit, die ARP-Tabelle nicht durch ARP-Anfragen aus dem Netz zu holen, sondern fix durch die Datei */etc/ethers* vorzugeben, in die alle Zuordnungen manuell eingetragen werden (siehe **man 5 ethers**). Darüber hinaus gibt es einzelne Tools wie **arpwatch**, die Alarm schlagen, wenn sich die MAC-Adresse einer IP-Nummer plötzlich ändert (denn das geschieht normalerweise nur beim Einbau einer neuen Netzwerkkarte und ist darum höchst verdächtig). Aber auch Snort kann diese Überwachungsaufgabe für uns übernehmen und natürlich nutzen wir diese Chance.

Aufgabe unseres IDS wird es später also auch sein, jede Unregelmäßigkeit im ARP-Bereich sofort zu melden.

RIP-Spoofing

Mit Hilfe des *Routing Information Protocol* (RIP) können in größeren Netzwerken Routingtabellen verschiedener Hosts auf dem aktuellen Stand gehalten oder auto-

---

[1] Z. B. durch das äußerst interessante und lehrreiche Programm hunt: http://lin.fsid.cvut.cz/~kra/

matisiert verwaltet werden. Die Rechner senden über den Broadcast-Mechanismus alle 30 Sekunden ihre Routingtabelle an benachbarte Rechner, so dass jeder Rechner von jedem lernt. Dieser Vorgang benutzt keinerlei Identifizierungsmechanismen, den Daten wird ohne Überprüfung vertraut.

Durch eine RIP-Spoofing-Attacke ist es also möglich, den Verkehr zwischen zwei Rechnern komplett lahmzulegen oder umzuleiten, wenn systematisch gefälschte Routingtabellen ins Netzwerk eingespeist werden. Auch hier können wir erreichen, dass gezielt oder pauschal Daten über den Host des Angreifers umgeleitet werden.

WWW-Spoofing

WWW-Spoofing ist ein recht pauschaler Begriff für einen Effekt, den man technisch auf verschiedene Weise erreichen kann. Grundsätzlich meint er zunächst einmal das Vorgaukeln einer bestimmten Webpräsenz, die aber vom Server des Angreifers kommt und die echten Webseiten täuschend echt nachstellt, so dass ein ahnungsloser Nutzer z. B. Passwörter oder Zugangscodes zum Onlinebanking oder zum Intranet-System eingibt. Denn warum Zugangsdaten mühsam ermitteln, wenn man einen User einfach danach fragen kann?! ...

WWW-Spoofing kann u. a. dadurch erreicht werden, dass der Angreifer von komplizierten Domainnamen Abarten mit Tippfehlern registriert und auf sich umlenkt, oder indem der Client durch DNS- oder MAC-Spoofing eine falsche IP- oder MAC-Adresse des Webservers bekommt. Natürlich könnte auch das Client-System manipuliert sein, wenn es dem Angreifer gelungen ist, einen Zugriff darauf zu erlangen. Sie sehen: Ein gelungener Angriff basiert oft auf der Kombination unterschiedlicher Werkzeuge und Teilschritte.

1.2.3 Flooding

Das „Fluten" eines Dienstes kann sich ebenso wie das Spoofing an verschiedensten Stellen oder gegenüber verschiedensten Netzwerkprotokollen abspielen. Versenden wir Tausende von ARP-Anfragen, „fluten" und überfordern wir handelsübliche Switches, so dass sie sich nicht mehr merken können, wo welcher Host sitzt, und in der Folge nicht mehr switchen können – die meisten Geräte agieren dann wie ein Hub, so dass ein Angreifer leicht fremde Datenpakete mitlesen kann. Andere Flooding-Mechanismen können dazu dienen, einen Dienst dauerhaft oder – noch interessanter – vorübergehend spurlos zu deaktivieren (Denial of Service – DoS), z. B. indem wir einen DNS-Server mit DNS-Anfragen bombardieren, damit er anderen Hosts nur sehr verzögert DNS-Antworten schickt und wir leichter eigene, gefälschte DNS-Antworten einspeisen können (eben DNS-Spoofing, s. o.).

1.2.4 (Distributed) Denial of Service

DoS-Angriffe sind ein aus den einschlägigen Newstickern und Zeitschriften mittlerweile bekanntes Thema: Ein einzelner Dienst, ein Host oder ein ganzes Netzwerk werden – wie auch immer – lahmgelegt.

Nicht immer muss ein DoS-Angriff das Ziel haben, einen Host komplett zu deaktivieren, schließlich fällt das irgendwann auf und wird vom Admin wieder in Ordnung gebracht. Viel interessanter kann es sein, einen Host nur vorübergehend zu überlasten, so dass er Anfragen nicht mehr beantwortet und wir uns leichter an seine Stelle setzen können. Interessant wird es vor allem dann, wenn ein Angreifer es schafft, das möglichst spurlos zu tun, sich im angegriffenen Host also anschließend keine oder nur indirekte Spuren finden, dass er für einige Minuten außer Gefecht war.

Nicht immer ist für einen DoS-Angriff eine breitbandige Internet-Anbindung des Angreifers notwendig: Kleine IP-Pakete zu versenden, die eine bestimmte TCP-Verbindung stören (Reset-Pakete), oder Anfragen, die den Server unnötig beschäftigen sollen, das benötigt i. d. R. wenig Bandbreite und ist sogar über eine Modem- oder ISDN-Leitung zu bewerkstelligen.

Um einen Server durch große Datenmengen oder eine Masse von Anfragen zusammenbrechen zu lassen, können *distributed* DoS durchgeführt werden. Zu diesem Zweck kann sich ein Team von Angreifern auf ein gemeinsames Ziel verständigen; üblicher ist es aber, im Vorfeld zahlreiche andere, unbeteiligte Server zu hacken und dort sog. *Bots* zu installieren, kleine ferngesteuerte Programme, die auf ein Kommando des Angreifers hin beginnen, das eigentliche Ziel zu attackieren. So verschafft sich der Angreifer eine enorm hohe Rechen- und Datenübertragungskapazität (auf Kosten anderer) und kann selbst große Ziele angreifen.

In der Vergangenheit gab es mehrfach Viren, die normale Windows-PCs infizierten, um dann gemeinsam gegen große Netzwerkserver zuzuschlagen. Die Kapazitäten Hunderttausender oder gar Millionen solcher Privat-PCs reichten dafür aus.

Diese Überlegungen zeigen zugleich, warum sich jeder Privatanwender wie auch jeder Betreiber eines Internet-Servers schützen muss, unabhängig davon, ob er sich selbst Ziel eines Angriffs wähnt, denn seine Server sind potenzielle Hilfsmittel zum Missbrauch. Abgesehen von dem „moralischen" Problem, einem Angreifer zu helfen, fremde Server zu attackieren, drohen Ausfälle und entsprechende Folgekosten.

1.2.5 Viren, Würmer, Trojanische Pferde

Viren und Würmer sind derzeit nur zu gut bekannt, und viele (nicht alle) Firmen haben begonnen, sich durch zentrale Mailgateways oder Web-Proxies gegen Viren und Würmer zu schützen. Das hindert einen Angreifer jedoch nicht daran, einen eigens programmierten Virus für einen Angriff auf ein bestimmtes Firmennetzwerk einzusetzen, da Virenfilter i. d. R. nur bekannte, in den Signaturdatenbanken enthaltene Viren erkennen können – und dort wird ein selbst geschriebener Programmcode natürlich nicht verzeichnet sein.

Es kann unter Umständen also ausreichen, einem Mitarbeiter ein entsprechend präpariertes Programm zuzumailen. Ist der Kollege gutgläubig und unbedarft bzw. hat er eine schlecht gesicherte E-Mail-Software, kann der Angreifer sein Programm installieren – das sich anschließend im LAN selbstständig ausbreitet, Daten sammelt, vielleicht DNS-Antworten „verbiegt", Passwörter protokolliert und andere Aufgaben erledigt.

Noch einmal: Virengateways schützen davor nicht. Es liegt an uns, unsere Mitarbeiter anzuweisen, sichere Desktop-PCs zu konfigurieren, oder eben über ein IDS Auffälligkeiten zu bemerken, die auf die Anwesenheit einer solchen Software hinweisen könnten.

Eine kurze Begriffsdefinition: Ein Virus benötigt eine gezielte Aktion eines Anwenders, um aktiviert zu werden (z. B. einen Klick auf das Attachment einer E-Mail), während sich ein Wurm ohne Aktion des Anwenders starten und darum rasant ausbreiten kann. Ursprünglich waren Computerwürmer als nützliche Helfer gedacht: Sie wurden benutzt, um Netzwerkverbindungen zu testen oder nicht benutzte Rechner ausfindig zu machen und deren Rechenleistung auszunutzen. Ein Trojanisches Pferd schließlich ist eine vom Benutzer i. d. R. absichtlich installierte Software, die zwar ihren Zweck erfüllt (Bildschirmschoner, Festplatten-Utility o. Ä.), daneben aber versteckten, unerwünschten Programmcode enthält und ausführt.

1.2.6   Rootkits

Meist ist es das Ziel des Angreifers, root- oder Administrator-Rechte zu erlangen. Genauso wichtig ist es aber auch, diese Rechte zu behalten und dauerhaft nutzbar zu machen, sich also so zu tarnen, dass der Angriff auch bei genauerer Überprüfung des befallenen Hosts unentdeckt bleibt.

Das Verwischen der eigenen Spuren durch Manipulation von Logdateien oder Tarnen von Useraccounts ist dabei nur ein erster Schritt, um den Einbruch zu verschleiern. Anschließend geht es daran, angelegte Nutzeraccounts, gestartete Programme, geöffnete Ports und installierte Software zu verstecken. Ausgetüftelte Programme, sog. „Rootkits", erledigen das automatisch, indem sie zum Beispiel Programme wie **ps, netstat, ls, top** oder **tcpdump** manipulieren und durch eigene Versionen ersetzen, die so programmiert sind, dass sie die Installationen des Angreifers schlichtweg nicht mehr anzeigen und ein **ps ax** kurzerhand die per TCP/IP erreichbare, als Daemon gestartete root-Shell nicht mehr listet.

Programm-Rootkits manipulieren flächendeckend die Linux-Tools, während so genannte LKM-Rootkits (*Loadable Kernel Module*) sich direkt an den Linux-Kernel machen, so dass er z. B. alle in Zusammenhang mit einer bestimmten User-ID stehenden Daten stets verschweigt.

Gute Rootkits tarnen den Angreifer derart perfekt, dass ein Admin kaum Chancen hat, die Programme und Dateien des Nutzers zu sehen, obwohl sie eigentlich problemlos einsehbar wären. Abhilfe schafft hier nur die Überprüfung durch ein separat gestartetes, unmanipuliertes Rescue-System, da jegliche Ausgabe direkt vom befallenen Host nicht mehr der Wirklichkeit entspricht.

1.2.7 Social Engineering / Social Hacking

Social Engineering hat zunächst einmal nichts mit Technik zu tun: Eine Person, deren Familienverhältnisse, Kollegen, Firma etc. werden erforscht und analysiert – klassische Detektivarbeit also. Das hört sich im hier behandelten Kontext vielleicht etwas exotisch an, und doch kann Social Engineering bei einem gezielten Angriff eminent wichtig sein: Mit dem so gewonnenen Wissen kann der Angreifer eventuell Usernamen und Passwörter erraten oder im Gespräch mit künftigen Opfern so viel Insiderwissen durchblicken lassen, dass ihm weitere (entscheidende) vertrauliche Daten oder gar der direkte Zugriff auf das Netzwerk gegeben werden: „Kollege O. aus der Haus-EDV ist derzeit in Urlaub, ich hoffe, Sie können mir weiterhelfen – ich bin von der Firma XY, die ja vor zwei Wochen Ihre Anlage gewartet hat. Wir haben da noch ein kleines Problem, aber das Passwort, das mir Kollege O. gegeben hat, scheint nicht mehr zu funktionieren… Könnten Sie mir vielleicht…? Ja? – Danke, das ist sehr hilfreich!"

Das Problem liegt darin, dass viele Menschen allzu vertrauensselig reagieren, sobald sie direkt angesprochen und nach einem konkreten Sachverhalt gefragt werden. Beispiele sind gefälschte ebay- oder Amazon-E-Mails, in denen Nutzer aufgefordert werden, auf irgendeiner Webseite Kreditkartendaten zu „aktualisieren", oder Telefonanrufe der Art: „Müller, Haus-EDV. Es gibt da ein Problem mit Ihrem Account, das ich überprüfen müsste. Könnten Sie mir dazu mal bitte Ihr Passwort nennen?"

Wenn Sie für ein Firmennetzwerk zuständig sind, können Sie einen kleinen Feldversuch unternehmen: Bitten Sie einen externen Kollegen um Hilfe und testen Sie, ob und an welche Zugangsinformationen und Interna er herankommt, wenn er nur bestimmt und selbstsicher genug auftritt.

Schulen Sie Ihre Mitarbeiter und Kollegen! Geben Sie klare Anweisungen – z. B. in Rundschreiben – wie: „Passwörter werden *nie* am Telefon erfragt" oder „Anfragen externer Firmen sind ausschließlich von der Haus-EDV zu beantworten". Wecken Sie das Misstrauen Ihrer Mitarbeiter, wenn plötzlich nach Persönlichem über Kollegen gefragt wird: „Wir suchen einen alten Schulfreund, Martin Müller… Ach, der Kollege bei Ihnen heißt Matthias Müller? Vielleicht irre ich mich auch im Vornamen und er ist es trotzdem – wissen Sie zufällig, wie seine Frau heißt?"

Warum Passwörter mühsam knacken, wenn ein einfacher Anruf genügt?!…

1.3 Mit wem und was haben wir es zu tun?

Know your enemy! – Aber das ist in unserem Falle gar nicht so einfach, schließlich haben wir eine Vielzahl potenzieller und tatsächlicher Feinde und müssen uns auch an verschiedenen Fronten der Angriffe erwehren. Wir müssen jedoch wissen, wer uns gegenüber steht, denn daraus können wir schließen, mit welchen Mitteln und mit welchen Methoden gearbeitet wird.

1.3.1 Script-Kiddies – denn sie wissen nicht, was sie tun?

Eine Vielzahl „cO0lEr t00lZ", sog. „Exploits", sind im Netz mit wenigen Handgriffen zu finden; sie erlauben es, recht schnell ohne fundierte technische Kenntnisse vorhandene Sicherheitslücken auszunutzen. Selbst ernannte „Hacker-Seiten" führen dazu eine Datenbank mit Fehlern wichtiger Programme und liefern das passende Tool gleich mit. Als „Script-Kiddies" werden darum jene bezeichnet, die „cool" Rechner hacken bzw. glauben, dass der Einsatz eines fertigen Tools ohne Kenntnis der Details als „hacken" bezeichnet wird. Sie freuen sich, wenn sie wieder einmal einen ungesicherten NT4-Server gefunden und „einfach so" durch ein Ping-Paket zum Absturz gebracht oder durch einen bekannten Exploit der Top-25-PHP-Scripts es geschafft haben, einen flotten Spruch auf der Webseite eines Forums zu platzieren.

Mitglieder dieser Spezies scheinen häufig im Netz zu sein und über viel freie Zeit zu verfügen: Die Auswertung eigener Statistiken zeigt teilweise sehr deutlich, wenn in Deutschland wieder einmal die Schulferien begonnen haben und das Wetter schlecht ist...

Ich gebe zu – diese Abfälligkeit wird der Bedrohung durch Script-Kiddies nicht unbedingt gerecht. Zwar geht von ihnen für gut gesicherte Rechner keine sehr hohe Gefahr aus, da sie i.d.R. nicht in der Lage sind, eigene Exploits zu entwickeln und ein fremdes System durch eigene Initiative zu hacken. Aber ihre Wirkung liegt in ihrer großen Anzahl: Fehler auf einem nicht täglich geupdateten und abgesicherten Rechner werden von ihnen recht schnell gefunden und ausgenutzt.

Insofern sind Script-Kiddies durchaus ein Problem, wenn auch eher quantitativer als qualitativer Art. Wir müssen zusehen, dass wir keinen Security-Patch einer Distribution übersehen, jedes irgendwo installierte PHP-Script mit der neuesten Version oder einem entsprechenden Patch versehen, wenn darin ein Fehler aufgetaucht ist, oder dass wir nirgends im Netz einen „unwichtigen" Rechner vergessen, der nicht up-to-date gehalten wird.

Andererseits ist all das ohnehin notwendig und selbstverständlich, wenn wir uns professionell geführter Angriffe „echter Hacker" erwehren wollen.

1.3.2 Blackhats – die Szene

„Blackhats" sind – wie sollte es anders sein – die Bösen, während „Whitehats" die Guten sind, also wir ehrbare Administratoren und IDS-Bewacher, die den täglichen Kampf mit der dunklen Seite der Macht führen.

Blackhats stellen die qualitative Gefahr für unser Netzwerk dar. Sie verstehen ihr Handwerk, brauchen keinen fertigen Exploit (sondern entwickeln und schreiben ihn), analysieren Software auf Schwachstellen, finden die Buffer Overflows und schaffen es, durch trickreiches Know-how und Hartnäckigkeit Stück für Stück in ein Netzwerk vorzudringen.

Sie sind gemeinhin die, die man „Hacker" nennt und gegen die wir ernsthafte Abwehr- und Entdeckungsstrategien entwickeln müssen. Realistischerweise muss man zu dem Schluss kommen, dass es *immer* einen Weg in ein Netzwerk gibt, die Frage ist nur, wie schwierig er zu finden ist und wie viel Aufwand es macht. Gegen einen professionellen Blackhat, der uns unmittelbar als Ziel erkoren hat, dürfte es sehr schwer werden – andernfalls würde es nicht immer wieder einmal gelingen, auch in hochprofessionell gesicherte Systeme einzudringen.

Doch das ist kein Grund, den Kampf gar nicht erst aufzunehmen: Wir können es ihnen schwer machen, wir können vieles vereiteln und verzögern und wir können uns so absichern, dass sich der Aufwand für das, was man bei uns bekommen könnte, nicht mehr lohnt. Und wir können es schaffen, dass entsprechende Versuche oder Erfolge von unserem IDS entdeckt werden und wir gewarnt sind, um Gegenmaßnahmen zu ergreifen.

Am gefährlichsten ist ein Hack, der lange Zeit nicht als solcher erkannt wird!

1.3.3 Konkurrenz / Wirtschaftsspionage

Zu gern wird die eigene Konkurrenz als möglicher Angreifer außer Acht gelassen. Auch wenn Geschäftsführer und Mitarbeiter einer Konkurrenzfirma mangels Wissen externe Hilfe durch Script-Kiddies oder Blackhats benötigen, so gehört die Konkurrenz doch stets in die Kategorie „potenzielle Angreifer", denn sie verfügt über Kenntnisse über Personen und Aufbau meiner Firma („social hacking") und hat es – im Gegensatz zum Script-Kiddy – mit Nachdruck auf ganz konkrete Ziele in meinem Netzwerk abgesehen.

Es ist gar nicht nötig, solche Szenarien allein im Bereich der internationalen Großindustrie zu suchen: Auch der Mittelstand ist betroffen; angesichts häufig schlecht gesicherter Rechnernetze und harten Konkurrenzdrucks ist der Einsatz dieses „letzten Mittels" geradezu vorprogrammiert. Wozu noch die klassische Bestechung von Mitarbeitern im Konkurrenzunternehmen, wenn es auf IT-Basis viel einfacher ist, an die gewünschten Unterlagen, Produktionsdaten, Kundenstammdaten und andere Interna zu gelangen?

Ein normaler Angriff kann viel Arbeit und Kosten verursachen, wenn Server gehackt und Daten zerstört wurden. Aber er ist i. d. R. reparabel. Ein erfolgreicher Angriff durch die Konkurrenz ist u. U. hingegen nicht wieder auszugleichen, wenn Informationen und Wissen, die die Geschäftsgrundlage bildeten, in fremde Hände gelangen.

Wenn Sie ein Netzwerk schützen, sollten sich Ihre Bemühungen also nicht allein auf den technischen Schutz vor „normalen Angriffen" konzentrieren, sondern ganz besonders auch auf Schutz, Sicherung und Geheimhaltung der Daten.

Netzwerksicherheit planen und kontrollieren

Einbruchserkennungssysteme entwickeln sich immer mehr zu einem festen Bestandteil von Sicherheitskonzepten bei vernetzten Computersystemen. Ob Privatanwender, kleine und mittlere Unternehmen oder große Konzerne mit einer umfassenden Infrastruktur: Mit der zunehmenden Vernetzung und der Abwicklung geschäftlicher und privater Kommunikationsprozesse über elektronische Wege wächst die Abhängigkeit von sicheren, zuverlässigen und verfügbaren Computernetzen.

Gezielte Angriffe und Sicherheitslücken in der Software sind dabei nur ein Aspekt; in den letzten Jahren haben darüber hinaus autonom agierende Würmer an Bedeutung gewonnen, die ein Netzwerk infiltrieren, ausspionieren und ausnutzen können, so dass *jeder* ein potenzielles Opfer ist, ohne explizit auf der Zielscheibe eines Angreifers gelandet zu sein.

Es ist auch den größten Optimisten klar, dass es ein vollkommen sicheres System nicht gibt und nicht geben kann. Wir müssen uns darauf einstellen, dass wir Angriffe möglichst präventiv, also noch in der Versuchsphase erkennen und ggf. durch gezielte Maßnahmen abwehren müssen. Das ist der Idealfall.

Das Ziel ist also höchstmögliche Sicherheit bei vertretbarem Aufwand. Der Aufwand ist vom zu schützenden Objekt und seiner Bedrohung abhängig. Eine Privatperson, die bei Verlassen der Wohnung die Wohnungstür abschließt, gewinnt dadurch genügend Sicherheit. Selbstverständlich ist es aber weiterhin ein Leichtes, die Tür aufzubrechen oder durch ein Fenster einzusteigen. Ein solcher Einbruch wird allerdings erkannt und strafrechtlich verfolgt. Das bedeutet, dass die Abschreckung vor einem Einbruch groß ist und zugleich der Nutzen des Eindringens in Privaträume meist gering. Zudem gibt es viele Wohnungen bei vergleichsweise wenigen Einbrechern, so dass die Eintrittswahrscheinlichkeit eines Einbruchs nicht sehr hoch bzw. unser Risiko gering liegt. Alles in allem können wir nach einer ersten groben Kosten-Nutzen-Analyse von einem ausreichenden Schutz ausgehen.

Anders natürlich bei einer Bank, wo das Abschließen der Tür kaum ausreichen dürfte. Tresor, Kamera, Wärmesensoren, Wachpersonal und eine sofortige Alarmierung der Polizei bei einem erkannten Einbruchsversuch sind hier dem zu schützenden Wert angemessen. Doch auch hier gilt, dass es immer einen Weg gibt, diese Sicherheitsvorkehrungen zu umgehen, sei es durch einen Einbruch von außen oder durch einen Mitarbeiter der Bank selbst. Allerdings sind die Erfolgsaussichten oft sehr gering bzw. die Abschreckung damit ausreichend hoch.

Das Schwierige bei dem Versuch, ein solches Sicherheitssystem zu umgehen, ist nicht jede einzelne Sicherheitsvorkehrung an sich, sondern die Summe der Sicherheitsvorkehrungen, die ineinander greifen. Es ist also notwendig, alle Sicherheitsvorkehrungen aufeinander abzustimmen und gegebenenfalls weitere hinzuzufügen, um damit die höchstmögliche Sicherheit für das zu schützende Objekt zu erreichen.

Häufig sind Netzwerke nach außen relativ gut durch Firewall, Proxies, Virenscanner oder sonstige Vorrichtungen gesichert. Diese dienen jedoch lediglich dem Schutz vor unbefugtem Zugriff auf das Netzwerk von außen. Ist es einem Angreifer einmal gelungen, in das Netzwerk einzudringen, bleibt er leicht unerkannt und kann sich ausbreiten, wenn die Sicherheitsvorkehrungen im internen Netzwerk zu wenig auf eine Entdeckung des Angriffs ausgerichtet sind.

Die wohl am meisten unterschätzte Gefahr ist allerdings ein Angriff aus dem eigenen Netzwerk heraus: Je nach Untersuchung kommen bis zu 80 Prozent der Angriffe aus dem internen Netzwerk oder von (ehemaligen?) Mitarbeitern mit Insiderwissen. Eine Firewall ist selbstverständlich unverzichtbar, schützt uns vor einem Großteil der Angriffsszenarien aber kaum.

Eine Strategie zur Sicherung eines Netzwerks umfasst folgende Punkte:

Prävention
> Vorsorge in Form sicherer Software-Installation, Firewalls, Netztopologie, eines restriktiven Berechtigungssystems für Mitarbeiter und Kollegen und ge-

härteter Server; dies ist zwar unverzichtbar, aber nichts, worauf wir uns vollkommen verlassen könnten.

Detektion / Erkennung

Auch ein noch so gut gesichertes Netzwerk hat irgendwo eine Schwachstelle, durch die ein Angreifer eindringen kann. Diese Schwachstellen und erfolgte Angriffe zu erkennen ist die Grundvoraussetzung, um in angemessener Form darauf reagieren zu können. Wird kein Wert auf die Entdeckung eines Einbruchs gelegt, so gilt das System noch als sicher, obwohl Einbrecher möglicherweise längst in das Netzwerk eingedrungen sind und sich erfolgreich getarnt haben.

Reaktion

Es muss ein Notfallplan existieren, in dem genau festgelegt wurde, wie auf einen möglichen Angriff reagiert wird. Eine überhastete und undurchdachte Aktion richtet meist mehr Schaden an als sie verhindert: Ein Abschalten des Servers, ein Löschen eines entdeckten Angreifer-Accounts oder ähnlich unqualifizierte Maßnahmen verhindern oft die erfolgreiche Analyse, wie der Angreifer ins System kam, was stattgefunden hat, welche Systeme kompromittiert wurden, welche Daten nach außen gelangt und welche Daten manipuliert worden sind, und – auch nicht uninteressant – oft genug wird die Chance vertan, den Angreifer in Ruhe zu beobachten, um ihn nach Möglichkeit zu enttarnen. Spüren wir den Angreifer aber nicht auf, sondern vertreiben ihn nur, wird er zu gegebener Zeit wiederkommen...

Netzwerksicherheit ist also ein permanenter Prozess, in dem wir täglich unsere Systeme prüfen sowie unsere Maßnahmen ständig verbessern und an aktuelle Entwicklungen und Veränderungen anpassen müssen.

2.1 Die W-Fragen der Sicherheit

Warum Sie Ihr Netzwerk schützen sollten, lässt sich ausgezeichnet anhand der so genannten W-Fragen-Methode aufzeigen. Stellen Sie sich selbst die richtigen Fragen, und Sie werden (meist) zu den richtigen Schlussfolgerungen gelangen. Diese W-Fragen, auf Ihre Netzwerksicherheit bezogen, könnten folgendermaßen lauten:

- *Wann sollte ich mein Netzwerk schützen?*

  Die Antwort auf diese Frage ist eindeutig: „Immer!" – selbst wenn das Netzwerk lediglich aus zwei Rechnern mit einem Internetzugang besteht oder auf diesen Rechnern keine „wichtigen" Daten abgelegt sind.

- *Warum sollte ich mein Netzwerk schützen?*

  Um erstens Ihre Privatsphäre oder die Privatsphäre der Benutzer in Ihrem Netzwerk und zweitens die Privatsphäre anderer Leute zu schützen. Sollte jemand Zugang zu Ihrem Netzwerk haben, ist es meist ein Leichtes, Passwörter von E-Mail-Accounts oder anderen Zugangsdaten mit Hilfe so genannter Sniffer zu erlangen. Sie sollten sich auch einfach den Ärger vom Hals halten, den Sie zwangsläufig bekommen, wenn Ihre Systeme Bestandteil („Relay") eines viel größeren Angriffs gegen Dritte geworden sind.

- *Vor wem oder was muss mein Netzwerk geschützt werden?*

  Grundsätzlich vor allem. Dies ist eine sicherheitspolitische Frage: Erlauben Sie jeden Zugriff und sperren nur bestimmte Dinge oder sperren Sie alles und erlauben nur bestimmte Zugriffe? Hier ist die zweite Methode die eindeutig bessere. Wenn Sie die Kontrolle über das Netzwerk behalten wollen, so müssen Sie wissen, wer was im Netzwerk tut und welche Rechte die einzelnen Benutzer haben.

- *Wie kann ich mein Netzwerk schützen?*

  Nur durch eine Vielzahl ineinander greifender Maßnahmen, die keine Lücken lassen: Man nennt dies ein „IT-Sicherheitskonzept" – wie Sie es erstellen, klären wir in den folgenden Abschnitten.

Diese Fragen können lediglich einer ersten Bestandsaufnahme dienen, wenn es um Netzwerksicherheit im Allgemeinen geht.

2.2 Grundwerte der Sicherheit („common criteria")

Bei der Beurteilung der Sicherheit von Informationssystemen werden drei sog. „common criteria" unterschieden: *Verfügbarkeit, Integrität* und *Vertraulichkeit.*[1]

Verfügbarkeit

Die notwendige Verfügbarkeit unterscheidet sich von Dienst zu Dienst. Es muss jedoch klar geregelt sein, in welcher Zeitspanne welcher Dienst, welches Netzwerk oder welches System verfügbar sein muss. Dabei stellen sich die Fragen: Wie oft darf ein Ausfall passieren (Unterschiede je nach Uhrzeit)? Wie lange darf der Ausfall andauern (Unterschiede je nach Uhrzeit)?

So muss zum Beispiel ein Netzwerk zur internen Kommunikation in einer Firma während der Arbeitszeiten stets möglichst ohne Ausfallzeiten verfügbar sein, während die allgemeine Webpräsenz rund um die Uhr – auch am Wochenende – erreichbar sein muss.

[1] http://www.bsi.de/cc/

Integrität

Unter der Integrität von Dateien oder Programmen versteht man die Eigenschaft, dass diese nur von befugten Personen in zulässiger Weise verändert wurden. Eine unzulässige Modifikation hebt die Integrität auf. Es muss also sichergestellt werden, dass Dateien unverfälscht und vollständig sind.

Vertraulichkeit

Unter Vertraulichkeit versteht man, dass der Zugriff auf Informationen nur von befugten Personen erfolgt und kein unbefugter Informationsgewinn für Dritte möglich ist.

Bei einem Hardwareschaden steht zum Beispiel kein Dienst mehr zur Verfügung, er betrifft also die Verfügbarkeit. Ein Virus oder Wurm verändert möglicherweise Programme oder Dateien und hebt deren Integrität auf. Wird durch ein Trojanisches Pferd ein Passwort mitgelesen, ist dieses Passwort nicht mehr vertraulich.

Ein Angreifer verursacht in der Regel Schäden in allen drei Bereichen gleichzeitig.

2.3 Wie ein Netzwerk zu schützen ist

Auch wenn sich dieses Buch mit der praktischen Umsetzung eines Snort-IDS befasst, sollen hier zunächst einige Hilfestellungen zur Ausarbeitung einer *Security Policy*, eines *Sicherheitskonzepts* und eines *Notfallplans* gegeben werden, denn mit der Installation von Snort allein haben Sie noch kein professionell gesichertes Netzwerk; vielmehr ist ein Snort-IDS ein Teil (aber eben auch nur ein Teil!) eines Sicherheitskonzepts.

2.3.1 Die Security Policy

Die Sicherheitspolitik (*Security Policy*) definiert ein abstraktes Ziel, wie ein Netzwerk zu benutzen ist, und muss darum formuliert werden, *bevor* es an die Erstellung und Umsetzung eines entsprechenden Sicherheitskonzepts geht, das wiederum festlegt, wie das Netz zu schützen ist.

Die Sicherheitspolitik richtet sich an alle Nutzer eines Netzwerks und muss darum für jedermann verständlich und allgemein gehalten sein. Auf der anderen Seite kann eine zu allgemeine Fassung der Sicherheitspolitik zu Missverständnissen führen. Es sollte im betrieblichen Einsatz also ein Weg gefunden werden, die Sicherheitspolitik zwar allgemein zu gestalten, dabei aber so wenig Interpretationsspielraum wie möglich zu lassen. Um Detailfragen kümmert sich dann das Sicherheitskonzept.

Sie sollten sich zunächst einmal nicht durch die Frage der Machbarkeit einschränken lassen, schließlich definiert sie den Soll-Zustand. Aber natürlich kann es unter

Umständen notwendig sein, eine Sicherheitspolitik anzupassen und restriktiver zu gestalten, wenn klar wird, dass sie zu großzügig ist und durch das Sicherheitskonzept nicht ausreichend abgesichert werden kann.

Grundsätzlich gibt es zwei konträre Philosophien bei der Formulierung einer Sicherheitspolitik:

restriktiv
Alles, was nicht ausdrücklich erlaubt wurde, ist verboten.

permissiv
Alles, was nicht ausdrücklich verboten wurde, ist erlaubt.

Von diesen beiden Methoden ist die restriktive eindeutig vorzuziehen, denn ein Fehler führt bei ihr eher dazu, dass zu viel verboten ist.

Die permissive Methode scheint zwar einfacher umzusetzen, weist aber erheblich mehr Schwachstellen auf. Bequemlichkeit und Sicherheit sind leider zwei gegenläufige Interessen.

Die Sicherheitspolitik legt also fest, was erlaubt ist; im Rahmen eines Sicherheitsplans wird überlegt, welcher Schutz notwendig und wie er durch ein Sicherheitskonzept zu realisieren ist. Wird die Security Policy übergangen, kann dadurch ggf. der komplette Schutz ausgehebelt werden. Sie ist also keine Richtlinie, sondern eine verbindliche Norm.

Wird beispielsweise einem Mitarbeiter trotz anders lautender Sicherheitspolitik erlaubt, über eine VPN-Anbindung von zu Hause aus zu arbeiten, kann die gesamte im Sicherheitskonzept ausgearbeitete Firewallabsicherung versagen, da mit Umweg über den Privat-PC eine ungeschützte offene Verbindung zwischen Firmennetzwerk und Internet existiert, die bei der Planung der Netzwerk- und Firewallstruktur nicht vorgesehen war.

Eine Security Policy sollte nach einer erklärenden und um Verständnis werbenden Einleitung sinngemäß also mit den Worten „Es ist *alles* verboten, außer..." beginnen und dann die für das jeweilige Netzwerk notwendigen Ausnahmen definieren. Letztere sollten natürlich restriktiv sein, auch wenn es vielleicht unbequem ist und den Protest der Nutzer nach sich zieht.

Sie können sich an den folgenden groben Beispielfragen orientieren:

- Welche Nutzungsmöglichkeiten des Internet gibt es? Web und E-Mail sind üblicherweise Standard, wie sieht es aus mit Chat-Systemen (ICQ, IRQ, AIM), Peer-2-Peer-Netzwerken (Kazaa) und anderen Diensten?

- Sind Dienste überhaupt direkt aufrufbar, z. B. der direkte Abruf oder Versand (privater?) E-Mails über externe Freemail-Provider? Oder müssen *sämtliche* Verbindungen über einen Proxy laufen, so dass keinerlei direkter Kontakt lokaler Arbeitsstationen zum Internet stattfinden kann?

- Welche Anforderungen sind an die Internet-Software der Nutzer zu stellen? Welche Web-Browser und E-Mail-Clients dürfen benutzt werden, wie sind sie zu konfigurieren? Ist der Versand und Empfang virentechnisch unsicherer Dateiformate erlaubt, z. B. auch MS-Word-Dokumente (oder eben doch nur RTF und PDF)?

- Dürfen Mitarbeiter von zu Hause aus arbeiten und sich in das Netz einwählen? Dürfen sie Dateien mitnehmen oder Dateien mitbringen?

- Dürfen Mitarbeiter selbst Software installieren, auch die allseits beliebten Bildschirmschoner?

- Wo müssen Dateien gespeichert werden? Ausschließlich auf einem zentralen Server oder sind lokale Dateien auf den Desktop-PCs der Nutzer erlaubt?

- Welche Log- und Nutzungsdaten der Server und auch der Mitarbeiter werden erfasst? Wie lange werden sie gesichert?

- Welche Anforderungen sind an Backups zu stellen, d. h., wann und was wird gesichert, wie und wo wird es gelagert, wie schnell muss es einspielbar sein? Machen gegebenenfalls Abteilungen eigene Backups?

Ein Großteil dieser Regelungen betrifft auch das Verhalten Ihrer Mitarbeiter. Machen Sie ihnen die Security Policy bekannt, lassen Sie sich ggf. die Kenntnisnahme durch eine Unterschrift bestätigen; erklären Sie aber parallel auch die Gründe, warum etwas vielleicht nicht erlaubt ist. Der Laie versteht das sonst zu schnell als reine Gängelung und Willkür des Administrators.[2]

2.3.2   IT-Sicherheitsplan

Der IT-Sicherheitsplan ist die praktisch-planerische Umsetzung der Security Policy: Er muss alle von der Security Policy offen gelassenen Risiken erkennen und Lücken schließen.

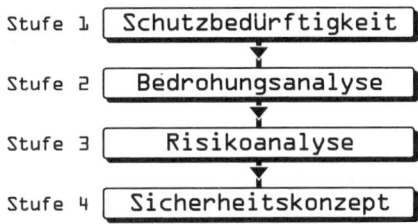

Abbildung 2.1:
Vier Stufen zur
Erstellung eines
Sicherheitsplans

---

[2]   Die folgende Webseite beschäftigt sich sehr ausführlich mit allen Arten von Security Policies und enthält eine lange Liste von Beispielen im PDF-Format für z. T. sehr spezielle Bereiche. Schauen Sie sich doch dort einmal nach Vorlagen um: http://www.sans.org/resources/policies/.

Das Verfahren zur Erstellung eines Sicherheitsplans umfasst vier Stufen (siehe Abbildung 2.1).

1. Ermittlung der Schutzbedürftigkeit (Schutzziele)

    Hier wird festgestellt, welche *Werte* in einem Netzwerk schutzbedürftig sind. Nehmen Sie sich Zeit und gehen Sie alle Server, alle Dienste und Programme und alle Dateien durch – ziehen Sie ggf. die daran arbeitenden Kollegen zu Rate, denn nur so erkennen Sie, welche Dinge überhaupt schützenswert sind.

2. Analyse der Bedrohung

    In diesem Schritt müssen alle möglichen Bedrohungen für die im ersten Schritt festgestellten Schutzziele ermittelt werden. Analysieren Sie, woher Bedrohungen kommen könnten (intern, extern), von wem sie kommen könnten (Viren/Würmer, Mitarbeiter, Aushilfen/Subunternehmer, Konkurrenten, Script-Kiddies, Profi-Hacker) und welcher Art sie sind (Fahrlässigkeit, Vorsätzlichkeit, höhere Gewalt). Eine Bedrohungsanalyse sollte möglichst detailliert für die einzelnen Hosts und strategisch wichtigen Funktionen des Netzwerks erfolgen.

3. Risikoanalyse

    Bei dieser Bewertung muss festgestellt werden, wie stark sich Bedrohungen auf das Netzwerk oder einzelne Dienste auswirken und welche Risiken damit verbunden sind. Wichtig sind dabei zwei Faktoren:

    Eintrittswahrscheinlichkeit
    Wie wahrscheinlich ist es, dass sich eine festgestellte Bedrohung in einem bestimmten Zeitraum einstellt?

    Schadenshöhe
    Unabhängig von Wahrscheinlichkeit und Ursache können Schäden sehr unterschiedliche Ausmaße (zwischen Bagatellschaden und Katastrophe) annehmen.

    Um ein Risiko zu quantifizieren, müssen wir Eintrittswahrscheinlichkeit und Schadenshöhe in Relation setzen. Hier eine abstrakte Formel:

    Risiko = Eintrittswahrscheinlichkeit $\times$ Schaden

    Natürlich lassen sich manche Risiken gar nicht ausschließen, will man nicht einen unverhältnismäßig hohen Aufwand betreiben. Es ist also notwendig, ein „gesundes Maß" zu finden, das so genannte *Schutzziel*. Wir setzen damit eine kalkulierte Grenze, die Risiko und Aufwand betrachtet und markiert, welches Risiko noch in Kauf zu nehmen ist.

4. Sicherheitskonzept

Das Kernstück unserer Sicherheitsbemühungen: Nachdem die Analyse abgeschlossen ist, muss ein Sicherheitskonzept erstellt werden, das die zu ergrei-
fenden Maßnahmen festlegt. Es verfolgt – anders als die Security Policy –
einen ganz *konkreten* Ansatz: Hier wird die zu realisierende Lösung definiert. Das Sicherheitskonzept darf keine Risiken erlauben, die über unserem
definierten Schutzziel liegen. Dazu gehört zum Beispiel:

- die exakte restriktive Konzeption der Firewall(s)

- die Konzeption eines IDS, das die erkannten Schutzziele überwacht und
  die festgestellten Bedrohungen erkennt

- das Vorgehen zur Konfiguration der Desktop-PCs

- ein Schulungskonzept für die Mitarbeiter, deren Fehlverhalten eine der
  größten Gefahren für ein Netz darstellt, wobei sich das Risiko mit relativ
  geringem Aufwand deutlich minimieren lässt

- die Definition einer Backup Policy

- die Definition von Zugangsberechtigungen, Passwortvergaberichtlinien
  und Kompetenzen

Das Sicherheitskonzept ist keine Privatsache des Administrators, sondern sollte
„ganz oben" abgesegnet und mitgetragen werden. Berücksichtigen Sie das von
vornherein und beziehen Sie die zuständigen Kollegen ggf. in die Konzeption mit
ein, andernfalls riskieren Sie, dass irgendwann „von oben" Ausnahmen gefordert
werden, die Sie laut Policy eigentlich nicht zulassen dürfen. Ebensowenig nützt
ein Sicherheitskonzept, das von den Mitarbeitern nicht mitgetragen und darum
schlichtweg ignoriert oder gar vorsätzlich verletzt wird.

Die Bedeutung der Netzwerksicherheit wird meist auf jeder Hierarchiestufe mas-
siv unterschätzt. Sie dürfen nie vergessen, welche materiellen und immateriellen
Schäden (Finanzen und Image) einer Firma entstehen können, wenn es zu einem
schweren Vorfall kommt.

2.3.3 Notfallplan bei einem entdeckten Einbruch

Es ist immer lästig, Arbeit in Dinge zu investieren, die man im Idealfall nie braucht.
Der so genannte „Notfallplan" gehört eindeutig in diese Kategorie und wird entsprechend gerne vernachlässigt.

Hier ist klar definiert, was *nach* der Entdeckung eines Angriff zu tun ist. Wenn
es erst einmal „gekracht" hat, ist unbesonnenes Handeln das Letzte, was passieren
darf. Schließlich geht es jetzt darum,

- schnell, aber richtig zu handeln, wenn der Angriff akut gestoppt werden muss – Unsicherheit und unklare Kompetenzen hätten fatale Folgen.

- den Schaden zu minimieren, statt ihn durch eigenes Handeln noch zu vergrößern.

- einen *genauen* Überblick über den Schaden und das Ausmaß der notwendigen Reperaturen zu bekommen; wenn Sie die ersten Spuren verwischt haben, werden Sie möglicherweise nie rekonstruieren können, was betroffen ist und ersetzt werden muss. Dann bleibt Ihnen nur ein Austausch aller Server – oder ein Spiel mit dem Feuer. Beweissicherung („digitale Forensik") ist unerhört wichtig, wird aber allzu oft vergessen oder unmöglich gemacht.

- den Angriff zu analysieren, für die Zukunft zu lernen und die Sicherheitslücke zu schließen; solange Sie nicht die Ursache erkannt und behoben haben, kann der Angreifer jederzeit wiederkommen.

- sich selbst im betrieblichen Einsatz arbeitsrechtlich zu schützen.

Der Notfallplan besteht aus einem organisatorischen Teil (Wer macht was? Wer *darf* was? Wer koordiniert und trägt die Verantwortung? Wer ist zu informieren?) und darüber hinaus aus einem technisch-beschreibenden Teil, der spezifisch auf die vor Ort vorhandene Installation eingeht und festlegt, *wie* zu reparieren und vorzugehen ist, falls es Besonderheiten gibt.

Auf seiner überhaupt sehr lesenswerten Webseite gibt das *Bundesamt für Sicherheit in der Informationstechnik*[3] (BSI) einen ersten Grobentwurf, der als Basis für einen eigenen Notfallplan dienen kann und der dafür sorgt, dass nichts Grundsätzliches vergessen wird. Nehmen Sie das ernst und bereiten Sie ein entsprechendes Dokument vor. Jeder Mitarbeiter der IT sollte Kenntnis von Inhalt und auch Aufbewahrungsort dieses Notfallplans haben.

Sofern möglich und nötig, vergessen Sie auch nicht, diesen Plan von Vorgesetzten (per Unterschrift) absegnen zu lassen. Er belegt Ihre Kompetenz, im Ernstfall schwierige oder unangenehme Entscheidungen treffen zu können, zum Beispiel ob ein *möglicherweise* betroffener Web-Shop für einige Stunden abgeschaltet wird (Umsatzausfall!). Wie schnell wird einem aus solchen Entscheidungen ein Strick gedreht, wenn das Betriebsklima vielleicht ohnehin schon angespannt ist und ein Bauernopfer gebraucht wird?

2.4 Weitere Informationsquellen zum Thema

Dieser Überblick über die Netzwerksicherheit ist nur ein kleiner Ausschnitt aus diesen Bereichen, auch wenn – wie so häufig – bereits mit wenig Aufwand und Wissen schon eine ganze Menge zu gewinnen ist.

---

[3] http://www.bsi.bund.de/fachthem/sinet/angriff.htm

In Deutschland ist das BSI sehr aktiv und stellt viele Publikationen als PDF kostenlos zur Verfügung. Nicht zufällig ist einer der Schwerpunkte die IT-Sicherheit im mittelständischen Bereich. Die wirtschaftliche Gefahr wird dort anscheinend ebenso gesehen:

http://www.bsi.de und
http://www.sicherheit-im-internet.de

Die „Bibel" des BSI ist das *IT-Grundschutzhandbuch*:
http://www.bsi.de/gshb/deutsch/menue.htm

Ebenfalls sehr lesenswert sind zwei aus mehreren PDF-Dokumenten bestehende Studien über Wirkung und Konzeption von IDS:
http://www.bsi.de/literat/studien/ids02/index.htm

Und zuletzt ein sehr nützliches, nur 26 Seiten umfassendes PDF über die Erstellung von Risikoanalysen:
http://www.it-audit.de/assets/download/iec/Vorgehensmodell-Risikoanalyse.pdf

Schauen Sie sich auf den BSI-Webseiten einmal in Ruhe um; es finden sich dort wirklich sehr hilfreiche Studien und Anleitungen, gerade auch für den Linux-/UNIX-Bereich.

Zum Abschluss noch drei interessante internationale Webseiten:

http://www.securityfocus.com
http://packetstormsecurity.nl
http://www.whitehats.com

Die Grundlagen

3.1 So funktioniert ein IDS

Bei Intrusion-Detection-Systemen unterscheidet man gewöhnlich zwei Arten: Solche, die nur einen einzelnen Host, und solche, die das gesamte Netzwerk überwachen.

3.1.1 Host Based Intrusion Detection System (HIDS)

Ein hostbasiertes Einbruchserkennungssystem (HIDS) dient der Überwachung einzelner Rechner, indem die Daten und Zustände nach verschiedenen Kriterien geprüft werden, je nach HIDS zum Beispiel Protokolldateien, offene Verbindungen, Lese- und Schreibzugriffe, Speicherauslastung, Prozessornutzung, Veränderungen an Dateien oder Logins.

Es ist möglich, jede Veränderung auf dem zu überprüfenden Host durch ein HIDS überwachen zu lassen. Mehrere Rechner auf diese Weise überwachen zu lassen bedeutet jedoch einen erhöhten Aufwand, da jeder einzelne Host ein eigenes HIDS benötigt.

In diesem Buch wird nur eine Form eines HIDS vorgestellt, das Programm **AIDE**, das im Falle eines Einbruchs der Überprüfung der Datei-Integrität dient (Kapitel 10.2, Seite 207).

3.1.2 Network Based Intrusion Detection System (NIDS)

Ein netzwerkbasiertes Einbruchserkennungssystem (NIDS) wie Snort kann nur Netzwerkverkehr eines einzelnen Host oder eines Netzwerksegments überprüfen. Die Daten werden mit Hilfe eines Paketsniffers vom NIDS aus dem Netzwerk abgegriffen und nach bestimmten Kriterien ausgewertet. Das NIDS kann Angriffe von außen wie auch von innen erkennen.

Bei der Auswertung des Netzwerkverkehrs gibt es verschiedene Ansätze:

Signaturerkennung

Der Netzwerkverkehr wird nach bestimmten, vorgegebenen Regeln durchsucht, um typische Angriffsszenarien oder Vorgehensweisen (z. B. **cmd.exe** oder ..\..\ in einer URL) zu erkennen – wir begeben uns also auf die Suche nach *Signaturen* uns als gefährlich oder verdächtig bekannter Datenpakete. Trifft eine Regel auf ein Paket zu, kann das NIDS eine Aktion auslösen.

Der Vorteil dieser Methode besteht darin, dass das NIDS sehr genau konfiguriert werden kann. Mit Hilfe selbst erstellter Signaturen kann nach beliebigen Paketen Ausschau gehalten werden. Zudem können wir auch leicht Angriffs*versuche* erkennen, indem wir feststellen, dass jemand Angriffe an unseren Servern ausprobiert (wenn auch ohne Erfolg). Der Nachteil: Das NIDS erkennt nur solche Angriffe und Einbrüche, für die es eine entsprechende Signatur besitzt. Gibt es eine solche nicht, wird das NIDS den Einbruch nicht erkennen, und der Administrator wähnt sein System weiterhin in Sicherheit. Es ist also dringend erforderlich, die Signaturen stets der aktuellen Sicherheitslage anzupassen, um möglichst alle Angriffe zu erkennen. Nicht bekannte Angriffsmuster können nicht erkannt werden. Wir nutzen in diesem Buch das Programm *Oinkmaster*, um unsere Regeln aktuell zu halten (Kapitel 10.1, Seite 201).

Anomalie-Erkennung

Bei dieser Methode werden keine Regelsätze bekannter Angriffssignaturen verwendet, sondern ein statistisches Verfahren, um ungewöhnlichen Datenverkehr zu ermitteln. Das IDS geht davon aus, dass Benutzer oder Netzverkehr sich prinzipiell gleichbleibend verhalten und dabei bestimmte Muster entstehen.

Normal wäre zum Beispiel:

- Die IP-Bereiche der Desktop-PCs haben zwischen ca. 9 und 17 Uhr viel Datenverkehr zum Proxy und zum Gateway, selten bis 19 Uhr, nach 19 Uhr jedoch gar nicht mehr.
- Der Backup-Server ist tagsüber fast vollständig still, hat aber ab 23 Uhr ziemlich viel Verkehr zu fast allen lokalen Hosts des Netzwerks, grundsätzlich aber keinerlei Verkehr mit dem Gateway zum Internet.

Abweichungen von diesem gelernten und damit bekannten Muster fallen auf, und das IDS kann einen Alarm auslösen. Anormal wäre dann zum Beispiel:

- Mitten in der Nacht erzeugen die Desktop-PCs Datenverkehr und reden miteinander; plötzlich existieren SMB-Freigaben auf den Windows-PCs.
- Der Backup-Server ist tagsüber aktiv, und es gibt Datenverkehr zum Internet.
- Mitarbeiter Tux loggt sich nach 22 Uhr oder am Wochenende ein.
- Es gibt plötzlich im LAN Datenverkehr zu TCP-Ports, die vorher nirgends aufgetaucht waren (z. B. Trojaner-Backdoors).

Die Methode der Anomalie-Erkennung setzt eine lange „Lernphase" für ein IDS voraus. Finden zum Beispiel monatlich Updates oder Backups statt, ist dies ein Vorgang, der zunächst als normal erfahren werden muss, auch wenn (bis dahin) ungewöhnlich viel Traffic zu (bis dahin) ungewöhnlichen Zeiten entsteht, und das zwischen zwei Rechnern, die sonst nicht unbedingt in Kontakt miteinander stehen.

Mit dieser Methode ist es unter Umständen möglich, neue Angriffsmuster zu entdecken, denn anders als bei einer signaturbasierten Erkennung müssen wir zuvor nicht definiert haben, was genau ein Angriff ist.

Interessant ist Anomaly Detection auch deshalb, weil wir damit Datenverkehr beurteilen können, der in seinen „technischen Eckdaten" völlig identisch mit „legalem" Verkehr ist und bei einer signaturbasierten Erkennung kaum Aufsehen erregen würde:

- Normal: Es gibt einen zentralen Fileserver im Netz, auf dem alle Benutzer ihre Home-Verzeichnisse haben und sämtliche Dateien speichern. Typischerweise hat jeder Nutzer dabei ca. 10 bis 150 MByte Datenverkehr von und zu diesem Fileserver.
- Alert: Ein Nutzer erzeugt plötzlich ca. 10 GByte Datenverkehr, und dies fast ausschließlich vom Server zu seinem Desktop-PC. Kopiert er sämtliche Dateien zum Zwecke der Betriebsspionage? Alle Daten des Netzes sind technisch einwandfrei und würden jede Signaturprüfung passieren, das Verhalten an sich ist jedoch eine erkennbare Anomalie.

Das Problem liegt darin, dass Anomaly Detection eine schwierige, langwierige Angelegenheit ist und auf so vielen spezifischen Einstellungen ohne definierte Schnittstellen basiert, dass es kaum fertige, sofort einsetzbare Systeme gibt. Anomalie-Erkennung ist kein IDS, das von jedermann oder das im mittleren Sicherheitsniveau sinnvoll einzusetzen wäre. Es ist vielmehr als IDS-Konzept zu verstehen, bei dem Sie sich überlegen müssen, wie Sie es im konkreten Fall sinnvoll umsetzen können.

Snort – und fast alle anderen IDS – basieren auf signaturbasierter Einbruchserkennung, und ausschließlich ein solches System werden wir mit diesem Buch aufbauen.

3.1.3 Von Fehlern und Fehlern

Ein großes Problem für jedes Alarmsystem sind Fehlalarme (*False Positives*) oder ausbleibende Meldungen im Ernstfall (*False Negatives*).

False Positives (Fehlalarm)

False Positive nennt man einen unbegründeten Alarm. Je nach benutzten Erkennungsverfahren kann ein solcher Alarm durch eine fehlerhaft oder zu pauschal eingestellte Signatur oder – im Falle einer Anomalie-Erkennung – durch eine zulässige Verhaltensänderung im Netzwerk ausgelöst werden. Das IDS meldet dann einen erfolgreichen Einbruch bzw. verdächtiges Verhalten, obwohl nichts Besonderes stattgefunden hat. Tritt solch ein Fehlalarm auf, muss die Ursache gesucht und beseitigt werden. Eine überschaubare Anzahl an False Positives ist harmlos, sieht man vom Arbeitsaufwand ab, doch führt eine große Anzahl schnell zu Desinteresse und Schlampigkeit bei den verantwortlichen Administratoren.

False Negatives (ausgebliebener Alarm)

False Negatives sind da schon weitaus gefährlicher: Obwohl ein Alarm ausgelöst werden müsste, es also einen laufenden Angriff zu entdecken gälte, bleibt die Warnung aus. Das IDS hat in solch einem Fall also schlichtweg versagt.

Der Angriff wird typischerweise erst dann entdeckt, wenn alles zu spät und der Schaden bereits eingetreten ist. Im günstigsten Fall wird ein anderes System oder ein anderes Verhalten einen anderen Alarm auslösen, über den die Geschehnisse doch noch rechtzeitig entdeckt werden.

Wird ein False Negative erkannt, muss dessen Ursache geklärt und das IDS an das neue Gefahrenpotenzial angepasst werden.

3.2 So funktioniert Snort

Die Entwicklungsidee von Snort besteht darin, ein einfaches Einbruchserkennungs-system zu schaffen, das sich auf die Grundaufgaben eines IDS beschränkt, aber zugleich modular aufgebaut und damit leicht erweiterbar ist. So steht Snort mittlerweile in Sachen Funktionalität kaum einem kommerziellen IDS nach – und die Entwicklung schreitet stetig voran.

In diesem Kapitel wird der Aufbau von Snort beschrieben. Um ein Verständnis für die Arbeitsweise zu bekommen, ist es wichtig, die Zusammenhänge und das Zusammenspiel der verschiedenen Bestandteile zu überblicken.

Snort lässt sich in fünf Bereiche gliedern:

1. Der *Paketsniffer* ist dafür verantwortlich, die Pakete in dem zu überwachenden Netzwerk mitzulesen, die dann an den

2. *Paket-Decoder* weitergeleitet werden. Durch den Decoder werden die von der Netzwerkkarte abgegriffenen Originaldaten aufbereitet und in eine interne Datenstruktur gewandelt, um dann an die

3. *Preprozessoren* übergeben zu werden. Diese werten bereits Pakete nach bestimmten Eigenschaften aus, senden möglicherweise bereits Alarmmeldungen an die Output-Plugins oder verändern bestimmte Pakete erneut, bevor die Daten an die

4. *Detection-Engine* weitergereicht werden, das Herzstück von Snort. Hier wird jedes Paket anhand der eingestellten Regeln nach Einbruchsspuren untersucht. Wird eine Signatur erkannt, kommen die

5. *Ausgabe-Plugins* (*Output-Plugins*) zum Zuge. Diese Plugins sind dafür verantwortlich, Alerts über verschiedene Methoden an die zuständigen Personen oder Einrichtungen zu senden und zu erfassen.

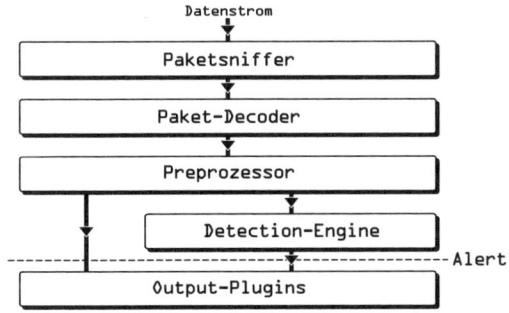

Abbildung 3.1:
Der Aufbau von Snort

Gehen wir nun in die Tiefe und schauen uns die einzelnen Bausteine genauer an.

3.3 Der Paketsniffer (libpcap)

Snort bringt keinen eigenen Paketsniffer mit, um den Datenstrom auf dem Netzwerk-Interface mitzulesen. Stattdessen wird die Bibliothek **libpcap** benutzt, um Pakete im **raw**-Format vom Netzwerk-Interface abzugreifen. Der entscheidende Vorteil dieser Bibliothek ist ihre Plattformunabhängigkeit. Sie ist für die meisten Betriebssysteme verfügbar, auch für Windows (http://winpcap.polito.it/).

Es ist wichtig, die Pakete im **raw**-Format mitzulesen, da jedes Betriebssystem die Originalpakete bereits verändert, bevor sie an die Programme weitergereicht werden. Eben das ist bei Snort nicht erwünscht, da wir selbst defekte und ungültige Pakete auswerten müssen. Snort benötigt also die Originalpakete, um alle möglichen Angriffe erkennen zu können.

Allerdings ist diese Methode sehr aufwändig. Das kann zu entscheidenden Einschränkungen bei Netzwerken mit sehr großem Datenaufkommen (ungefähr ab 1 GBit pro Sekunde) führen, da die Abarbeitung der Pakete unter Umständen zu langsam erfolgt und nicht mehr alle Pakete von Snort ausgewertet werden können.

Ein möglicher Ausweg kann eine speziell an das Betriebssystem und an die Hardware angepasste **libpcap**-Bibliothek sein, um die Geschwindigkeit des Paketsniffers zu erhöhen. In einem normalen Netzwerkbereich kommen wir mit den vorhandenen Möglichkeiten jedoch aus.

3.4 Der Paket-Decoder

Der Paket-Decoder ist dafür verantwortlich, den Paketen im **raw**-Format eine Struktur zu geben. Der Decoder beginnt dabei auf der untersten OSI-Ebene, dem *Data-Link Layer* und arbeitet sich nach oben bis zum *Application Layer* durch.

Mit dem Paket-Decoder haben wir üblicherweise gar nichts zu tun – es gibt ihn, und er tut seine Arbeit.

Abbildung 3.2:
Der Aufbau des
Paket-Decoders

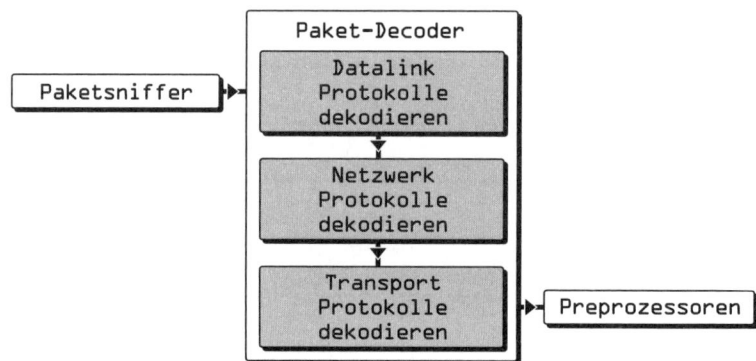

3.5 Die Preprozessoren

Preprozessoren sind Module, die flexibel eingebunden werden können und die die Erweiterbarkeit von Snort gewährleisten. Es ist relativ einfach möglich (Voraussetzung sind Programmier- und Netzwerkkenntnisse), einen eigenen Preprozessor für Snort zu schreiben und einzubinden.

Die vorhandenen Preprozessoren können in zwei Kategorien unterteilt werden:

1. Einige Preprozessoren „normalisieren" den Datenverkehr, d. h., sie bringen die IP-Pakete in die richtige Reihenfolge, fügen einzelne Fragmente zusammen und „räumen auf". Nur so können wir den Inhalt eines Datenstroms insgesamt betrachten, um die Spuren eines Angriffs zu erkennen.

2. Andere führen bereits kleinere Analysen auf Paketebene durch und können im Falle eines Falles Alarm schlagen.

Ohne normalisierende Preprozessoren würden Pakete unmittelbar an die Detection-Engine weitergeleitet werden, die jedes dekodierte Paket anhand der eingestellten Signaturen durchsuchen und auch einige wenige Signaturen erkennen könnte. Ein Angriff, der absichtlich fragmentiert und über mehrere Einzelpakete verteilt ist, wäre nicht zu entdecken:

```
03/26-20:02:43.083512 0:30:84:74:5D:CB -> 0:80:48:21:D6:64 type:0x800
len:0x3C 192.168.1.1 -> 192.168.1.100 TCP TTL:64 TOS:0x0 ID:47609
IpLen:20 DgmLen:44 MF Frag Offset: 0x0004 Frag Size: 0x0018

47 45 54 20 2F 73 63 72 69 70 74 73 2F 65 69 6E  GET /scripts/ein
62 72 75 63 68 2E 65 78                          bruch.ex

03/26-20:02:43.083575 0:30:84:74:5D:CB -> 0:80:48:21:D6:64 type:0x800
len:0x3C 192.168.1.1 -> 192.168.1.100 TCP TTL:64 TOS:0x0 ID:47609
IpLen:20 DgmLen:44 MF Frag Offset: 0x0007 Frag Size: 0x0018

65 20 48 54 54 50 2F 31 2E 30 0D 0A 48 6F 73 74  e HTTP/1.0..Host
3A 20 77 77 77 2E 6F 70                          : www.op [...]
```

Hier wurde eine Anfrage an einen Webserver so fragmentiert, dass die URL in zwei Pakete aufgeteilt wurde: GET /scripts/einbruch.ex und e. Würde eine Signatur nun nach der URL /scripts/einbruch.exe suchen, würde sie auf kein Paket zutreffen.

Der Preprozessor frag2 (siehe Abschnitt 7.4.1) setzt die Pakete zusammen, so dass die Regel auf den vollständigen Datensatz angewendet werden kann.

3.6 Die Detection-Engine

Die Detection-Engine ist das Kernstück von Snort mit zwei Hauptaufgaben: Zum einen werden die Snort-Regeln (Signaturen) eingelesen und in eine interne Datenstruktur geschrieben, damit der Abgleich ankommender Pakete mit den Signaturen schnell genug erfolgen kann. Das Einlesen geschieht stets beim Start von Snort. Werden Signaturen hinzugefügt, verändert oder entfernt, muss Snort neu gestartet werden.

Die zweite Aufgabe besteht in der Signaturerkennung, also im Abgleich von Paket und Signaturen. Der Datenstrom wird dabei in der Reihenfolge geprüft, in der die Regeln eingelesen wurden.

Eine Regel besteht aus einem Regel-Header und einem Regel-Body. Der Header enthält Informationen über die Aktion, das Protokoll, die Quell- bzw. Zieladresse sowie Quell- und Zielport.

```
alert tcp $EXTERNAL_NET any -> $TELNET_SERVERS 23
```

Der Regel-Body enthält das Suchmuster sowie einige weitere Informationen für die Regel, so zum Beispiel eine Referenz, eine Priorität und eine Versionsnummer:

```
(msg:"TELNET Solaris memory mismanagement exploit attempt";
flow:to_server,established; content:"|A0 23 A0 10 AE 23 80 10 EE 23 BF
EC 82 05 E0 D6 90 25 E0|"; classtype:shellcode-detect; sid:1430; rev:6;)
```

Die komplette Regel setzt sich dann aus Header und Body zusammen.

```
alert tcp $EXTERNAL_NET any -> $TELNET_SERVERS 23 (msg:"TELNET Solaris
memory mismanagement exploit attempt"; flow:to_server,established;
content:"|A0 23 A0 10 AE 23 80 10 EE 23 BF EC 82 05 E0 D6 90 25 E0|";
classtype:shellcode-detect; sid:1430; rev:6;)
```

Die Detection-Engine arbeitet Regel-Header und -Body unterschiedlich ab; sie benutzt dazu eine dreidimensionale verlinkte Liste.

Abbildung 3.3 zeigt, wie diese Liste verknüpft ist: Zunächst wird das Protokoll des Pakets ermittelt und das Paket in den entsprechenden Ast (TCP, UDP, IP oder ICMP) verschoben. Dort wird es gegen die Header der Signaturen getestet. Trifft ein Header auf das Paket zu, wird es in die dritte Dimension gereicht und gegen den Regel-Body getestet.

In Abbildung 3.3 entspricht jedes Regel-Body-Feld einem Schlüsselwort des Regel-Body. Im eben gezeigten Regelbeispiel wäre demnach das erste Regel-Body-Feld flow:to_server,established; und das zweite content:"|A0 23 A0 10 AE 23 80 10 EE 23 BF EC 82 05 E0 D6 90 25 E0|";

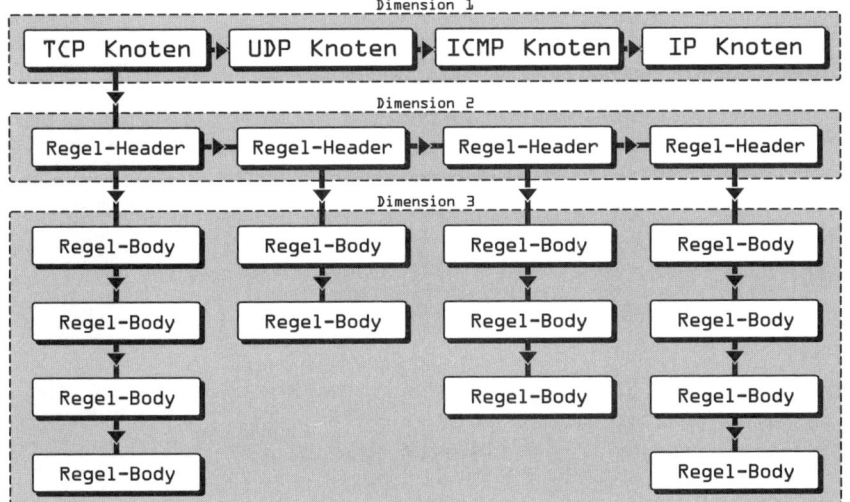

Abbildung 3.3:
Dreidimensionale
verlinkte Liste

Sind alle Signaturen durchgearbeitet, und das Paket passt zu keiner von ihnen, wird es verworfen (weiterleiten müssen wir es ja nicht, denn wir greifen als Mithörer ja einfach nur Netzwerkverkehr ab).

3.7 Die Output-Plugins

Der letzte Schritt sind die Output-Plugins, die dafür verantwortlich sind, die von den Preprozessoren oder der Detection-Engine erzeugten Alarmmeldungen auf verschiedenen Wegen an den Administrator zu leiten.

Dabei können mehrere Output-Plugins gleichzeitig verwendet werden, um auf verschiedenen Wegen verschiedene Personen über einen versuchten oder gelungenen Einbruch zu informieren.

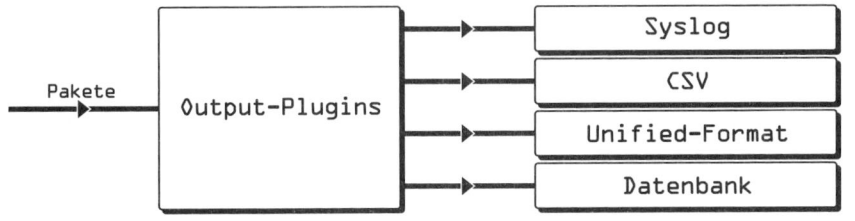

Abbildung 3.4:
Output-Plugin

Einige Output-Plugins können bei Snort Geschwindigkeitseinbußen zur Folge haben. Snort selbst kann Pakete sehr schnell auswerten und Alarmmeldungen an das Output-Plugin senden. Ist aber das Output-Plugin eine Datenbank, die nur über ein langsames Netzwerk zu erreichen ist, wird Snort möglicherweise ausgebremst. Ist diese Datenbank nicht verfügbar, wartet Snort sogar darauf, dass die Datenbank antwortet. Während dieser Wartezeit werden von Snort keine anderen Pakete bearbeitet.

Aus diesem Grund existiert ein Output-Plugin, das die Alarmmeldungen sehr schnell auf die lokale Festplatte im **unified**-Format speichert. Die lokal gespeicherten Daten können dann in einem zweiten, abgekoppelten Prozess durch das Programm **Barnyard** weiterverarbeitet werden – und zum Beispiel in die besagte Datenbank eingetragen werden.

Teil II

Praxisanleitung zum Snort-NIDS

Vorbereitung und Installation
eines Log-Host

Wir sind nun soweit, dass wir uns an die Arbeit zum eigenen Snort-IDS machen können. Beginnen wir mit einigen Vorüberlegungen.

4.1 Konzepte für die Topologie eines Snort-Netzwerks

Ein Snort-Sensor kann natürlich nur den Netzwerkverkehr überwachen, den er auch physikalisch erfassen kann. Das bedeutet, dass wir in größeren Netzwerken mit Routern und verschiedenen Netzbereichen für jedes physikalische Subnetz einen eigenen Sensor benötigen, wenn wir auch den Datenverkehr innerhalb dieses Teilbereichs überwachen wollen. In heute üblichen „geswitchten" Netzwerkumgebungen stellt sich jedoch das Problem, an die Daten überhaupt heranzukommen.

4.1.1 Der Switch als Problem – Snort direkt auf dem Router

Sobald Sie Snort-Sensoren über einen Switch am Netz anschließen, haben Sie das Problem, dass der Sensor den Netzwerkverkehr nicht vollständig mitlesen kann: Der Switch würde nicht alle Datenpakete des Netzwerks zum Snort-Sensor senden – das ist ja gerade Sinn und Zweck eines Switch.

Geräte der mittleren Preisklasse aufwärts haben dafür einen *Monitor-Port*, auch *SPAN*-Port genannt (*Switch Port Analyser*). Auf diesen Ports wird stets der gesamte Netzwerkverkehr ausgegeben, der Switch verhält sich an diesem Port also wie ein Hub. Und an eben diesen Monitor-Port müssen Sie den Snort-Sensor anschließen.

Haben Sie keinen Monitor-Port am Switch und scheuen Sie die Anschaffungskosten, besteht grundsätzlich auch die Möglichkeit, den Sensor auf dem (Linux-)Router eines Netzwerksegments oder am Uplink zu installieren. Abbildung 4.1 zeigt den unterschiedlichen Aufbau.

*Abbildung 4.1:
Installation auf dem
Router oder
Anschluss am
Monitor-Port*

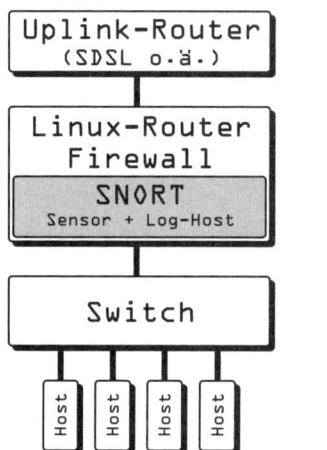 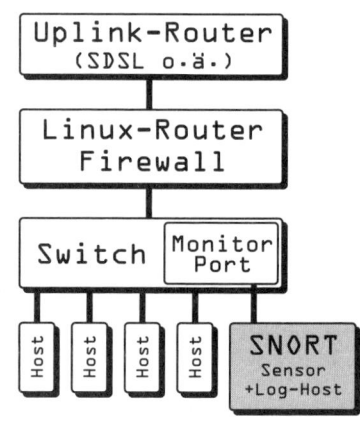

Wir stellen Ihnen im Folgenden alle möglichen Installationskonzepte vor.

Einige Nachteile seien jedoch vorab erwähnt: Sie können auf diese Weise nur den ein- und ausgehenden Datenverkehr eines Netzwerksegments überwachen, nicht jedoch den Verkehr der Hosts eines Subnetzes untereinander, da dieser direkt und nicht über den Router transportiert wird. Zudem macht eine Snort-Installation auf einem Router oder gar der Firewall diese prinzipiell angreifbarer, erst recht, wenn Sie auch die Auswertung dort durchführen wollen und dazu Webserver & Co. benötigen.

In kleinen Low-Cost-Netzwerken mag das eine Kompromisslösung zwischen Sicherheit und Kosten/Nutzen sein – empfehlenswert im Sinne von sicher und korrekt ist eine solche Lösung allerdings nicht; wir stellen Ihnen diese Variante der Vollständigkeit halber jedoch vor. Sollten Sie sich dafür entscheiden, müssten Sie die im weiteren Verlauf beschriebenen Auswertungsserver mit auf der Firewall installieren.

4.1.2 Sensoren ohne IP-Adresse

Um die Daten eines Netzwerks zu erfassen, benötigt Snort auf der Netzwerkkarte keine IP-Adresse; diese muss lediglich physikalisch mit dem Netzwerk verbunden sein – also dem besagten Monitor-Port des Switch. Die Netzwerkkarte kann dann im sog. *Promiscuous Mode* sämtliche Daten des Netzbereichs für Snort mitlesen. Der Host ist innerhalb des überwachten Netzes mangels IP-Adresse nicht ansprechbar und damit auch unsichtbar.[1]

Allerdings kann der Sensor ohne IP-Nummer seine Logdaten auch nicht mehr an einen zentralen Log-Host weiterreichen oder einen Login des Administrators erlauben. Verfügt der Host in dem jeweiligen Netzbereich über eine Netzwerkkarte mit IP-Adresse, macht es keinen Sinn, dort eine zweite, IP-lose Netzwerkkarte hinzuzufügen; das würde keinerlei Sicherheitsgewinn mit sich bringen. Snort kann dann genauso gut die Daten über die voll konfigurierte Netzwerkkarte erfassen.

Es besteht aber die Möglichkeit, einen Sensor mit zwei Netzwerkkarten auszustatten:

Die erste Netzwerkkarte hat *keine* IP-Adresse, ist aber mit dem zu überwachenden Netzwerk verbunden und kann so den Datenverkehr vollständig mitlesen. Ein Zugriff auf den Sensor vom zu überwachenden Netzwerk auf IP-Ebene ist aber nicht möglich.

Die zweite Netzwerkkarte ist mit einem physikalisch vollkommen separaten Netzwerk verbunden, das ausschließlich die Sensoren und den zentralen Log-Host verbindet.

Die Kommunikation zwischen Sensoren und Log-Host läuft damit nur über dieses eigene Netzwerk. Da Sensoren und Log-Host lediglich in diesem „Verwaltungsnetzwerk" über eigene IP-Nummern verfügen, sind sie von außen auch nicht ansprechbar und angreifbar, denn ein Angreifer hätte keinen direkten Zugriff auf das zweite LAN, sondern müsste den Umweg über einen der Sensoren nehmen, die jedoch nicht adressierbar sind (siehe Abbildung 4.6 auf Seite 61).

In dieser Konstellation ist es sinnvoll, die Netzwerkkarte zur Erfassung ohne IP-Nummer zu betreiben.

---

[1] Es gibt allerdings spezielle Tools, die die Existenz im Netz vorhandener Netzwerkkarten im Promiscuous Mode erkennen können.

4.1.3 Die möglichen Szenarien im Überblick

Für eine Snort-Installation stehen mehrere Konzepte zur Verfügung, die wir Ihnen hier alle vorstellen. Es liegt an Ihnen zu entscheiden, welches Konzept für Sie das sinnvollste ist – Sie müssen abwägen, wie kompliziert und verzweigt Ihr Netzwerk ist, wie viel Aufwand Sie treiben wollen, welche Sicherheitsansprüche Sie haben und welche bzw. wie viele Bereiche Ihres Netzwerks von Sensoren überwacht werden sollen.

Ein einzelner Snort-Sensor am Uplink

Wenn Sie ein sehr kleines Netzwerk besitzen, das nur aus einem Uplink-Router, einer Firewall und einem einfachen Netzwerk in Sternstruktur ohne besondere Topologie besteht, reicht Ihnen natürlich nur ein einziger Sensor, den Sie direkt im LAN positionieren können (siehe Abbildung 4.2).

Abbildung 4.2: Installation direkt auf dem Router

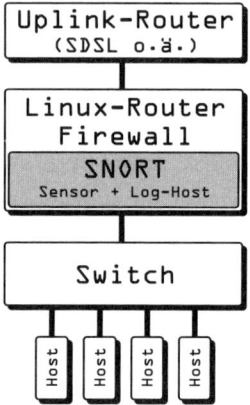

Vorteil:

- einfache Installation auf einem Host

Nachteile:

- Firewall muss Linux-Rechner sein

- weitere Software auf der Firewall (eigentlich tabu, da unsicherer als nötig)

- Shell- oder Webzugriff auf die Firewall zur Auswertung

- ggf. Performance-Probleme bei umfangreichen Firewall- und Snort-Regeln

Ein Snort im Netzwerk mit mehreren Netzwerkkarten

Es bestünde auch die Möglichkeit einer zentralen Snort-Installation auf einem Host mit mehreren Netzwerkkarten. Die weiteren Karten bekommen *keine* IP-Nummern und dienen nur dazu, in verschiedenen Segmenten angeschlossen zu werden und dort den Netzwerkverkehr mitzulesen (siehe Abschnitt 4.1.2 und Abbildung 4.3).

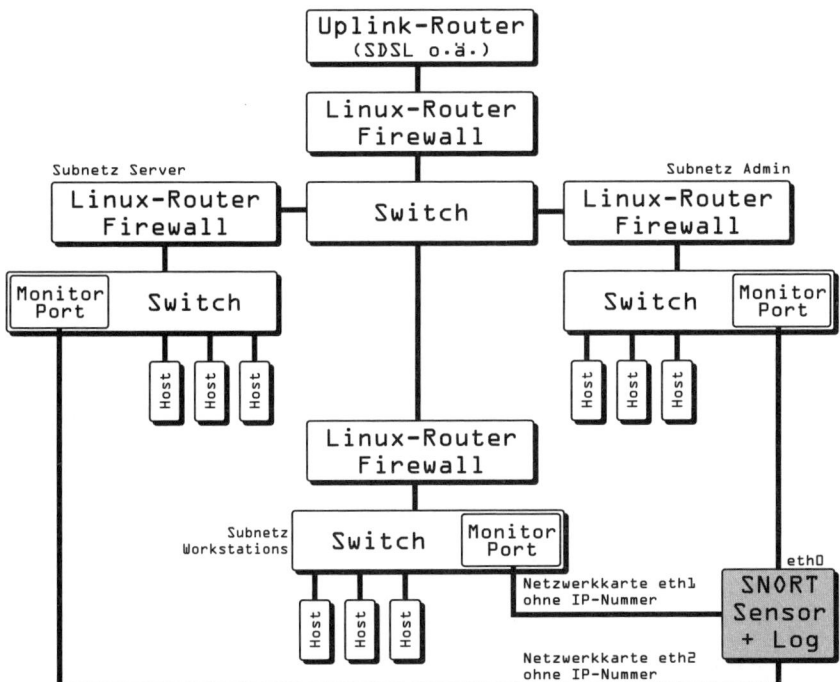

Abbildung 4.3:
Ein Sensor mit
mehreren
Netzwerkkarten

In einem kleinen Netzwerk mit wenig Traffic mag diese Lösung funktionieren, so-lange Sie damit zwei, maximal drei Netzbereiche abgreifen. Die Verarbeitung des Netzwerkverkehrs produziert jedoch eine erhebliche Rechenlast, und ein normaler Host ist schnell überfordert, wenn er mehrere 100-MBit-Netzwerkbereiche parallel bei mittlerer bis hoher Netzwerklast auszuwerten hat. Es besteht die Gefahr, dass Snort „nicht mehr hinterherkommt" und nicht alle Daten auswerten kann. Gerade bei einem akuten Angriff müssen Sie aber damit rechnen, dass Ihr Netzwerk plötz-lich eine erheblich höhere Auslastung hat, so dass in der Regel mehrere Hosts für die Sensoren vorzuziehen sind.

Vorteile:

- einfache Installation: nur ein Snort, Auswertung auf dem Sensor selbst

- Sensoren lesen im jeweiligen Netzbereich nur mit, sind als Host aber unsichtbar

- beste Absicherung des Sensors

- günstige Lösung (spart Hardware)

Nachteile:

- wenig performant, nicht geeignet bei vielen Sensoren

- in großen Netzwerken ggf. Probleme mit der Maximallänge des Ethernet-Kabels

- Single Point of Failure: mit dem Sensor würde die gesamte Überwachung ausfallen

- Switch mit Monitor-Port notwendig

Mehrere eigenständige Sensoren

In größeren Netzwerken mit einer eigenen gerouteten Topologie kommen Sie nicht um mehrere Sensoren herum, wollen Sie nicht über die eben genannte Sparvariante ausschließlich den ein- und ausgehenden Verkehr am Uplink überwachen und dabei riskieren, den Rest des Netzwerks nicht zu überwachen.

Abbildung 4.4:
Mehrere
eigenständige
Sensoren

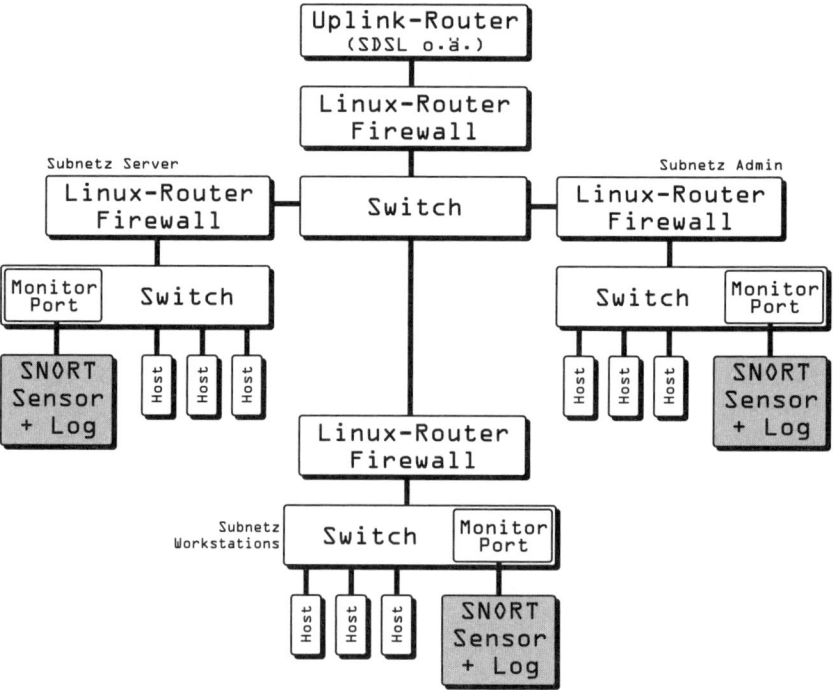

Es besteht die Möglichkeit, mehrere autarke Sensoren zu installieren, d. h., jeder Sensor arbeitet für sich allein und muss seine eigenen Auswertungsprogramme bereitstellen (siehe Abbildung 4.4).

Eine gemeinsame Auswertungsmöglichkeit für die gesammelten Daten aller Sensoren gibt es damit nicht mehr. Bei zwei Sensoren mag das vertretbar sein, bei mehr Sensoren hingegen überwiegen die Nachteile: Da nicht alle Daten der Sensoren in einer Datenbank gemeinsam gespeichert werden, ist der Abgleich der Daten sehr umständlich.

Handelt es sich bei den Sensoren um eigenständige, einzelne Rechner, müssten sie prinzipiell auch über eine IP-Nummer im jeweiligen Netzbereich ansprechbar sein, wenn Sie sie entfernt überwachen und auswerten wollen – das macht sie natürlich verwundbar.

Vorteil:

- sichere Erfassung der Logdaten

Nachteile:

- schwierige, unübersichtliche Auswertung der Logdaten

- Zugriff auf jeden Host zur Auswertung notwendig

- je Sensor ein Host

- Sensoren haben je eine IP-Adresse und sind somit sichtbar

- Switch mit Monitor-Port notwendig

Mehrere zentral erfasste Sensoren als Distributed IDS

Bei einem *Distributed Intrusion Detection System* werden alle Snort-Sensoren über eine zentrale Stelle verwaltet. Sämtliche Daten, die von den einzelnen Sensoren gesammelt werden, fließen in eine gemeinsame Datenbank, so dass bei einer späteren Analyse die Daten aller Netzwerksegmente beisammen sind. Der Vorteil dieser Methode liegt in der leichten Wartbarkeit der einzelnen Sensoren und der Daten.

Die Verbindung von den Sensoren zum zentralen Log-Host kann verschlüsselt erfolgen und durch das normale Netzwerk geleitet werden (siehe Abbildung 4.5).

Wir stellen Ihnen in diesem Buch diese Lösung vor und zeigen auch, wie Sie die Übermittlung der Daten von Sensor zum zentralen Log-Host bewerkstelligen, absichern und verschlüsseln. Die Musterlösung des Buches folgt also diesem Konzept zur Snort-Installation.

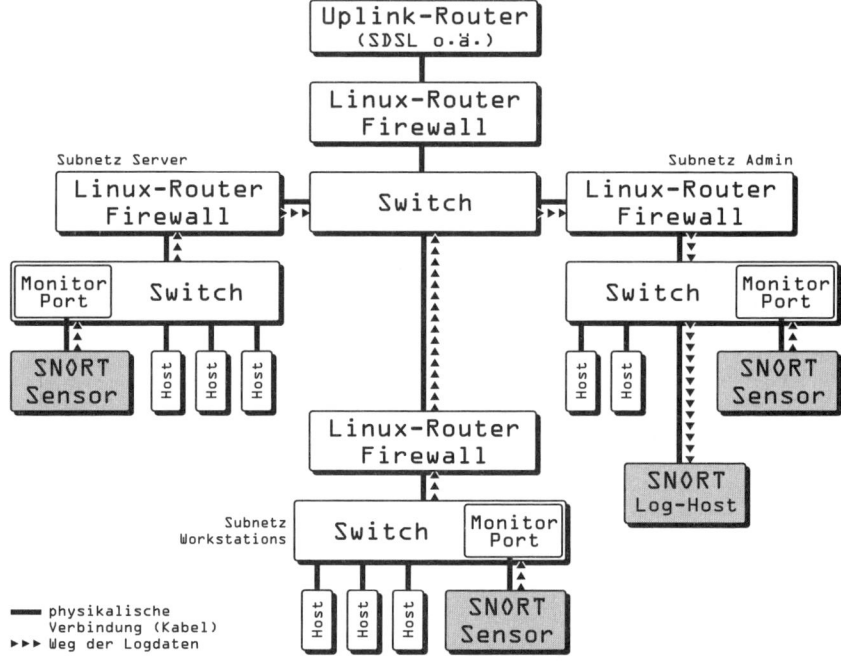

Abbildung 4.5:
Ein zentraler
Log-Host sammelt
Daten mehrerer
Sensoren

Vorteile:

- sichere Erfassung der Logdaten

- zentrale, übersichtliche und zusammenhängende Auswertung der Logdaten

Nachteile:

- je Sensor ein Host

- Sensoren haben je eine IP-Adresse und sind somit sichtbar

- Switch mit Monitor-Port notwendig

- etwas kompliziertere Installation (aber hier im Buch beschrieben)

Mehrere zentral erfasste Sensoren als Distributed IDS mit hermetisch abgeschottetem IDS-Netzwerk

Anhängern größtmöglicher Sicherheit wird bei der zuvor genannten Lösung nicht gefallen, dass die Hosts sichtbar sind, über IP-Nummern verfügen und die Logdaten durch das normale Netzwerk zum Log-Host transportiert werden müssen.

Natürlich lässt sich auch da Abhilfe schaffen, doch – um es gleich zu sagen – das ufert aus und bedeutet beträchtlichen Mehraufwand, so dass fraglich ist, ob dies in „normalen" Netzwerken noch angemessen ist. Sie müssen dazu eine zweite, physikalisch komplett getrennte Netzwerkverkabelung einrichten, über die Sensoren und Log-Host miteinander verbunden sind. Anschließend können Sie jeden Sensor über eine nicht mit einer IP-Nummer versehene Netzwerkkarte in den jeweiligen Segmenten mitlauschen lassen. Abbildung 4.6 zeigt den dafür notwendigen Aufbau.

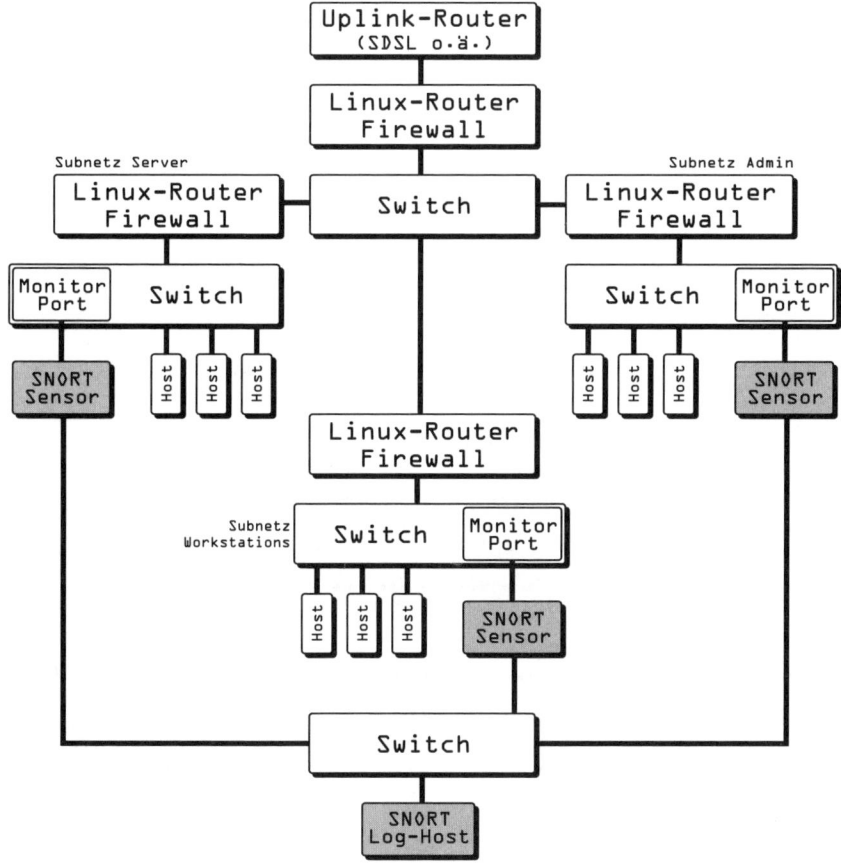

Abbildung 4.6:
Ein hermetisch
abgeschottetes
IDS-Netzwerk

Das ist grundsätzlich *sehr* wünschenswert, schließlich ist das die Variante, in der Snort am unverwundbarsten und in der Ihr IDS damit am sichersten ist – die perfekte Musterlösung.

Unser Buch baut dieses Szenario jedoch bewusst *nicht* nach, sondern schildert den Aufbau eines Snort-IDS mit „normalen", im Netz auch per IP erreichbaren Sensoren. Dieser Aufbau dürfte für die allermeisten Anwendungsfälle der sinnvollste sein. Das ist vielleicht nicht perfekt, aber sicher zu handhaben, und es entspricht am ehesten den realen Möglichkeiten in vorhandenen Netzwerken (die ebenfalls in den seltensten Fällen lehrbuchmäßig sind...). Wollen Sie jedoch hermetisch abgeschottete Sensoren, sollte es Ihnen leicht fallen, unsere entsprechend anzupassen.

Vorteile:

- sichere Erfassung der Logdaten

- zentrale, übersichtliche und zusammenhängende Auswertung der Logdaten

- unsichtbare, nicht angreifbare Sensoren

Nachteile:

- je Sensor ein Host

- Switch mit Monitor-Port notwendig

- etwas aufwändigere Installation

- eigene Netzwerkstruktur, eigene Kabel, eigene Switches notwendig

4.1.4 Zusammengefasst: Die Struktur der Musterlösung

Abbildung 4.7:
Die Musterlösung des
Buches inklusive
IP-Nummern

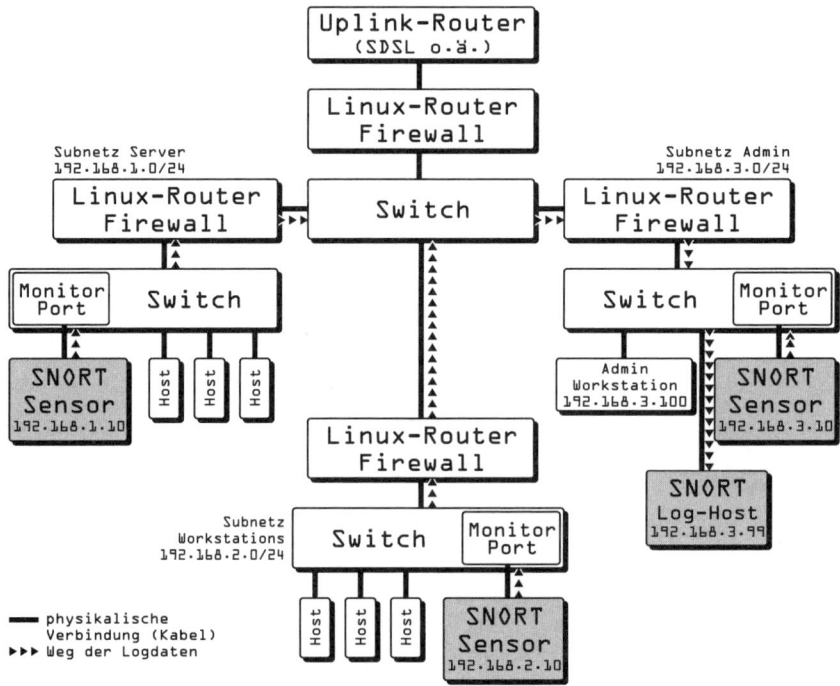

Abbildung 4.7 zeigt die in diesem Buch nachgebaute Topologie: Im Beispiel befindet sich der Log-Host in einem angenommenen Admin-Subnetz **192.168.3.0/24**. Die Snort-Sensoren haben jeweils eine IP-Adresse in dem zu überwachenden Segment, als notwendiger Kompromiss zwischen Aufwand und Sicherheit.

4.2 Die Linux-Installation des Log-Host

Kümmern wir uns zunächst um die Installation des Log-Host, also des Host, auf dem alle durch die Sensoren erfassten Daten zusammenlaufen sowie Auswertung und Echtzeit-Alarmierung stattfinden. Mit den Sensoren beschäftigen wir uns erst im nächsten Kapitel.

Auf Installation und Absicherung dieses Servers müssen wir besonderen Wert legen, denn hier soll sich später das gesamte, von den Snort-Sensoren im überwachten Netzwerk übermittelte Wissen sammeln.

Es ist dringend erforderlich, diesen Server unter speziellen Sicherheitsrichtlinien zu betreiben, nur die notwendigen Dienste zu installieren und, wo dies möglich ist, kryptographisch gesicherte Verbindungen zu nutzen. Sollte es zu unbefugtem Zugriff auf diesen Host kommen, ist die Integrität der von Snort gesammelten Daten nicht mehr gewährleistet und sie werden damit wertlos. Möglicherweise wird bei einem erfolgreichen Einbruch auf dem Server die Echtzeit-Alarmierung ausgeschaltet …

Ein weiterer wichtiger Punkt ist die Übertragung der gesammelten Daten von den Snort-Sensoren zu diesem Server: Auch hier werden wir Ihnen eine sichere Lösung mit Kryptotechnik vorstellen.

4.2.1 Partitionierung der Festplatte

Der Log-Host wird später zahlreiche Datenbankeinträge oder Syslog-Dateien speichern. Je mehr Sensoren in einem Netzwerk Daten über ungewöhnliche Aktivitäten sammeln, desto größer sollte die Festplatte auf dem Log-Host sein. Planen Sie außerdem ein, dass es dem Angreifer nicht gelingen darf, durch ein gezieltes Fluten sinnloser Alarmmeldungen das Speichervermögen des Log-Host zu überschreiten, so dass die relevanten Daten und Vorkommnisse des Angriffs nicht mehr geloggt werden können.

Auch für einfache Netzwerke sollten Sie deshalb eine Mindestgröße von 10 GByte einplanen, aber angesichts der aktuellen Plattenkapazitäten und -preise sollte das kein Problem darstellen.

Es empfiehlt sich übrigens der Einsatz zweier Festplatten: Einer kleinen Systemplatte und einer separaten Festplatte, die Sie unter **/var** mounten können, denn dort werden standardmäßig alle Log- und Datenbankdateien gespeichert. Liegen die Daten auf einer eigenen Festplatte, ist diese zur Archivierung oder Beweissicherung einfacher zu nutzen.

Vergessen Sie auch nicht, eine ausreichend große Swap-Partition anzulegen.

4.2.2 Linux-Installation und Paketauswahl

Wählen Sie eine Minimalinstallation Ihrer Lieblingsdistribution. Wir beziehen uns im Folgenden auf SUSE 9.1 und Debian Woody – vereinzelt auch Pakete aus Sarge (derzeit „Debian testing") und Sid (derzeit „Debian unstable"), wenn neue Versionen bestimmter Programme benötigt werden. Wie Sie diese Pakete einbinden können, steht übrigens in Anhang C.

Aber auch wenn Sie eine andere Distribution wählen, sollten Sie die Anleitungen zur Installation auf Ihr System übertragen können; ggf. lauten aber einige Einstellungen oder Default-Pfade anders.

Grundsätzlich sollten Sie stets eine Paketauswahl treffen, bei der möglichst wenige Pakete installiert werden; je weniger, desto besser, denn nur nicht installierte Pakete können keine Fehler und Sicherheitslücken enthalten. Eine grafische Oberfläche wird nicht benötigt und hat hier auch nichts zu suchen.

4.3 Benötigte Dienste und Pakete für den Log-Host

Bei der Software des Servers werden wir weitestgehend auf die in der Distribution enthaltenen Pakete zurückgreifen, in Einzelfällen aber die Software auch aus dem Quellcode kompilieren müssen.

Wir stellen gleich die einzelnen Pakete vor und erläutern die notwendige Konfiguration. Aus Gründen der Bequemlichkeit sollten Sie in einem ersten Schritt alles für den Log-Host Notwendige auf einen Schlag vorab installieren:

SUSE

```
linux:~ # yast -i openssh openssl stunnel syslog-ng apache2 \
> apache2-mod_php4 apache2-prefork gd php4-gd mysql mysql-client \
> mysql-shared snort xntp
```

Debian

```
linux:~ # apt-get install openssl ssh syslog-ng \
> mysql-common mysql-server php4-mysql php4 php4-cgi php4-gd2 \
> apache-ssl ntp-simple
linux:~ # apt-get install -t testing stunnel4 snort-mysql
```

Für Debian Woody liegt bislang nur Version 3 von **stunnel** vor. **stunnel** in der Version 4 steht im Testing-Zweig zum Download bereit und heißt **stunnel4**. Wie man Debian Woody so einrichtet, dass bestimmte Pakete aus einem anderen Zweig installiert werden, beschreibt Anhang C. Ggf. müssen Sie Ihr Debian also noch anpassen, bevor Sie wie hier gezeigt **stunnel4** installieren können!

4.3.1   OpenSSH

Sie können einen SSH-Zugang installieren, wenn Sie den Log-Host remote warten wollen. Es ist aber vielleicht auch keine schlechte Idee, darauf zu verzichten und einen Zugang nur über Tastatur und Monitor zu realisieren, wenn der Host für Sie gut erreichbar ist.

Wenn Sie SSH einsetzen, achten Sie darauf, dass der OpenSSH-Daemon nur Verbindungen über das SSH-Protokoll Version 2 erlaubt. Protokollversion 1 ist unsicher und wird heute per Default auch nicht mehr verwendet, denn sie kann schon dann zur Verwundbarkeit führen, wenn sie lediglich vom Server unterstützt wird. Zur Sicherheit sollten Sie die benutzte Version jedoch fest einstellen. Ändern Sie dazu ggf. in der Datei **/etc/ssh/sshd_config** die betreffende Zeile:

```
linux:~ # joe /etc/ssh/sshd_config
[...]
Protocol 2
```

Da wir unseren Snort-Server schützen wollen, so gut es geht, unterbinden wir bei dieser Gelegenheit dort auch gleich den root-Login per SSH, um Angreifern das Leben schwer zu machen. Später müssen wir uns dann als normaler Nutzer anmelden und für administrative Aufgaben mittels **su -** „hochstufen":

```
linux:~ # joe /etc/ssh/sshd_config
[...]
Protocol 2
PermitRootLogin no
```

Zu guter Letzt den Neustart des SSH-Daemon nicht vergessen!

4.3.2   Network Time Protocol

Über das *Network Time Protocol* (NTP) übernehmen wir von einem entfernten Zeitserver die exakte Uhrzeit auf unser eigenes System. Die korrekte Systemzeit spielt eine entscheidende Rolle, um die von den Sensoren gesammelten Daten später vergleichen zu können. Wir nutzen darum eine NTP-Installation, um überall – vor allem auf den Sensoren – vollkommen identische Zeitangaben zu haben.

Den gewünschten Zeitserver müssen Sie in der Datei /etc/ntp.conf angeben. Unter http://www.eecis.udel.edu/~mills/ntp/clock1a.html findet sich eine Liste mit Zeitservern. Sie können aber auch die des Projekts http://www.pool.ntp.org nutzen: Unter dem Namen pool.ntp.org werden per Round-Robin-DNS über 100 NTP-Server abgefragt. Sie können darum *dreimal* den Eintrag server pool.ntp.org in Ihre Konfiguration eintragen – dann werden automatisch drei (verschiedene!) Zeitserver gefragt und miteinander verglichen. Allerdings müssen Sie dann den Zugriff auf Zeitserver generell in der Firewall freischalten, statt lediglich den Zugriff auf einen fest eingestellten Zeitserver zu gewähren.

```
linux:~ # joe /etc/ntp.conf
server pool.ntp.org
server pool.ntp.org
server pool.ntp.org
```

Nachdem der Zeitserver in der Konfigurationsdatei gespeichert wurde, können Sie den NTP-Daemon neu starten.

SUSE

```
linux:~ # /etc/init.d/xntpd restart
```

Debian

```
linux:~ # /etc/init.d/ntp restart
```

Prüfen Sie, ob Ihr Server die korrekte Uhrzeit hat, und vergessen Sie nicht, xntpd unter SUSE bzw. ntp-simple unter Debian automatisch beim Booten starten zu lassen.

Achtung: Die Sensoren können natürlich nur dann den Zeitserver abfragen, wenn sie Kontakt zum Internet haben und auch UDP-Port **123** (ntp) in der Firewall durchgelassen wird.

Sollten Sie die Lösung realisieren, in der die Sensoren ohne IP-Nummern arbeiten und nur über ein nachgeschaltetes, abgeschottetes Netzwerk mit dem Log-Host verbunden sind, können Sie NTP natürlich nicht einsetzen. In diesem Falle müssen Sie die Systemzeit der Hosts über die CMOS-Uhr einstellen; oder Sie denken über den Kauf eines DCF77-Funkempfängers nach: Damit können Sie die „Atomzeit" über die serielle Schnittstelle empfangen.

4.3.3 syslog-ng

Der klassische **syslogd** kann Logdaten nur über UDP-Verbindungen an einen entfernten **syslogd** schicken. Da UDP anders als TCP verbindungslos arbeitet, lassen sich UDP-Daten nicht mit **stunnel** verschlüsseln. Wir möchten aber von unseren im Netzwerk verteilten Sensoren die Alert- und Log-Meldungen über eine SSL-verschlüsselte Verbindung zum zentralen Log-Host transportieren.

Darum setzen wir den **syslog-ng** („new generation") ein, der – neben einigen anderen Verbesserungen – TCP-Verbindungen zulässt.

Weiterer Vorteil: Mit Hilfe des **syslog-ng**-Daemon ist es uns später auch möglich, Echtzeit-Alarmmeldungen per Mail oder SMS zu realisieren. Der **syslog-ng** wertet dazu die Logmeldungen der Snort-Sensoren aus und übergibt sie je nach Filtereinstellung an ein externes Programm, z. B. ein Mailprogramm. Wie Echtzeit-Alarme ausgelöst werden, wird später in Kapitel 9.2 behandelt.

Damit der **syslog-ng**-Daemon die von **stunnel** entschlüsselten Daten empfängt, muss bei SUSE die Konfigurationsdatei **/etc/syslog-ng/syslog-ng.conf.in**, bei Debian die Datei **/etc/syslog-ng/syslog-ng.conf** verändert werden. Erweitern Sie eine eventuell vorhandene Muster-Konfigurationsdatei Ihrer Distribution um die folgenden Zeilen:

SUSE

```
linux:~ # joe /etc/syslog-ng/syslog-ng.conf.in
# Quelle
source quelle {
        tcp(ip(127.0.0.1) port(601) max-connections(20));
};

# Ziel
destination ziel {
        file("/var/log/snort/snort.all" owner("root") group("root")
            perm(0640));
};

# Logdateien schreiben
log {
        source(quelle); destination(ziel);
};
```

Und anschließend müssen wir SUSE anweisen, den neuen syslog zu benutzen:

```
linux:~ # rcsyslog stop
linux:~ # joe /etc/sysconfig/syslog
[...]
SYSLOG_DAEMON="syslog-ng"
[...]
linux:~ # SuSEconfig
linux:~ # rcsyslog restart
```

Debian

```
linux:~ # joe /etc/syslog-ng/syslog-ng.conf
# Quelle
source quelle {
        tcp(ip(127.0.0.1) port(601) max-connections(20));
};

# Ziel
destination ziel {
        file("/var/log/snort/snort.all" owner("root") group("adm")
            perm(0640));
};

# Logdateien schreiben
log {
        source(quelle); destination(ziel);
};
```

Nun muss der **syslog-ng**-Daemon neu gestartet werden; prüfen Sie, ob der Daemon auf Verbindungen wartet. Da die Verbindung später vom lokal laufenden **stunnel** empfangen wird, reicht es aus, wenn **syslog-ng** nur auf **localhost** seinen Port geöffnet hat:

```
linux:~ # /etc/init.d/syslog-ng restart
linux:~ # lsof -i -n | grep syslog-ng
syslog-ng 24012  root  3u  IPv4 213660 TCP 127.0.0.1:syslog-conn (LISTEN)
```

4.3.4   openssl und stunnel

Mit Hilfe von **stunnel**[2] werden die ankommenden Verbindungen der Sensoren entschlüsselt und lokal an **syslog-ng** bzw. den MySQL-Daemon weitergeleitet.

Abbildung 4.8:
stunnel im
Zusammenspiel
mit Snort

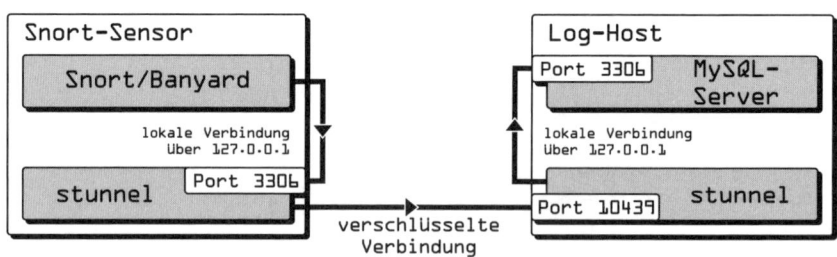

Die Arbeitsweise von **stunnel** ist sehr einfach: Es öffnet auf dem einen Host (dem Snort-Sensor) einen beliebigen lokalen Port und leitet die dort eingespeisten Daten

---

[2]   http://www.stunnel.org

verschlüsselt zu einem anderen Server mit definiertem Port weiter. Dort angekommen, entschlüsselt der dortige **stunnel** die Verbindung und leitet die dann wieder im Klartext vorliegenden Daten an einen voreingestellten TCP-Port weiter. Abbildung 4.8 verdeutlicht den Ablauf.

Bevor nun die Installation und Konfiguration von **stunnel** beginnt, muss für die Verschlüsselung ein Schlüssel angelegt werden.

Die Erzeugung eines Schlüssels mit openssl

Die Erzeugung eines Schlüssels geschieht mit Hilfe von **openssl**. Wir benötigen für eine SSL/TLS-Verschlüsselung einen Key einer *Certification Authority* (CA) sowie einen *Private Key* und einen *Public Key* des Servers – letzterer wird von der CA beglaubigt.

Ein Perl-Script namens **CA.pl** übernimmt diese Aufgaben; es liegt je nach Distribution in unterschiedlichen Verzeichnissen: Bei SUSE in **/usr/share/ssl/misc**, bei Debian unter **/usr/lib/ssl/misc**.

Wechseln Sie nun in das entsprechende Verzeichnis und erzeugen Sie nach dieser Anleitung die Schlüssel.

Zuerst wird durch den Parameter **-newca** eine neue Certification Authority angelegt. Beantworten Sie alle Fragen und wählen Sie ein sicheres Passwort. Dieses CA-Passwort wird später benötigt, um den für **stunnel** angelegten Schlüssel mit der CA zu unterschreiben:

```
linux:/usr/lib/ssl/misc/ # ./CA.pl -newca
CA certificate filename (or enter to create)

Making CA certificate ...
Using configuration from /usr/lib/ssl/openssl.cnf
Generating a 1024 bit RSA private key
.................+++++..++++++
writing new private key to './demoCA/private/cakey.pem'
Enter PEM pass phrase: capasswort
Verifying password - Enter PEM pass phrase: capasswort
-----
You are about to be asked to enter information that will be incorporated
into your certificate request.
What you are about to enter is what is called a Distinguished Name or a
DN.
There are quite a few fields but you can leave some blank
For some fields there will be a default value,
If you enter '.', the field will be left blank.
-----
Country Name (2 letter code) [AU]: DE
State or Province Name (full name) [Some-State]: Berlin
Locality Name (eg, city) []: Berlin
```

```
Organization Name (eg, company) [Internet Widgits Pty Ltd]: Open Source
Press
Organizational Unit Name (eg, section) []:
Common Name (eg, YOUR name) []: Rudi Ruessel
Email Address []: autor@snortbuch.de
```

Der nächste Schritt ist die Erzeugung des Schlüsselpaares des Snort-Servers. Auch hier müssen einige Fragen beantwortet werden:

```
linux:/usr/lib/ssl/misc # ./CA.pl -newreq
Using configuration from /usr/lib/ssl/openssl.cnf
Generating a 1024 bit RSA private key
........++++++...................++++++
writing new private key to 'newreq.pem'
Enter PEM pass phrase: keypasswort
Verifying password - Enter PEM pass phrase: keypasswort
-----
You are about to be asked to enter information that will be incorporated
into your certificate request.
What you are about to enter is what is called a Distinguished Name or a
DN.
There are quite a few fields but you can leave some blank
For some fields there will be a default value,
If you enter '.', the field will be left blank.
-----
Country Name (2 letter code) [AU]: DE
State or Province Name (full name) [Some-State]: Berlin
Locality Name (eg, city) []: Berlin
Organization Name (eg, company) [Internet Widgits Pty Ltd]: Open Source
Press
Organizational Unit Name (eg, section) []:
Common Name (eg, YOUR name) []: Rudi Ruessel
Email Address []: autor@snortbuch.de

Please enter the following 'extra' attributes
to be sent with your certificate request
A challenge password []:
An optional company name []:
Request (and private key) is in newreq.pem
```

Wir sind nun soweit, dass wir den Schlüssel von der CA unterschreiben lassen können. Hier wird wieder das CA-Passwort benötigt:

```
linux:/usr/lib/ssl/misc #  ./CA.pl -sign
Using configuration from /usr/lib/ssl/openssl.cnf
Enter PEM pass phrase: capasswort
Check that the request matches the signature
Signature ok
The Subjects Distinguished Name is as follows
countryName            :PRINTABLE:'DE'
```

```
stateOrProvinceName     :PRINTABLE:'Berlin'
localityName            :PRINTABLE:'Berlin'
organizationName        :PRINTABLE:'Open Source Press'
organizationalUnitName:PRINTABLE:''
commonName              :PRINTABLE:'Rudi Ruessel'
emailAddress            :IA5STRING:'autor@snortbuch.de'
Certificate is to be certified until Apr  7 16:03:37 2005 GMT (365 days)
Sign the certificate? [y/n]: y

1 out of 1 certificate requests certified, commit? [y/n] y
Write out database with 1 new entries
Data Base Updated
Signed certificate is in newcert.pem
```

Unser Private Key liegt bislang noch verschlüsselt vor, so dass **stunnel** nicht ohne Passworteingabe und damit auch nicht unbeaufsichtigt starten könnte.

Um den Private Key zu entschlüsseln und in die Datei **key.pem** zu schreiben, können wir wieder **openssl** zu Hilfe nehmen. Das Passwort ist jetzt allerdings das im zweiten Schritt generierte Passwort des Schlüssels:

```
linux:/usr/lib/ssl/misc #  openssl rsa <newreq.pem >key.pem
read RSA key
Enter PEM pass phrase: keypasswort
writing RSA key
```

Nun müssen die Dateien an die richige Stelle kopiert und durch entsprechende Dateirechte geschützt werden.

```
linux:/usr/lib/ssl/misc/ #  chmod 400 *.pem
linux:/usr/lib/ssl/misc/ #  cat key.pem newcert.pem > \
> /etc/stunnel/stunnel.pem
linux:/usr/lib/ssl/misc/ #  chmod 400 /etc/stunnel/stunnel.pem
```

Die Konfiguration von stunnel

stunnel lag lange Zeit in der Version 3 den Distributionen bei. Mit SUSE 9.0 wurde das komfortablere **stunnel** 4 ausgeliefert; auch für Debian liegt die Version 4 vor (im Testing-Zweig, Anhang C).

Der Hauptunterschied liegt darin, dass **stunnel** 4 über eine Konfigurationsdatei gesteuert wird, Version 3 ausschließlich über Parameter. Wir empfehlen Ihnen die Installation mit **stunnel** 4 – geben Ihnen allerdings auch eine Anleitung für die alte Version.

stunnel in der Version 4 konfigurieren

In /etc/stunnel/stunnel.conf aktivieren wir einzelne Ports, auf denen stunnel später die SSL/TLS-Verbindungen annimmt, und bestimmen zugleich, an welche Ports die entschlüsselte Verbindung weitergeleitet werden soll. Dabei lassen sich über die eckigen Klammern mehrere Sektionen definieren (die Sie frei benennen können). Außerdem geben wir einen User- und einen Gruppennamen an, dessen Rechte stunnel nach dem Start annehmen soll – Sie können hier nobody/nogroup eintragen oder eine eventuell bereits vorhandene Kennung stunnel übernehmen.

```
linux:~ # joe /etc/stunnel/stunnel.conf
client = no
cert = /etc/stunnel/stunnel.pem
setuid = nobody
setgid = nogroup

[mysql]
accept = 10439
connect = 127.0.0.1:3306

[syslog-ng]
accept = 10440
connect = 127.0.0.1:601
```

Starten Sie stunnel und prüfen Sie, ob alles geklappt hat:

```
linux:~ # stunnel /etc/stunnel/stunnel.conf
linux:~ # lsof -i -n|grep stunnel
stunnel4  740 nobody    4u  IPv4  17637      TCP *:10439 (LISTEN)
stunnel4  740 nobody    5u  IPv4  17638      TCP *:10440 (LISTEN)
```

Denken Sie daran, stunnel nach dem Booten automatisch starten zu lassen: Bei SUSE können Sie dazu ggf. den YaST-Runlevel-Manager nehmen, bei Debian muss die Konfigurationsdatei /etc/default/stunnel4 bearbeitet werden:

```
linux:~ # joe /etc/default/stunnel4
ENABLED=1
```

stunnel in der Version 3 konfigurieren

Sollten Sie aus irgendeinem Grund das ältere stunnel 3 verwenden, müssen Sie auf die Config-Datei stunnel.conf verzichten und stattdessen stunnel mehrfach mit entsprechenden Aufrufparametern starten. Tragen Sie den folgenden Aufruf in ein entsprechendes Start-Script unter /etc/init.d/stunnel.local ein:

```
linux:~ # joe /etc/init.d/stunnel.local
stunnel -d 10439 -r 127.0.0.1:3306 -g nogroup -s nobody \
        -p /etc/stunnel/stunnel.pem &
stunnel -d 10440 -r 127.0.0.1:601 -g nogroup -s nobody \
        -p /etc/stunnel/stunnel.pem &
```

Führen Sie anschließend die folgenden Befehle aus:

SUSE

```
linux:~ # cd /etc/init.d/rc3.d
linux:/etc/init.d/rc3.d # ln -s ../stunnel.local S99stunnel.local
linux:/etc/init.d/rc3.d # cd ../rc5.d
linux:/etc/init.d/rc5.d # ln -s ../stunnel.local S99stunnel.local
linux:/etc/init.d/rc3.d # ln -s /etc/init.d/stunnel.local \
> /usr/sbin/rcstunnel
linux:/etc/init.d/rc3.d # rcstunnel
```

Debian

```
linux:~ # cd /etc/init.d
linux:/etc/init.d # update-rc.d stunnel.local defaults
linux:/etc/init.d # /etc/init.d/stunnel.local
```

Nun sollte noch überprüft werden, ob stunnel an den angegebenen Ports auf Verbindungen wartet:

```
linux:~ # lsof -i -n|grep stunnel
stunnel   30125 stunnel   4u  IPv4 232861    TCP *:10440 (LISTEN)
stunnel   30127 stunnel   4u  IPv4 232854    TCP *:10439 (LISTEN)
```

4.3.5 Apache Webserver

Snort selbst benötigt keinen Webserver – wohl aber ACID, das über Webseiten gesteuert wird. Welche Apache-Version Sie nehmen, spielt derzeit keine Rolle; wir zeigen die Installation am Beispiel von Apache 1 (Debian) und Apache 2 (SUSE).

Der Webserver auf dem Snort-Server sollte nur verschlüsselte Verbindungen über Port 443 erlauben, damit die Integrität der übertragenen Daten sichergestellt ist. Normale HTTP-Verbindungen dürfen nicht stattfinden.

Für einen gesicherten Zugriff nutzen wir später ausschließlich https-Verbindungen, so dass das Passwort und die Auswertung durch ACID verschlüsselt übertragen werden. Dazu müssen Sie zunächst noch ein https-Zertifikat generieren und für Apache hinterlegen sowie einige Anpassungen in der Konfiguration vornehmen.

Wenn Sie Erfahrung in der Administration von Webservern haben, fällt es Ihnen sicherlich nicht schwer, ggf. ein eigenes https-Zertifikat zu generieren.

Apache unter SUSE

Wenn Sie ungeübt im Umgang mit Apache sind, können Sie sich bei SUSE leicht ein Dummy-Zertifikat erstellen lassen. Es besteht aus Beispielwerten und wird beim ersten Aufruf in Ihrem Browser eine Authentizitäts-Warnung erzeugen, da es von keiner Certification Authority unterschrieben ist. Das spielt aber keine Rolle, denn wenn wir das Zertifikat einmal im Browser akzeptiert haben, werden alle Daten dennoch sicher verschlüsselt übertragen. Das SUSE-Script **gensslcert** erzeugt und installiert ein solches Dummy-Zertifikat automatisch:

```
linux:~ # gensslcert
comment           mod_ssl server certificate
name
C                 XY
ST                unknown
L                 unknown
U                 web server
O                 SuSE Linux Web Server
CN                linux.site
email             webmaster@linux.site
srvdays           730
CAdays            2190

creating CA key ...
1192703 semi-random bytes loaded
Generating RSA private key, 2048 bit long modulus
..................................+++
........................+++
e is 65537 (0x10001)

creating CA request/certificate ...
'/etc/apache2/ssl.crt/ca.crt' -> '/srv/www/htdocs/CA.crt'

creating server key ...
1192703 semi-random bytes loaded
Generating RSA private key, 1024 bit long modulus
..............++++++
..++++++
e is 65537 (0x10001)

creating server request ...
creating server certificate ...
Signature ok
subject=/C=XY/ST=unknown/L=unknown/O=SuSE Linux Web Server/OU=web server/
CN=linux.site/emailAddress=webmaster@linux.site
Getting CA Private Key

Verify: matching certificate & key modulus

Verify: matching certificate signature
/etc/apache2/ssl.crt/server.crt: OK
```

Anschließend müssen wir Apache für die SSL-Unterstützung konfigurieren. Kontrollieren Sie, ob in **/etc/sysconfig/apache2** das Modul **ssl** eingetragen ist (das sollte bereits der Fall sein). Zusätzlich müssen Sie den Wert **SSL** als Serverflag einstellen:

```
linux:~ # joe /etc/sysconfig/apache2
[...]
APACHE_MODULES="access actions alias auth auth_dbm autoindex cgi dir env
expires include log_config mime negotiation setenvif ssl suexec userdir
php4"
[...]
APACHE_SERVER_FLAGS="SSL"
```

Apache 2 ist bei SUSE sehr restriktiv vorkonfiguriert, und Passwortabfragen über .htaccess-Dateien sind per Default nicht erlaubt. Eine kleiner Handgriff ändert diese für uns wichtige Einstellung:

```
linux:~ # joe /etc/apache2/default-server.conf
[...]
#
# Configure the DocumentRoot
#
<Directory "/srv/www/htdocs">
        # Possible values for the Options directive are "None", "All",
        # or any combination of:
        #    Indexes Includes FollowSymLinks SymLinksifOwnerMatch ExecCGI
        # MultiViews
        #
        # Note that "MultiViews" must be named *explicitly* --- "Options
        # All" doesn't give it to you.
        #
        # The Options directive is both complicated and important.
        # Please see
        # http://httpd.apache.org/docs-2.0/mod/core.html#options
        # for more information.
        Options None
        # AllowOverride controls what directives may be placed in
        # .htaccess files.
        # It can be "All", "None", or any combination of the keywords:
        #    Options FileInfo AuthConfig Limit
        AllowOverride AuthConfig
        # Controls who can get stuff from this server.
        Order allow,deny
        Allow from all
</Directory>
```

Zu guter Letzt müssen wir noch eine Dummy-Konfiguration für SSL einrichten, **SuSEconfig** einmal ausführen lassen und Apache neu starten:

```
linux:~ # cd /etc/apache2/vhost.d
linux:/etc/apache2/vhost.d # cp vhost-ssl.template vhost-ssl.conf
linux:/etc/apache2/vhost.d # SuSEconfig
[...]
linux:/etc/apache2/vhost.d # rcapache2 restart
```

Apache unter Debian

Der Schlüssel für den Apache-SSL wurde bereits automatisch bei der Installation des Webservers erzeugt. Damit die PHP-Unterstützung im Apache-Webserver aktiviert wird, muss eine Änderung an der Datei /etc/apache-ssl/httpd.conf vorgenommen werden. Die notwendigen Zeilen sind dort bereits vorhanden, aber noch auskommentiert. Sie müssen also lediglich die Kommentarzeichen vor den betreffenden Zeilen entfernen. Bei dieser Gelegenheit aktivieren wir auch die Möglichkeit einer Passwortabfrage über eine .htaccess-Datei.

```
linux:~ # joe /etc/apache-ssl/httpd.conf
[...]
LoadModule php4_module /usr/lib/apache/1.3/libphp4.so
AddType application/x-httpd-php .php
AddType application/x-httpd-php-source .phps
[...]
#
# This should be changed to whatever you set DocumentRoot to.
#
<Directory /var/www/>
#
# This may also be "None", "All", or any combination of "Indexes",
# "Includes", "FollowSymLinks", "ExecCGI", or "MultiViews".
#
# Note that "MultiViews" must be named *explicitly* --- "Options All"
# doesn't give it to you.
#
    Options Indexes Includes FollowSymLinks MultiViews
#
# This controls which options the .htaccess files in directories can
# override. Can also be "All", or any combination of "Options",
# "FileInfo", "AuthConfig", and "Limit"
#
    AllowOverride AuthConfig
#
# Controls who can get stuff from this server.
#
    Order allow,deny
    Allow from all
</Directory>
```

Nachdem der Apache neu gestartet wurde, ist er einsatzbereit. Debian richtet den Apache so ein, dass dieser bei jedem Neustart des Host automatisch gestartet wird.

4.3.6 ACID, ADODB und JPGraph

Die *Analyse Console for Intrusion Databases* (ACID) steht zum Download unter http://www.andrew.cmu.edu/user/rdanyliw/snort/snortacid.html bereit. Das Programm besteht aus PHP-Scripts, die die Datenbankeinträge in unterschiedlichster Weise darstellen können. Mit ACID lassen sich komplexe Suchanfragen, Statistiken und Grafiken für die von den Sensoren gesammelten und in der Datenbank gespeicherten Daten erstellen. Mehr zur Auswertung der von den Sensoren erzeugten Daten finden Sie in Kapitel 9 (ab Seite 189).

Die Installation von ACID aus dem Quellcode

Laden Sie ACID von von der angegebenen Webseite herunter und speichern Sie die Datei in Ihrem Webserver-Verzeichnis. Bei SUSE ist der Standardpfad für das Dokumentverzeichnis des Webservers **/srv/www/htdocs**, unter Debian **/var/www**. Entpacken Sie die Datei in diesem Verzeichnis.

```
linux:/srv/www/htdocs # tar -xvfz acid-0.9.6b23.tar.gz
```

Bevor ACID konfiguriert wird, müssen noch zwei auf PHP basierende Bibliotheken installiert werden. **ADODB** und **JPGraph**. Unter http://php.weblogs.com/ADODB kann die neueste Version der Datenbankbibliothek ADODB heruntergeladen werden. Die Datei muss ebenfalls im Dokumentverzeichnis des Webservers liegen und dort entpackt werden.

```
linux:/srv/www/htdocs # tar -xvfz adodb411.tgz
```

Zuletzt wird die Grafikbibliothek JPGraph benötigt.[3] Die Quelldatei sollte ebenfalls im Dokumentverzeichnis des Webservers liegen und dort entpackt werden.

```
linux:/srv/www/htdocs # tar -xvfz jpgraph-1.15.tar.gz
```

ACID und die zugehörigen Bibliotheken sind nun installiert. Nun geht es an die Konfiguration.

Die Konfiguration von ACID und ADODB

ACID ist nun im Dokumentverzeichnis des Webservers als **/srv/www/htdocs/acid** installiert (SUSE). Achtung: Bei Debian lautet der Pfad **/var/www/acid**, so dass Sie die folgenden Beispiele jeweils entsprechend übertragen müssen!

---

[3] http://www.aditus.nu/jpgraph/jpdownload.php

Dort liegt auch die Konfigurationsdatei **acid_conf.php**. Als Konfigurationsparameter müssen der Pfad zu den ADODB-Bibliotheken, der Pfad zu den JPGraph-Bibliotheken, der Datenbanktyp, der Datenbankname, der Datenbankname des Archivs, der Datenbankhost, der Datenbankbenutzer sowie dessen Passwort angegeben werden. Die Angabe des Host, der Datenbank und des Benutzers mit Passwort muss sowohl für die Log-Datenbank als auch für die Archiv-Datenbank angegeben werden, damit ACID auf den Inhalt dieser Datenbanken zugreifen kann.

```
linux:/srv/www/htdocs/acid/ # joe acid_conf.php
$DBlib_path = "/srv/www/htdocs/adodb";
$ChartLib_path = "/srv/www/htdocs/jpgraph-1.15/src";

$DBtype = "mysql";
$alert_dbname    = "snort_log";
$alert_host      = "localhost";
$alert_user      = "aciduser";
$alert_password  = "acidpasswort";

$archive_dbname   = "snort_archive";
$archive_host     = "localhost";
$archive_user     = "aciduser";
$archive_password = "acidpasswort";
```

Nach ACID ist nun ADODB zu konfigurieren, und zwar durch Eintrag des Installationspfads in der Datei **adodb.inc.php** (SUSE: **/srv/www/htdocs/adodb**, Debian: **/var/www/adodb**).

```
define('/srv/www/htdocs/adodb',dirname(__FILE__));
```

4.3.7 Der Passwortschutz für ACID

In den Konfigurationsdateien (SUSE: **/etc/apache2**, Debian: **/etc/apache-ssl**) legen wir nun noch eine Passwortdatei namens **.htpasswd** mit einem eigenen Benutzer an:

```
linux:/etc/apache2 # htpasswd -c .htpasswd aciduser
New password:acidpasswort
Re-type new password:acidpasswort
Adding password for user aciduser
```

Wir legen diese Datei dabei absichtlich *nicht* in das **DocumentRoot**-Verzeichnis, um sie vor einem Zugriff von außen zu schützen. Anders die Datei **.htaccess**: Diese muss in das ACID-Verzeichnis gelegt werden. (SUSE: **/srv/www/htdocs/acid**, Debian: **/var/www/acid**).

Tragen Sie die folgenden Zeilen ein (bei Debian natürlich mit passendem Pfad **/etc/apache-ssl/.htpasswd**):

```
linux:/srv/www/htdocs/acid # joe .htaccess
AUTHUSERFILE /etc/apache2/.htpasswd
AUTHNAME "ACID Control"
AuthType Basic
require user aciduser
```

4.3.8 Die MySQL-Datenbank für Snort

Die Installation von MySQL selbst sollte bei jeder Distribution unproblematisch sein. Eine passende Datenbank für Snort ist allerdings noch anzulegen.[4] Debian-Benutzer müssen allerdings zunächst sicherstellen, dass der MySQL-Server auch Verbindungen an Port **3306** annimmt und dazu in der Datei **my.cnf** die entsprechende Zeile auskommentieren:

```
linux:~ # joe /etc/mysql/my.cnf
[...]
# The skip-networkin option will no longer be set via debconf menu.
# You have to manually change it if you want networking i.e. the server
# listening on port 3306.
# skip-networking
```

Zunächst sollte das MySQL-Passwort für den Datenbankbenutzer **root** geändert werden, das nicht mit dem **root**-Kennwort auf Linux-Ebene identisch ist. Viele Distributionen liefern MySQL per Default ohne **root**-Kennwort aus. Anschließend legen Sie die beiden Datenbanken **snort_log** sowie **snort_archive** an.

```
linux:~ # mysqladmin -u root password dbrootpw
linux:~ # mysql -u root -p
Enter password: dbrootpw
mysql> create database snort_log;
Query OK, 1 row affected (0.00 sec)
mysql> create database snort_archive;
Query OK, 1 row affected (0.00 sec)
mysql> exit
Bye
```

Das Schema für die Snort-Datenbank sowie das Archiv besteht aus drei Teilen:

1.   das Schema für ACID

2.   das Schema für Snort

3.   ein optionales Schema zur leichteren Auswertung mit ACID

---

[4] Snort kann die Daten in verschiedenen Datenbanktypen speichern: mysql, mssql, postgresql und ODBC-Datenbanken. Der Einfachheit halber beschränken wir uns hier auf eine MySQL-Datenbank.

Die ersten beiden Punkte sind Pflicht; das optionale Schema erleichtert lediglich die Arbeit mit ACID, ist aber nicht zwingend erforderlich.

Das Datenbankschema für ACID ist in der Datei **create_acid_tbls_mysql.sql** definiert. Wenn Sie ACID wie beschrieben installiert haben, finden Sie die Datei im Webseitenverzeichnis von ACID, bei SUSE Linux also in **/srv/www/htdocs/acid/**, bei Debian unter **/var/www/acid/**.[5]

Das Schema für Snort ist im Snort-Quellcode im Verzeichnis **contrib** enthalten und heißt **create_mysql**. SUSE: **/usr/share/doc/packages/snort/create_mysql**, Debian: **/usr/share/doc/snort-mysql/contrib/create_mysql.gz**.

Darüber hinaus gibt es ein Script namens **snortdb-extra.gz** (snortdb-extra.bz2, SUSE), das einige Zusatztabellen anlegt. Unter Debian ist diese Datei nicht vorhanden.[6]

Liegen alle drei Datenbankschemata vor, werden sie zu den Snort-Datenbanken hinzugefügt. Wir bauen dabei erst die Datenbank **snort_log** auf, die wir dann über einen Dump und anschließenden Import bequem als Vorlage für die anderen Datenbanken benutzen können.

Die notwendigen Schritte unter SUSE:

```
linux:/srv/www/htdocs/acid # bunzip2 \
> /usr/share/doc/packages/snort/snortdb-extra.bz2
linux:/srv/www/htdocs/acid # mysql -u root -p snort_log
Enter password:dbrootpw
mysql> source /srv/www/htdocs/acid/create_acid_tbls_mysql.sql;
mysql> source /usr/share/doc/packages/snort/create_mysql;
mysql> source /usr/share/doc/packages/snort/snortdb-extra;
mysql> exit;
linux:/srv/www/htdocs/acid # mysqldump -u root -p snort_log > \
> /root/snort-dbschema.mysql
Enter password:dbrootpw
linux:/srv/www/htdocs/acid # mysql -u root -p snort_archive < \
> /root/snort-dbschema.mysql
Enter password:dbrootpw
```

Und hier die Variante für Debian. Laden Sie sich das aktuelle Snort-Paket herunter und entpacken Sie es. Zum Zeitpunkt der Drucklegung war die Version 2.1.2 mit der URL http://www.snort.org/dl/snort-2.1.2.tar.gz aktuell.

```
linux:/usr/local/src # tar -xvzf  snort-2.1.2.tar.gz
[...]
linux:/usr/local/src # gunzip snort-2.1.2/contrib/snortdb-extra.gz
linux:/usr/local/src # mysql -u root -p snort_log
```

---

[5] Sie finden die Datei auch auf folgender Webseite zum Download:
http://cvs.sourceforge.net/viewcvs.py/acidlab/acid/acid/.

[6] Unter http://cvs.sourceforge.net/viewcvs.py/snort/snort/contrib/snortdb-extra.gz kann sie aber heruntergeladen werden.

```
mysql> source /var/www/acid/create_acid_tbls_mysql.sql;
mysql> source /usr/local/src/snort-2.1.2/contrib/create_mysql;
mysql> source /usr/local/src/snort-2.1.2/contrib/snortdb-extra;
mysql> exit;
linux:/usr/local/src # mysqldump -u root -p snort_log > \
> /root/snort-dbschema.mysql
linux:/usr/local/src # mysql -u root -p snort_archive < \
> /root/snort-dbschema.mysql
```

Die Datenbanken liegen nun vor. Der nächste Schritt besteht darin, für die ACID-Webseiten und auch für jeden Sensor einen eigenen Benutzer anzulegen. Diesen Benutzern müssen unterschiedliche Rechte gegeben werden. Die Benutzer **sensor01**, **sensor02** und **sensor03** werden später von Barnyard verwendet, um vom jeweiligen Sensor aus die Daten an die MySQL-Datenbank auf dem Log-Host zu senden – Sie müssen also für jeden geplanten Sensor eine entsprechende Nutzerkennung anlegen.

Übrigens: Sie können von unserer Webseite http://www.snortbuch.de ein Shell-Script für die nachfolgenden Kommandos herunterladen, um sich Tipparbeit und Tippfehler zu sparen.

```
linux: # mysql -u root -p
Enter password:dbrootpw
mysql> GRANT USAGE,INSERT,SELECT ON snort_log.* TO sensor01@localhost \
-> IDENTIFIED BY 'sensor01passwort';
Query OK, 0 rows affected (0.01 sec)
mysql> GRANT USAGE,INSERT,SELECT ON snort_log.* TO sensor02@localhost \
-> IDENTIFIED BY 'sensor02passwort';
Query OK, 0 rows affected (0.01 sec)
mysql> GRANT USAGE,INSERT,SELECT ON snort_log.* TO sensor03@localhost \
-> IDENTIFIED BY 'sensor03passwort';
Query OK, 0 rows affected (0.01 sec)
mysql> GRANT USAGE,SELECT,UPDATE,DELETE ON *.* TO aciduser@localhost \
-> IDENTIFIED BY 'acidpasswort';
Query OK, 0 rows affected (0.01 sec)
```

Es gibt nun jeweils einen Benutzer für die drei Sensoren und einen Benutzer für ACID. Diesem müssen besondere Rechte für bestimmte Tabellen gegeben werden:

```
mysql> GRANT select,insert,delete ON snort_log.acid_ag TO aciduser;
mysql> GRANT select,insert,delete ON snort_log.acid_ag_alert TO \
-> aciduser;
mysql> GRANT select,insert,delete,update ON snort_log.acid_event TO \
-> aciduser;
mysql> GRANT select,insert,delete,update ON snort_log.acid_ip_cache TO \
-> aciduser;
mysql> GRANT select,insert,delete ON snort_log.data TO aciduser;
mysql> GRANT select ON snort_log.detail TO aciduser;
mysql> GRANT select ON snort_log.encoding TO aciduser;
```

```
mysql> GRANT select,insert,delete ON snort_log.event TO aciduser;
mysql> GRANT select,insert,delete ON snort_log.icmphdr TO aciduser;
mysql> GRANT select,insert,delete ON snort_log.iphdr TO aciduser;
mysql> GRANT select,insert,delete ON snort_log.opt TO aciduser;
mysql> GRANT select,insert,delete,update ON snort_log.reference TO \
-> aciduser;
mysql> GRANT select,insert,delete,update ON snort_log.reference_system \
->  TO aciduser;
mysql> GRANT select ON snort_log.schema TO aciduser;
mysql> GRANT select,delete ON snort_log.sensor TO aciduser;
mysql> GRANT select,insert,update,delete ON snort_log.sig_class TO \
-> aciduser;
mysql> GRANT select,insert,update,delete ON snort_log.sig_reference TO \
-> aciduser;
mysql> GRANT select,insert,update,delete ON snort_log.signature TO \
-> aciduser;
mysql> GRANT select,insert,delete ON snort_log.tcphdr TO aciduser;
mysql> GRANT select,insert,delete ON snort_log.udphdr TO aciduser;
mysql> exit;
```

Nach den Änderungen muss der MySQL-Daemon neu gestartet werden:

```
linux:~ # /etc/init.d/mysql restart
```

Damit ist auch die Konfiguration von MySQL abgeschlossen. Der Zugriff auf die ACID-Management-Konsole kann nun über einen Webbrowser erfolgen – über die IP-Nummer des Log-Host oder entsprechend gesetzte DNS-Namen.

Abbildung 4.9:
Die ACID-Konsole

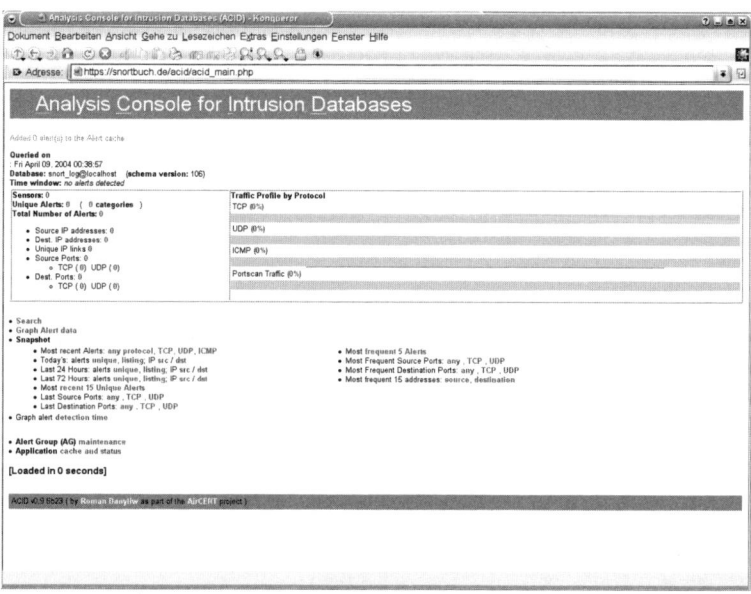

4.4 Die Firewall-Regeln auf dem Log-Host

Nun ist der Log-Host beinahe fertig. Der letzte Arbeitsschritt ist die Absicherung durch lokal auf dem Host laufende Firewall-Regeln.

Fassen wir zusammen, mit welchen Hosts und welchen Verbindungen wir es hier zu tun haben. Die hier verwendeten IP-Adressen müssen Sie natürlich an Ihr Netzwerk anpassen. Rufen Sie sich ggf. nochmals die Abbildung auf Seite 62 in Erinnerung, wo wir den Netzplan und die Beispiel-IP-Nummern dargestellt haben.

Snort-Sensoren

> Wir haben mehrere im Netz verteilte Sensoren – in unserem Beispiel gehen wir von drei Sensoren aus, von denen jeder ein anderes Netzsegment überwacht. Die IP-Adressen dieser Sensoren lauten **192.168.1.10**, **192.168.2.10** und **192.168.3.10**.

> Von diesen Sensoren kommend sind Verbindungen zum Log-Host für die Ports **10439** (MySQL über **stunnel**) und **10440** (syslog-ng über **stunnel**) erlaubt.

Admin-Host

> Von irgendeinem, möglichst exakt vorgegebenen Host müssen Sie auf das ACID-Webinterface zugreifen, um sich die Snort-Auswertung anzusehen. Wir haben diesen Host „Admin-Host" getauft – i. d. R. dürfte es sich um den Rechner handeln, der unter Ihrem Schreibtisch steht. Nur von diesem Host aus erlauben wir einen Zugriff auf den Log-Host, und dann auch nur für Port **443** (https, ACID Webinterface) und ggf. Port **22** (SSH zu Wartungszwecken). Im Idealfall verzichten wir auf dem Log-Host komplett auf einen SSH-Server, sofern uns direkter Konsolenzugang (also Tastatur und Monitor) zur Verfügung stehen.

> Wir haben dem Admin-Host hier im Beispiel die IP-Nummer **192.168.3.100** gegeben.

Network Time Protocol (NTP)

> Um die Zeitserver abzufragen, müssen wir ausgehenden Datenverkehr an UDP-Port **123** erlauben. Da bei der von uns vorgeschlagenen Verwendung von **pool.ntp.org** mehrere NTP-Server per Round-Robin abgefragt werden, bleibt uns nichts anderes übrig, als ausgehenden Traffic an diesem Zielport generell freizuschalten.

Das folgende Script setzt die geforderten Einstellungen über **iptables** um; Sie können es sich auch von der Webseite **http://www.snortbuch.de** herunterladen.

Die Variable **ADMINHOSTS** legt fest, von welchen IP-Nummern aus https- und ssh-Zugriff erlaubt ist; die Variable **SNORTSENSOREN** bestimmt, von welchen IP-Nummern uns die Logdaten übermittelt werden. Sie können in jeder Variablen mehrere IP-Nummern eingeben, diese müssen dann durch Leerzeichen getrennt und alles in Anführungszeichen eingeschlossen sein:

```
### Firewallscript fuer den Log-Host
# IP-Adresse(n) Admin-Host(s)
ADMINHOSTS="192.168.3.100"

# Liste der Snort-Sensoren
SNORTSENSOREN="192.168.1.10 192.168.2.10 192.168.3.10"

# Die IP-Nummer des Snort-Webservers
WWWSNORT="199.107.65.177"

# Alle Regeln in allen Ketten loeschen
iptables -F

# Alle benutzerdefinierten Ketten loeschen
iptables -X

# Standardmaessig alle Pakete blocken (Default Policy)
iptables -P INPUT DROP
iptables -P OUTPUT DROP
iptables -P FORWARD DROP

# Alle Verbindungen ueber das Loopback-Interface erlauben
# (wird u.a. fuer den stunnel auf dem Server benoetigt)
iptables -A INPUT -i lo -d 127.0.0.1 -j ACCEPT
iptables -A OUTPUT -o lo -s 127.0.0.1 -j ACCEPT


###############################
# Eingehende Verbindungen
###############################

# Eingehende ssh- (?) und https-Verbindungen vom Admin-Host erlauben
### Falls Sie SSH erlauben wollen, müssen Sie das ''#'' entfernen...

for ADMIN in $ADMINHOSTS ; do
#    iptables -A INPUT -p TCP -s $ADMIN --dport 22  -m state --state NEW \
#            -j ACCEPT
    iptables -A INPUT -p TCP -s $ADMIN --dport 443 -m state --state NEW \
            -j ACCEPT
done

# Eingehende stunnel-Verbindungen (mysql, syslog)
# von den Snortsensoren erlauben

for SENSOR in $SNORTSENSOREN ; do
    iptables -A INPUT -p TCP -s $SENSOR --dport 10439 -m state \
            --state NEW -j ACCEPT
    iptables -A INPUT -p TCP -s $SENSOR --dport 10440 -m state \
            --state NEW -j ACCEPT
done
```

```
# Traffic an / von NTP-Server(n)

iptables -A OUTPUT -p UDP --sport ntp --dport ntp -j ACCEPT
iptables -A INPUT  -p UDP --sport ntp --dport ntp -j ACCEPT

# Falls Sie später Oinkmaster installiert wird, müssen Sie diese
# Zeilen aktivieren:

# Log-Host muß Regeln von www.snort.org downloaden können
iptables -A OUTPUT -p TCP -d $WWWSNORT --dport 80 -m state --state NEW \
         -j ACCEPT

# Sensoren müssen Ruleset downloaden können
for SENSOR in $SNORTSENSOREN ; do
    iptables -A INPUT -p TCP -s $SENSOR --dport 443 -m \
           state --state NEW -j ACCEPT
done


###############################
# Dynamische Paketfilterung
###############################

# Alle zu bereits bestehenden Verbindungen zugehörigen Pakete erlauben

iptables -A OUTPUT -p TCP -m state --state ESTABLISHED,RELATED -j ACCEPT
```

Vergessen Sie nicht, dieses Script so zu installieren, dass es bei jedem Systemstart automatisch geladen wird. Kopieren Sie es dazu nach **/etc/init.d/firewall.local** und führen Sie die folgenden Befehle aus:

SUSE

```
linux:~ # cd /etc/init.d/rc3.d
linux:/etc/init.d/rc3.d # ln -s ../firewall.local S99firewall.local
linux:/etc/init.d/rc3.d # ln -s ../firewall.local K99firewall.local
linux:/etc/init.d/rc3.d # cd ../rc5.d
linux:/etc/init.d/rc5.d # ln -s ../firewall.local S99firewall.local
linux:/etc/init.d/rc3.d # ln -s ../firewall.local K99firewall.local
linux:/etc/init.d/rc3.d # ln -s /etc/init.d/firewall.local \
> /usr/sbin/rcfirewall
```

Debian

```
linux:~ # cd /etc/init.d
linux:/etc/init.d # update-rc.d firewall.local defaults
```

5

5

Installation des Snort-Sensors

Den Log-Host haben wir installiert – nun müssen wir uns um die Snort-Sensoren kümmern; sie sind für die Überwachung und Erfassung der einzelnen Netzsegmente verantwortlich. Für jedes Netzsegment, das überwacht werden soll, wird ein eigener Sensor bereitgestellt. Es ergibt sich folgender Ablauf:

1. *Datenerfassung durch Snort*

    Snort selbst hat die Aufgabe, die Datenpakete des Netzsegments mitzulesen, auszuwerten und lokal auf der Festplatte des Sensors im **unified**-Format abzuspeichern.

2. *Weiterleitung der Daten durch Barnyard & Co.*

    Diese Daten werden von Barnyard eingelesen und an den **syslog-ng**-Daemon sowie an die MySQL-Datenbank auf den im vorigen Kapitel installierten Log-Host weitergeleitet. Wir hatten dazu ja bereits eine Verschlüsselung über **stunnel** vorbereitet.

Nach der Installation der Sensoren erzeugen diese in der Standardkonfiguration in der Regel sehr viele False Positives, also Fehlalarme, wo es eigentlich nichts zu melden gibt. In einem zweiten Schritt müssen wir die Sensorkonfiguration daher sehr genau an unsere Bedürfnisse anpassen.

5.1 Die Linux-Installation des Sensors

Vieles ist mit der Installation des Log-Host identisch, anderes kommt nun hinzu.

Installieren Sie für den Sensor eine Minimalversion Ihrer bevorzugten Distribution. Anschließend können Sie die benötigten Pakete nachinstallieren:

SUSE

```
linux:~ # yast -i openssh stunnel syslog-ng mysql-devel zlib-devel \
> openssl-devel libpcap xntp make gcc cpp
```

Debian

```
linux:~ # apt-get install ssh libssl-dev syslog-ng libmysqlclient10-dev\
> zlib1g-dev libpcap0 ntp-simple make gcc cpp
linux:~ # apt-get install -t testing stunnel4
```

stunnel in der Version 4 wird, wie bereits erwähnt, bei Debian aus dem testing-Zweig installiert. In Anhang C auf Seite 247 finden Sie eine Anleitung, wie Sie Pakete aus einem anderen Zweig als stable unter Debian installieren können.

Achtung: In SUSE 9.1 fehlen einige für Snort lebenswichtige Dateien, so dass eine Snort-Installation direkt von der CD nicht lauffähig ist. Nachdem Sie die Pakete installiert haben, sollten Sie im Anschluss über YOU ein Update machen, um ihre SUSE-Version auf den neuesten Stand zu bringen. Durch das YOU-Update für das Snort-Paket werden auch die beiden fehlenden Dateien nachgeliefert.

5.1.1 OpenSSH

OpenSSH wird eventuell benötigt, um den Sensor zu warten; installieren Sie in diesem Fall wie in Kapitel 4.3.1 auf Seite 65. Es gibt allerdings auch gute Gründe, sich gegen einen SSH-Zugang zu entscheiden und einen Zugriff ausschließlich per Tastatur und Monitor abzuwickeln.

5.1.2 NTP

Auch NTP läuft bereits auf dem Log-Server; nehmen Sie die Installation wie in Kapitel 4.3.2 (Seite 65) auch auf dem Snort-Sensor vor.

5.1.3 syslog-ng

Installieren Sie nun noch wie in Kapitel 4.3.3 (Seite66) den **syslog-ng**-Daemon, der die Alarmmeldungen von Snort über **stunnel** an den **syslog-ng** auf dem Log-Host senden wird.

Zur Konfiguration muss die Datei **/etc/syslog-ng/syslog-ng.conf** angepasst werden:

```
linux:/etc/syslog-ng/ # joe syslog-ng.conf
# Quelle
source quelle {
  unix-dgram("/dev/log");
  internal();
};

# Filter für Barnyard-Meldungen
filter f_snort {
  facility(local7);
};

# Ziel
destination stunnel {
  tcp("127.0.0.1" port(601));
};

# Ziel
destination lokal {
  file("/var/log/snort.log" owner("root") group("adm") perm(640));
};

# Loggen auf Überwachungs-Server
log {
  source(quelle); filter(f_snort); destination(stunnel);
};

# Loggen auf lokalen Rechner zur Kontrolle
log {
  source(quelle); filter(f_snort); destination(lokal);
};
```

Nach der Änderung muss der **syslog-ng**-Daemon neu gestartet werden.

```
linux:~ # /etc/init.d/syslog-ng restart
```

5.1.4 stunnel

Auch **stunnel** wird auf den Sensoren benötigt – Sie sollten hier dieselbe Version nehmen wie auf dem Log-Host, i. d. R. also Version 4. Anders als beim Log-Host wird jetzt allerdings kein Schlüssel benötigt, da **stunnel** nun als Client und nicht als Server eingesetzt wird.

stunnel in der Version 4 konfigurieren

In /etc/stunnel/stunnel.conf aktivieren wir einzelne Ports, auf denen **stunnel** die Klartextverbindung annimmt, und wir stellen ein, an welche IP-Nummer und welchen Port die verschlüsselte Verbindung weitergeleitet werden soll. Zur Erinnerung: Die IP-Nummer **192.168.3.99** steht in den Beispielen des Buches für die IP-Nummer des Log-Host (siehe Abbildung Seite 62). Falls Ihre Distribution eine eigene Benutzerkennung für **stunnel** vorgesehen hat, können Sie die natürlich eingetragen lassen.

```
client = yes
setuid = nobody
setgid = nogroup

[mysql]
accept = 127.0.0.1:3306
connect = 192.168.3.99:10439

[syslog-ng]
accept = 127.0.0.1:601
connect = 192.168.3.99:10440
```

Starten wir **stunnel** und prüfen, ob alles geklappt hat:

```
linux:~ # stunnel /etc/stunnel/stunnel.conf
linux:~ # lsof -i -n|grep stunnel
stunnel 24158 nobody 4u  IPv4 287687  TCP 127.0.0.1:mysql (LISTEN)
stunnel 24158 nobody 5u  IPv4 287688  TCP 127.0.0.1:syslog-conn (LISTEN)
```

Denken Sie auch hier wieder daran, **stunnel** nach dem Booten automatisch starten zu lassen: Bei SUSE können Sie wie immer den YaST-Runlevel-Manager nehmen, bei Debian muss die Konfigurationsdatei **/etc/default/stunnel4** bearbeitet werden:

```
linux:/etc/default/ # joe stunnel4
ENABLED=1
```

stunnel in der Version 3 konfigurieren

Bei der alten Version von **stunnel** müssen wir wieder wie schon beim Log-Host ein kleines Start-Script mit den Aufrufparametern anlegen – und natürlich müssen Sie die richtige IP-Nummer des Log-Host einsetzen:

```
linux:~ # joe /etc/init.d/stunnel.local
stunnel -c -d 127.0.0.1:3306 -r 192.168.3.99:10439 -s nobody -g nogroup &
stunnel -c -d 127.0.0.1:601 -r 192.168.3.99:10440 -s nobody -g nogroup &
```

Nun muss noch überprüft werden, ob **stunnel** an den angegebenen Ports auf Verbindungen wartet:

```
linux:~ # lsof -i -n|grep stunnel
stunnel 24185 nobody 4u  IPv4 288695  TCP 127.0.0.1:mysql (LISTEN)
stunnel 24185 nobody 5u  IPv4 288696  TCP 127.0.0.1:syslog-conn (LISTEN)
```

5.2 Die Installation von Snort

5.2.1 ... mit YaST unter SUSE

Snort kann mit Hilfe von YaST installiert werden.

```
linux:~ # yast -i snort
```

Anschließend sollten Sie noch einige Änderungen vornehmen, damit Snort später leichter verwaltet werden kann.

Die Regeldateien liegen bei SUSE im selben Verzeichnis wie die Konfigurationsdateien, also /etc/snort. Zur Verwaltung ist es besser, die Regeln in /etc/snort/rules zu legen – dies ist auch der Ort, der im Snort-Originalpaket vorgesehen ist und der auch von Debian per Default genutzt wird. Verschieben Sie also die Regeln (und nur diese!):

```
linux:/etc/snort # mkdir rules
linux:/etc/snort # mv *.rules rules
```

Wie bereits erwähnt, fehlen im Snort-RPM von SUSE Linux 9.1 zwei wichtige Dateien: /etc/snort/unicode.map und /etc/snort/threshold.config. Ein YOU-Update schafft hier Abhilfe, es liefert die fehlenden Dateien nach.[1]

Zuletzt ist noch der Pfad zu den Regeln in der Konfigurationdatei von Snort anzupassen:

```
linux:~ # joe /etc/snort/snort.conf
[...]
var RULE_PATH rules
[...]
```

---

[1] Alternative: Die Dateien sind im Regelsatz auf http://www.snort.org/dl/rules enthalten. Sie können ihn herunterladen und im Konfigurationsverzeichnis von Snort entpacken. Aber Achtung: Sollte Ihre Snort-Version von SUSE nicht auf dem aktuellen Stand sein, kann es durchaus vorkommen, dass einige Schlüsselwörter aus dem neuen Regelsatz nicht erkannt werden. Achten Sie dann darauf, einen Regelsatz passend zu Ihrer Version herunterzuladen!

Wie bei SUSE üblich, gibt es eine Datei /etc/sysconfig/snort, mit der einige Einstellungen zur automatischen Konfiguration vorgenommen werden können. Zunächst sollten Sie das Interface anpassen. Für den Fall, dass Snort die zu überwachenden Daten nicht auf eth0, sondern auf einem anderen Netzwerk-Interface abgreifen soll, müssen Sie die Variable SNORT_INTERFACE ändern.

Wurde ein Netzwerk-Interface neu gestartet, muss auch Snort neu gestartet werden; die Netzwerk-Scripts von SUSE erledigen das, wenn SNORT_ACTIVATE=yes gesetzt ist. Bei dieser Gelegenheit sollten wir gleich dafür sorgen, dass SuSEconfig nicht in unsere /etc/snort/snort.conf eingreift und IP-Nummern ändert, denn ab sofort übernehmen *wir* das Kommando und legen fest, welche Werte dort dauerhaft eingetragen sein sollen. Und natürlich soll Snort die Netzwerkkarte im *Promiscuous Mode* betreiben, damit wir auch tatsächlich den vollständigen Netzwerkverkehr mithorchen können (andernfalls würden wir nur den des Sensors erfassen!).

Passen wir also /etc/sysconfig/snort an:

```
linux:~ # joe /etc/sysconfig/snort
[...]
# put here the interface you whish snort to monitor
# please note that the startup script
# will also modify /etc/snort/snort.conf to reflect this
# Note: this interface better be up before starting snort!
SNORT_INTERFACE="eth0"

## Type:       yesno
## Default:    no
# set ACTIVATE to 'yes' if you want snort to be run everytime
# the INTERFACE goes up. If you really want to use snort, you
# should set this to 'yes'.
# the init script can also be used to toggle this setting
SNORT_ACTIVATE="yes"

## Type:       yesno
## Default:    yes
# setting AUTO to 'yes' will have the startup script change the
# HOME_NET variable in /etc/snort/snort.conf to the INTERFACE's
# address everytime snort is started via the init script
# i.e., it will change the line
# var HOME_NET blabla
# to
# var HOME_NET $eth0_ADDRESS
# if INTERFACE were set to eth0
# If you want more control over snort's behaviour, set this to 'no'
SNORT_AUTO="no"

## Type:       yesno
## Default:    no
# 'yes' will put the interface in promiscuous mode, anything
# else will disable this
SNORT_PROMISC="yes"
```

Zu guter Letzt können wir Snort starten, sollten aber auch kontrollieren, ob der Prozess tatsächlich läuft. Das grüne **done** bei SUSE ist da nicht immer aussagekräftig; nur der Blick in die Prozessliste gibt wirklich Aufschluss:

```
linux:~ # rcsnort restart
linux:~ # ps awxu | grep snort
snort    3504  0.1  0.2  6196 1100 pts/0   S   17:15   0:00 /usr/sbin/sn
ort -d -D -i eth0 -p -l /var/log/snort -u snort -g snort -c /etc/snort/s
nort.conf
```

Sollte sich Snort nicht starten lassen, finden Sie unter **/var/log/messages** sicherlich wichtige Hinweise auf die Fehlerursache.

5.2.2   ... mit APT unter Debian

Die Installation von Snort kann mit dem Paketmanager APT vorgenommen werden. Allerdings steht eine aktuelle Version von Snort lediglich im testing- oder unstable-Zweig zur Verfügung. Darum muss der Paketmanager so eingerichtet sein, dass Sie Pakete auch aus einem anderen Zweig als stable installieren können. In Anhang C (Seite 247) finden Sie eine entsprechende Anleitung.

Die Installation von Snort erfolgt durch:

```
linux:~ # apt-get install -t testing snort
```

Während der Installation werden Ihnen von **debconf**, dem Paketkonfigurationsprogramm von Debian, bereits einige Fragen gestellt, um die Installation anzupassen. Sie können die Fragen direkt beantworten oder, wenn Sie noch unsicher sind, den Default-Wert benutzen. Mit **dpkg-reconfigure snort** lassen sich die Einstellungen auch zu einem späteren Zeitpunkt ändern.

Da die Einstellungen im Detail erst im nächsten Kapitel beschrieben werden, hier nur einige kurze Erläuterung zu den einzelnen Fragen. Wählen Sie am besten die Default-Werte und führen Sie, nachdem Sie das nächste Kapitel gelesen haben und mit den Möglichkeiten von Snort vertraut sind, Debconf erneut aus.

Die Fragen lauten:

1. **When should Snort be started?**

   Sie können angeben, ob Snort bei jedem Reboot, bei jedem Aufbau einer Internetverbindung durch den **pppd** oder manuell gestartet werden soll. Empfehlenswert ist hier **boot**.

2. **On which interface should Snort listen?**

   Hier müssen Sie das Interface angeben, an dem Snort die Datenpakete abgreifen soll, typischerweise **eth0** oder **eth1**.

3. Please enter the address range that Snort will listen on.

Diese Frage bezieht sich auf das zu verwendende Heimatnetzwerk (gleichbedeutend mit der Variablen $HOME_NET). Geben Sie den Netzbereich an, der überwacht werden soll.

4. Should Snort disable promiscuous mode on the interface?

Beantworten Sie diese Frage mit **No**, damit Snort die verwendete Netzwerkkarte im *Promiscuous Mode* benutzt.

5. Should Snort's rules testing order be changed to Pass|Alert|Log?

Beantworten Sie diese Frage mit **No**. Eine andere Reihenfolge der Regeln wird nur in wenigen Fällen benötigt, wir kommen später darauf zurück.

6. If you want to specify custom options to Snort, please specify them here.

Sie können weitere Parameter für Snort angeben, was hier nicht notwendig ist.

7. Who should receive the daily statistics mails?

Geben Sie einen Benutzer an, der die täglich von **snort-stat** erzeugten Statistiken erhalten soll.

8. An alert needs to appear more times than this number to be included in the daily statistics.

Diesen Wert lassen Sie am besten auf **1** stehen.

Snort ist nun installiert und wurde bereits gestartet. Hier noch einige Debian-spezifische Anmerkungen:

snort.common.parameters

In dieser Datei sind die Startparameter für Snort gespeichert. Sie wird vom Start-Script **/etc/init.d/snort** verwendet. Möchten Sie die Startparameter ändern, müssen Sie diese Datei bearbeiten.

```
linux:/etc/snort # joe snort.common.parameters
-m 027 -D -c /etc/snort/snort.conf -l /var/log/snort -d -u snort
-g snort
```

snort.debian.conf

Diese Datei wurde bei der Installation von Snort durch Debconf erzeugt. In ihr sind die Antworten gespeichert, die Sie während der Installation gegeben haben. Führen Sie **dpkg-reconfigure snort** aus, wenn Sie die Einstellungen ändern möchten.

```
linux:/etc/snort/ # joe snort.debian.conf
# This file is used for options that are changed by Debian to leave
# the original lib files untouched.
# You have to use "dpkg-reconfigure snort" to change them.

DEBIAN_SNORT_STARTUP="boot"
DEBIAN_SNORT_HOME_NET="192.168.1.0/24"
DEBIAN_SNORT_OPTIONS=""
DEBIAN_SNORT_INTERFACE="eth0"
DEBIAN_SNORT_STATS_RCPT="root"
DEBIAN_SNORT_STATS_TRESHOLD="1"
```

Nachdem Snort mit APT installiert wurde, kann getestet werden, ob der Snort-Prozess erfolgreich startet (falls dies noch nicht geschehen ist).

```
linux:~ # /etc/init.d/snort restart
linux:~ # ps awxu | grep snort
snort    603 42.2 54.0 36732 33192 ?    S  23:01   0:01 /usr/sbin/snort
-m 027 -D -c /etc/snort/snort.conf -l /var/log/snort -d -u snort -g snort
 -S HOME_NET=[192.168.1.0/24] -i eth0
```

Sollte sich Ihr Snort nicht starten lassen, finden Sie unter **/var/log/syslog** sicherlich einige wichtige Hinweise auf die Fehlerursache.

5.2.3 ... direkt aus dem Quellcode

Auch eine Installation aus dem Quellcode ist natürlich möglich. Laden Sie sich das Archiv von http://www.snort.org/dl herunter und entpacken Sie es:

```
linux:/usr/local/src # wget http://www.snort.org/dl/snort-2.1.2.tar.gz
linux:/usr/local/src # tar -xvfz snort-2.1.2.tar.gz
linux:/usr/local/src # cd snort-2.1.2
```

Über ein **configure**-Script wird eingestellt, welche Optionen einkompiliert werden und welche nicht. Ausführlichere Hinweise finden Sie im Snort-Quellcode im Verzeichnis **doc/INSTALL** und beim Aufruf von **./configure -?**.

Für unsere Zwecke kann Snort ohne weitere Optionen kompiliert werden:

```
linux:/usr/local/src/snort-2.1.2/ #  ./configure
linux:/usr/local/src/snort-2.1.2/ # make
linux:/usr/local/src/snort-2.1.2/ # make install
```

Snort wird damit in das Verzeichnis **/usr/local/bin** installiert – so weit, so gut. Allerdings braucht Snort einige weitere im Tarball enthaltene Dateien und Verzeichnisse, um funktionstüchtig zu sein: Das **/etc**-Verzeichnis mit den Snort-Konfigurationen:

```
linux:/usr/local/src/snort-2.1.2 # mkdir /etc/snort
linux:/usr/local/src/snort-2.1.2 # cp etc/* /etc/snort/
linux:/usr/local/src/snort-2.1.2 # rm /etc/snort/Makefile*
```

Es fehlen natürlich noch die Regeln, um den Datenverkehr auszuwerten. Kopieren Sie das Regelverzeichnis nach **/etc/snort**:

```
linux:/usr/local/src/snort-2.1.2/ # cp -R rules/ /etc/snort/
```

Jetzt fehlt noch das Verzeichnis, in das Snort seine Ausgaben schreiben kann:

```
linux:/usr/local/src/snort-2.1.2/ # mkdir /var/log/snort
```

Der Snort-Prozess sollte zudem unter einem eigenen Benutzer und einer eigenen Gruppe ausgeführt werden. Diesem Account weisen wir gleich eine System-UID und die Shell **/bin/false** zu. Zuletzt müssen noch die Rechte an den Dateien und Verzeichnisen angepasst werden:

```
linux:~ # groupadd -r snort
linux:~ # useradd -g snort -s /bin/false -r snort
linux:~ # chown -R snort:snort /etc/snort/
linux:~ # chmod -R 640 /etc/snort
linux:~ # chown snort:snort /var/log/snort/
linux:~ # chmod -R 600 /var/log/snort
```

Fertig!

5.3   Die Installation von Barnyard

Barnyard ist ein kleines Zusatzprogramm für Snort, dessen einzige Aufgabe darin besteht, die von Snort gesammelten Daten an eine Datenbank, einen **syslog**-Daemon oder an andere Output-Plugins weiterzuleiten. Barnyard liest die von Snort im **unified**-Format geschriebenen Daten ein und sendet sie an das gewünschte Output-Plugin weiter. Dies ist sinnvoll, da die Weitergabe der gesammelten Daten so in einen eigenen Prozess ausgelagert und von Snort abgekoppelt wird.

Barnyard ist bislang in den Distributionen nicht enthalten und steht zum Download unter http://www.snort.org/dl/barnyard/ bereit. Nachdem das Paket heruntergeladen wurde, muss es entpackt und kompiliert werden.[2]

---

[2] Eventuell müssen Sie dazu noch Compiler und Zusatzprogramme installieren, falls Ihr System eine absolute Minimalinstallation ist. Wir haben in der Grundinstallation in Kapiel 5.1 auf Seite 88 bereits versucht alles dafür Notwendige zu installieren, aber je nach System und Version müssen Sie ggf. noch etwas nachbessern.

```
linux:/usr/local/src # tar xvfz barnyard-0.2.0.tar.gz
linux:/usr/local/src # cd barnyard-0.2.0
linux:/usr/local/src/barnyard-0.2.0 # ./configure --enable-mysql
linux:/usr/local/src/barnyard-0.2.0 # make
linux:/usr/local/src/barnyard-0.2.0 # make install
```

Das fertige Programm liegt nun unter **/usr/local/bin/barnyard**. Barnyard benutzt eine Konfigurationsdatei namens barnyard.conf. Diese liegt im Quellcode-Verzeichnis von Barnyard unter **etc** und kann ins Konfigurationsverzeichnis von Snort kopiert werden, damit alle Konfigurationsdateien des Sensors in einem Verzeichnis gespeichert sind. Außerdem sollten die Berechtigungen für diese Datei geändert werden.

```
linux:/usr/local/src/barnyard-0.2.0 # cp etc/barnyard.conf /etc/snort/
linux:/usr/local/src/barnyard-0.2.0 # cd /etc/snort
linux:/etc/snort/ # chown root:snort barnyard.conf
linux:/etc/snort/ # chmod 640 barnyard.conf
```

Barnyard ist nun fertig installiert – aber ebenso wie Snort noch nicht konfiguriert. Was dafür zu tun ist, schauen wir uns im nächsten Kapitel an.

5.4 Die Firewall auf dem Sensor

Natürlich sollten wir auch jeden einzelnen Sensor absichern, auch hier sind die zu benutzenden Regeln denkbar einfach.

Log-Host
> Wir haben ausgehende Verbindungen zum Log-Host **192.168.3.99** an die Ports **10439** (MySQL über **stunnel**) und **10440** (syslog-ng über **stunnel**).

Admin-Host
> Eventuell (!) möchten Sie einen SSH-Zugriff auf den Sensor erlauben, dann aber ausschließlich vom Admin-Host **192.168.3.100**. Am sichersten wäre es aber, diese Verbindung *nicht* zuzulassen und im Falle eines Falles auf den Sensor nur per Tastatur und Monitor zuzugreifen!

Network Time Protocol (NTP)
> Gerade bei den Sensoren ist eine exakte einheitliche Zeit äußerst wichtig, wenn wir später in der Lage sein wollen, die Logmeldungen mehrerer Sensoren zusammengefasst zu analysieren. Wie schon beim Log-Host verwenden wir über **pool.ntp.org** mehrere NTP-Server per Round-Robin, so dass wir NTP generell freischalten.

Auch dieses Script können Sie von der Webseite **http://www.snortbuch.de** herunterladen.

```
### Firewallscript fuer den Sensor

# IP-Adresse(n) Admin-Host(s)
ADMINHOSTS="192.168.3.100"

# IP-Adresse des Log-Host
LOGHOST="192.168.3.99"

# Alle Regeln in allen Ketten loeschen

iptables -F

# Alle benutzerdefinierten Ketten loeschen

iptables -X

# Standardmaessig alle Pakete blocken (Default Policy)

iptables -P INPUT DROP
iptables -P OUTPUT DROP
iptables -P FORWARD DROP

# Alle Verbindungen ueber das Loopback-Interface erlauben
# (wird u.a. fuer stunnel benoetigt)

iptables -A INPUT -i lo -d 127.0.0.1 -j ACCEPT
iptables -A OUTPUT -o lo -s 127.0.0.1 -j ACCEPT

###############################
# Eingehende Verbindungen
###############################

# Eingehende ssh-Verbindungen vom Admin-Host erlauben

### Falls Sie SSH erlauben wollen, müssen Sie jeweils die # entfernen.

# for ADMIN in $ADMINHOSTS ; do
#    iptables -A INPUT -p TCP -s $ADMIN --dport 22  -m state \
#            --state NEW -j ACCEPT
# done


# Ausgehende stunnel-Verbindungen (mysql, syslog)
# zum Log-Host erlauben

iptables -A OUTPUT -p TCP -d $LOGHOST --dport 10439 -m state \
        --state NEW -j ACCEPT
iptables -A OUTPUT -p TCP -d $LOGHOST --dport 10440 -m state \
        --state NEW -j ACCEPT
```

```
# Traffic an / von NTP-Server(n)

iptables -A OUTPUT -p UDP --sport ntp --dport ntp -j ACCEPT
iptables -A INPUT  -p UDP --sport ntp --dport ntp -j ACCEPT

# Falls Sie später Oinkmaster installiert wird, müssen Sie diese
# Zeilen aktivieren:

## Sensor muss Ruleset vom Log-Host downloaden können
# iptables -A OUTPUT -p TCP -d $LOGHOST --dport 80 -m state \
#          --state NEW -j ACCEPT


###############################
# Dynamische Paketfilterung
###############################

# Alle zu bereits bestehenden Verbindungen zugehörenden Pakete erlauben

iptables -A INPUT -p TCP -m state --state ESTABLISHED,RELATED -j ACCEPT
iptables -A OUTPUT -p TCP -m state --state ESTABLISHED,RELATED -j ACCEPT
```

Auch hier dürfen Sie nicht vergessen, das Script so zu installieren, dass es bei
jedem Systemstart automatisch geladen wird. Kopieren Sie es dazu wieder nach
/etc/init.d/firewall.local, wie wir es schon auf dem Log-Host gemacht haben. Führen Sie anschließend die folgenden Befehle aus:

SUSE

```
linux:~ # cd /etc/init.d/rc3.d
linux:/etc/init.d/rc3.d # ln -s ../firewall.local S99firewall.local
linux:/etc/init.d/rc3.d # ln -s ../firewall.local K99firewall.local
linux:/etc/init.d/rc3.d # cd ../rc5.d
linux:/etc/init.d/rc5.d # ln -s ../firewall.local S99firewall.local
linux:/etc/init.d/rc3.d # ln -s ../firewall.local K99firewall.local
linux:/etc/init.d/rc3.d # ln -s /etc/init.d/firewall.local \
> /usr/sbin/rcfirewall
```

Debian

```
linux:~ # cd /etc/init.d
linux:/etc/init.d # update-rc.d firewall.local defaults
```

Konfiguration des Snort-Sensors

Die Linux-Installation auf dem Sensor steht, und Snort ist installiert. Nun müssen wir uns noch um Konfiguration und Optimierung kümmern. Die relevanten Konfigurationsdateien liegen in **/etc/snort**.

Wir werden in diesem Kapitel zunächst einmal im Schnelldurchlauf eine „grob lauffähige" Snort-Installation aufsetzen, ohne uns zu sehr um die Details der einzelnen Preprozessoren, Plugins und anderer Dateien zu kümmern.

Am Ende dieses Kapitels wird eine Beispielkonfiguration für Snort zur Verfügung stehen, um erste Testläufe zu wagen. Allerdings werden dabei sehr viele False Positives erzeugt, da weder Snort noch die zugehörigen Signaturen angepasst wurden.

Wenn das System aber erst einmal läuft, schauen wir uns in Ruhe im nächsten Kapitel die theoretischen und praktischen Aspekte der gesamten Einstellungen an.

Die Konfiguration lässt sich grundsätzlich in sechs Schritte aufteilen:

1. allgemeine Einstellungen, Variable und Pfade

2. Preprozessoren konfigurieren

3.   Output-Plugins konfigurieren

4.   Klassifikationen und Referenzen einstellen

5.   Regeln einbinden

6.   Barnyard konfigurieren

6.1   Die Grundkonfiguration von Snort

Der nun folgende Teil gestaltet sich von Netzwerk zu Netzwerk natürlich ein wenig unterschiedlich. Je nach Aufbau, Größe und Einsatzzweck müssen Sie die folgenden Variablen an Ihre Bedürfnisse anpassen.

Jede Distribution liefert eine ausbaufähige Beispielkonfiguration zu Snort mit. Auch wenn wir Ihnen hier den Aufbau der snort.conf mit einer leeren Datei beginnend vorstellen, sollten Sie sich keine unnötige Arbeit machen: Schauen Sie in die Datei snort.conf Ihrer Distribution; i. d. R. werden alle hier vorgestellten Konfigurationen dort auskommentiert, aber vorbereitet eingetragen sein.

Die in diesem Buch vorgestellte Lösung weicht von der 08/15-Installation der Distributionen ab. Diese gehen häufig von einer lokal laufenden Snort-Installation aus, die in lokale Dateien oder Datenbanken loggt. Wir möchten Ihnen hier aber den komplexeren Aufbau eines Distributed IDS zeigen, d. h., wir trennen Sensoren und Log-Host – und das erfordert natürlich eine etwas aufwändigere Konfiguration, zumal wir die Software Barnyard zur Speicherung der erfassten Daten einsetzen, um Snort möglichst schnell und performant zu halten.

Achten Sie bei aller Freude über vorbereitete Konfigurationen Ihrer Distribution daher auch auf jene Einzelheiten, in denen unsere Lösung von der Muster-Konfiguration abweicht.

Alle nachfolgend gezeigten Einstellungen sind stets in die Datei snort.conf einzutragen, die i. d. R. unter /etc/snort zu finden sein sollte.

6.1.1   Allgemeine Einstellungen

Nehmen wir zunächst einige Grundeinstellungen für Snort vor. Die User- und Gruppen-ID, unter der Snort läuft, ist klar. Wichtig: Als **interface** müssen Sie die „horchende" Schnittstelle angeben, die die Daten aus dem zu überwachenden Subnetz abgreift. Die letzten beiden Einstellungen sorgen nur dafür, dass die Logmeldungen etwas ausführlicher gehalten werden:

```
config set_gid: snort
config set_uid: snort
```

```
config interface: eth0
config alert_with_interface_name
config show_year
```

Über die beiden Variablen **HOME_NET** und **EXTERNAL_NET** legen wir fest, welche IP-Adressen zu uns bzw. welche zum Internet gehören.

Sie können dabei eine Liste mit IP-Adressen oder Subnetzen, aber auch **any** als Wildcard benutzen. Ein „!" definiert eine Negierung, also einen Ausschluss, so dass wir **EXTERNAL_NET** bequem als „alles außer unser LAN" definieren können. Geben Sie mehrere Netzbereiche an, dürfen Sie *keine Leerzeichen* dazwischen angeben!

```
var HOME_NET [192.168.0.0/16,10.206.0.0/16]
var EXTERNAL_NET ! $HOME_NET
```

Wichtiger Hinweis zu Debian: Wir hatten $HOME_NET bereits in Kapitel 5.2.2 auf Seite 94 definiert. Debian hatte diesen Parameter in die Datei snort.debian.conf übernommen, aus der die Aufrufparameter von Snort erzeugt werden. Damit werden etwaige Einstellungen in snort.conf aber überschrieben und wirkungslos. Zur Sicherheit sollten Sie diese Einstellung in snort.conf dennoch vornehmen; entscheidend ist aber die korrekte Einstellung in snort.debian.conf.

Weitere Variable bestimmen, für welche Hosts bestimmte Regeln überhaupt angewandt werden sollen. Die Prüfung, ob ein Angriff auf einen SQL-Server stattfindet, ist gewöhnlich nur bei Servern sinnvoll, auf denen auch ein SQL-Daemon läuft.

Zunächst einmal sollten von $HOME_NET alle Server unseres LAN erfasst werden. Später können Sie hier differenzieren und Listen von IP-Nummern der jeweiligen Server eintragen – achten Sie dabei aber wieder darauf, keine Leerzeichen einzufügen.

Allerdings müssen Sie alle diese Variablen definieren, auch wenn Sie einen bestimmten Dienst überhaupt nicht benutzen, da sie auf jeden Fall von verschiedenen Regeln ausgewertet werden. Die Liste der AIM-Server sollten Sie unverändert lassen – sie definiert IP-Bereiche der *AOL Instant Messenger*-Server.

```
var DNS_SERVERS $HOME_NET
var SMTP_SERVERS $HOME_NET
var HTTP_SERVERS $HOME_NET
var SQL_SERVERS $HOME_NET
var TELNET_SERVERS $HOME_NET
var SNMP_SERVERS $HOME_NET
var HTTP_PORTS 80
var SHELLCODE_PORTS !80
var ORACLE_PORTS 1521
var AIM_SERVERS [64.12.24.0/24,64.12.25.0/24,64.12.26.14/24,\
                64.12.28.0/24,64.12.29.0/24,64.12.161.0/24,\
                64.12.163.0/24,205.188.5.0/24,205.188.9.0/24]
```

Geben Sie nun den Pfad zum Verzeichnis mit den Snort-Regeln an, entweder absolut (/etc/snort/rules) oder, wie hier, relativ zu /etc/snort:

```
var RULE_PATH rules
```

6.1.2 TTL und die Preprozessoren

Bevor wir uns die Preprozessoren genauer anschauen, müssen wir ein grundlegendes technisches Problem erörtern: Jedes IP-Paket startet mit einem sog. TTL-Wert (*Time to Live*), je nach Betriebssystem 32, 64 oder 128.

Wenn das Paket durch das Netz transportiert wird, vermindert jeder Host, den das Paket passiert, den TTL-Wert um 1, so dass irgendwann der TTL-Wert 0 erreicht wird, nämlich dann, wenn das Paket 32, 64 oder 128 Stationen durchlaufen hat; dann aber wird das Paket verworfen und ein ICMP-Paket **11/0 time to live exceeded** an den Absender zurückgeschickt, da man davon ausgeht, dass sich irgendwo eine Endlosschleife gebildet hat. In aller Regel passiert ein Datenpaket selten mehr als 12 und so gut wie nie mehr als 24 Stationen (*Hops*), wie Sie mit **traceroute** ja leicht selbst überprüfen können.

Für Snort und verschiedene Angriffsszenarien ist dieses Wissen sehr wichtig. Schauen Sie sich kurz die Netzwerktopologie in Abbildung 6.1 an, bei der der Server drei Hops von dem am Uplink sitzenden Snort-Sensor entfernt ist.

Abbildung 6.1:
Snort wertet drei
Pakete aus, doch nur
zwei kommen
tatsächlich an

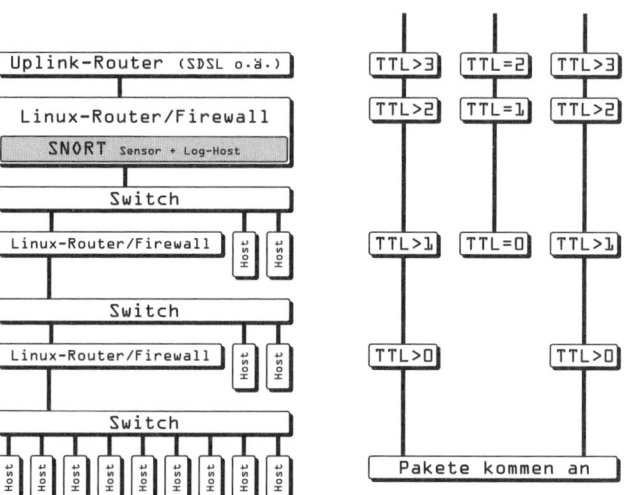

Normalerweise erreicht jedes Paket, das zuvor am Snort-Sensor vorbeigekommen ist, den Server; Sensor und Server erhalten also identische Datenpakete, z. B. eine sehr lange URL, die einen Buffer Overflow auslösen soll. Ein Angreifer hat nun die

Möglichkeit, zwischen den eigentlichen Angriffspaketen auch „Müll-Pakete" einzuspeisen. Diesen kann er einen derart geringen TTL-Wert zuweisen, dass sie zwar Snort noch passieren, aber vor Erreichen des Servers verworfen werden. Setzen Snort und der Server jeweils die einzelnen Pakete zum eigentlichen Dateninhalt zusammen, ergeben sich für Snort andere – harmlose – Daten; anders beim Server, bei dem die wenigen ankommenden Pakete zusammengesetzt einen gefährlichen Inhalt bekommen.

Ein Angriff kann auf diese Weise gegenüber Snort versteckt werden. Ein Angreifer sendet drei Pakete an den Ziel-Host mit unterschiedlichen TTL-Werten. Der Snort-Sensor sitzt zwischen Angreifer und Ziel-Host. Das erste Paket hat nun den Inhalt /script/ein und einen TTL von 56, wenn es beim Snort-Sensor ankommt. Nun wird ein zweites Paket mit dem Inhalt **MUELL** gesendet. Der TTL-Wert beim Erreichen des Snort-Sensors beträgt bei diesem Paket 1. Das dritte Paket enthält nun den Rest der URL **bruch.exe** und hat beim Erreichen des Snort-Sensors wieder den normalen TTL-Wert von 56.

Der Snort-Sensor wertet nun die URL **/script/einMUELLbruch.exe** aus, worauf keine Regel zutrifft. Allerdings kommt am Ziel-Host die URL **/script/einbruch.exe** an, da das zweite Paket zwischenzeitlich verworfen wurde. Ein Angriff würde so eventuell verschleiert.

Damit Snort in der Lage ist, die Daten so zu sehen, wie sie beim Server ankommen, ist es notwendig, bei den Snort-Preprozessoren die Entfernung zwischen Sensor und Server einzustellen. Ist der Sensor am Monitor-Port des Switch von den zu überwachenden Servern angeschlossen, wäre die korrekte Einstellung für **min_ttl** der Wert 0. Befindet sich der Sensor auf einem vorgeschalteten Router, wäre der richtige Wert 1 oder ggf. auch 2 – im Szenario von Abbildung 6.1 wäre jeweils **min_ttl 3** einzustellen.

Beim Zusammensetzen des Datenstroms können die Preprozessoren dann die IP-Pakete verwerfen und unberücksichtigt lassen, die aufgrund des zu geringen TTL-Werts den Server nicht mehr erreicht hätten. Für Snort und Server ergeben sich damit identische Daten.

Sie sehen an der etwas längeren Erklärung, dass das Ganze nicht unproblematisch und auch nicht vollkommen zufriedenstellend lösbar ist. Wenn sich im zu schützenden LAN mehrere Server befinden, die unterschiedlich weit vom Sensor entfernt sind, gibt es zwangsläufig keine korrekte Einstellung. Sie sehen in Abbildung 6.1, dass Hosts auch unterschiedlich weit entfernt sein können.

Eine wirkliche Lösung gibt es für dieses Szenario nicht mehr. Da eine Täuschung durch diese TTL-Manipulation vergleichsweise unwahrscheinlich und nicht sehr einfach durchzuführen ist, sollten Sie im Zweifelsfall **min_ttl 0** lassen, um grundsätzlich jedes Paket auszuwerten.

Üblicherweise ist diese Problematik nur bedingt relevant, wenn man davon ausgeht, dass jedes Netzwerksegment seinen eigenen Sensor hat – und damit im letzten

Segment der angegriffene Host und der am Monitor-Port des Switch hängende Sensor ohnehin identische Daten bekommen. Nur wenn Sie eine einzelne Snort-Installation am Uplink Ihres Netzwerks betreiben, müssen Sie dafür sorgen, dass die Preprozessoren dort alles korrekt zusammensetzen.

6.1.3 Die Preprozessoren einstellen

Wir hatten sie schon kurz erwähnt: Die sog. *Preprozessoren* spielen bei Snort eine entscheidende Rolle. Sie greifen als erste auf den vom Netzwerkinterface abgenommenen Datenstrom zu, sortieren die Pakete, bereiten die Daten auf oder haben in Einzelfällen sogar bereits die Möglichkeit, nach bestimmten Inhalten zu fahnden und ggf. Alarm auszulösen.

Wir gehen nun *kurz* die wichtigsten Preprozessoren durch. Im nächsten Kapitel wird jeder Preprozessor mit seinen Funktionen und Parametern genauer vorgestellt.

Um die Preprozessoren zu aktivieren und einzubinden, müssen wir die nachfolgend genannten Parameter immer direkt in die **snort.conf** einbinden (sofern sie dort nicht bereits vorbereitet und enthalten sind).

frag2

Dieser Preprozessor ist für die Defragmentierung von IP-Paketen zuständig, eine gute Startkonfiguration ist:

```
preprocessor frag2
```

Tragen Sie einfach diese Zeile in **snort.conf** ein. Im nächsten Kapitel stellen wir Ihnen alle wichtigen Parameter vor, um ihn optimal anzupassen.

stream4

Mit Hilfe dieses Preprozessors werden einzelne TCP-Pakete für die Zusammensetzung zu einem Datenstrom vorbereitet, damit später die Snort-Regeln auf vollständige, sortierte und zusammengesetzte Netzwerkdaten angewendet werden können. Ein guter Anfang für diesen Preprozessor sind folgende Werte:

```
preprocessor stream4: detect_scans
```

Auch diese Zeile können Sie so direkt in die **snort.conf** übernehmen. Die Option **detect_scans** weist den Preprozessor an, Alarmmeldungen zu generieren, sobald ein sog. *Stealth-Portscan* entdeckt wird.

stream4_reassemble

Diesen Preprozessor brauchen wir als Ergänzung zum eben eingeführten Preprozessor **stream4**; er hilft bei der Zusammensetzung der TCP-Pakete.

```
preprocessor stream4_reassemble: both, ports all
```

Der Parameter **both** gibt an, dass wir in jeder Richtung der Verbindung die Pakete zusammensetzen wollen, also zum und vom Server. Mit **ports** kann eine Liste von Ports angegeben werden, die analysiert werden sollen. Wir möchten hier aber alle Verbindungen von diesem Preprozessor zusammensetzen lassen und darum hier **ports all** angeben.

http_inspect

Der **http_inspect**-Preprozessor dient der Erkennung und Normalisierung ungewöhnlicher HTTP-Daten, bei denen z. B. Sonderzeichen oder andere „Tricks" in der URL stecken. Sollten Sie einen Server auf anderen ungewöhnlichen Ports haben, so ergänzen Sie die Portliste um weitere Einträge (z. B. Port **3128** oder **8080**). Port **443** (https) macht hier übrigens keinen Sinn, den verschlüsselten Datenstrom können wir natürlich nicht dekodieren.

```
preprocessor http_inspect: global iis_unicode_map unicode.map 1252
preprocessor http_inspect_server: server default profile \
                     all ports { 80 8080 }
```

rpc_decode

Dieser Preprozessor dient der Normalisierung von RPC-Datenverkehr; geben Sie dem Preprozessor einfach eine Liste der RPC-Ports – üblicherweise sind das nur die zwei hier genannten. RPC wird unter Linux für NFS und NIS benutzt, bei Windows laufen einige Verwaltungs- und Systemdienste darunter.

```
preprocessor rpc_decode: 111 32771
```

bo

Den Datenverkehr des „Back Orifice"-Trojaners können wir unmittelbar durch den Preprozessor **bo** erkennen lassen und benötigen dazu später keine eigenen Regeln – bereits der Preprozessor würde entsprechende Alert-Meldungen generieren. Dazu reicht es, diesen Preprozessor einzubinden.

```
preprocessor bo
```

telnet_decode

Dieser Preprozessor arbeitet ähnlich wie **http_inspect**. Er normalisiert Telnet- und FTP-Datenverkehr, damit die Snort-Regeln die Daten sauber auswerten können. Auch hier genügt es, ihn einfach einzubinden:

```
preprocessor telnet_decode
```

flow

Mit Hilfe des **flow**-Preprozessors ist Snort in der Lage, den Status einer Verbindung auszuwerten. Dieser Preprozessor wird momentan lediglich von dem Preprozessor **flow-portscan** benötigt, aber vielleicht kommen künftig noch weitere Anwendungsgebiete hinzu.

```
preprocessor flow: stats_interval 0
```

flow-portscan

Der Preprozessor **flow-portscan** tritt die Nachfolge von **portscan2** an, den Sie vielleicht in einigen älteren Dokumentationen noch beschrieben finden. Wir binden ihn zunächst einmal mit Default-Werten ein; seine genaue Funktion betrachten wir im nächsten Kapitel ausführlicher.

```
preprocessor flow-portscan
```

Wenn Sie **flow-portscan** benutzen wollen, dürfen Sie nicht vergessen, auch den eben beschriebenen Preprozessor **flow** einzubinden.

arpspoof

Mit Hilfe des **arpspoof**-Preprozessors wird ungewöhnlicher ARP-Datenverkehr entdeckt. Dazu muss eine Liste von Hosts angegeben werden. Ein Eintrag dieser Liste enthält die IP-Adresse eines Host und die zugehörige MAC-Adresse.

ARP-Spoofing, also das Fälschen einer zu einer IP-Adresse gehörenden MAC-Adresse, ist für viele Angriffsszenarien ein wichtiges Hilfsmittel, um Datenverkehr umzulenken und sniffen zu können (siehe Abschnitt 1.2.2). Zugleich gibt es in normalen Netzwerken fast nie einen Grund, warum sich die MAC-Adresse einer IP-Adresse ändern sollte, so dass jeder derartige Vorgang höchst verdächtig ist. Die Zuordnung von MAC- und IP-Adressen ändert sich i. d. R. nur beim Einbau neuer Netzwerkkarten oder bei einer wechselnden IP-Zuordnung beim Einsatz von DHCP.

Indem wir dem Preprozessor **arpspoof** eine fixe Zuordnungsliste übergeben, kann er uns über jede Abweichung sofort informieren. Setzen Sie dazu für jede IP-Nummer einen passenden Eintrag, die MAC-Adresse einer Netzwerkkarte ermitteln Sie unter Unix mit dem Befehl **ifconfig**, unter Windows mit **ipconfig /all** in der Kommandozeile, und unter Mac OS X sehen Sie die MAC-Adresse unter dem Menüpunkt *Systemeinstellungen → Netzwerk → Ethernet (integriert)*.

Binden Sie zunächst **arpspoof** ein und tragen Sie dann für jeden einzelnen Host des Subnetzes eine Zeile **arpspoof_detect_host** ein:

```
preprocessor arpspoof
preprocessor arpspoof_detect_host: 192.168.1.1 f0:ef:a0:f0:0f:00
preprocessor arpspoof_detect_host: 192.168.100.10 a0:ef:a0:a0:e0:05
preprocessor arpspoof_detect_host: 192.168.200.40 f0:e1:a0:f0:0a:48
```

perfmonitor

Durch den Preprozessor **perfmonitor** können Statistiken rund um den laufenden Snort-Prozess erstellt werden; zu den zahlreichen Optionen mehr im nächsten Kapitel. Um die erzeugten Statistiken alle 300 Sekunden (= 5 Minuten) in eine Datei zu schreiben, genügt zunächst folgender Eintrag:

```
preprocessor perfmonitor: time 300 events flow file \
                    /var/log/snort/snort.stats pktcnt 10000
```

Die Preprozessoren sind nun mit einer Standardkonfiguration eingestellt und grundsätzlich lauffähig.

6.1.4   Output-Plugins

Mit den Output-Plugins stehen zahlreiche Möglichkeiten der Datenausgabe zur Verfügung; allerdings sind einige sehr langsam und bremsen den Snort-Prozess aus, was ggf. zu Paketverlusten am Snort-Sensor führen kann.

Wir verwenden hier als Output-Plugin lediglich das **unified**-Format: Dabei schreibt Snort alle Ausgaben zunächst in Dateien, um möglichst schnell zu sein.

Um die Log- und Alarmmeldungen dann in eine Datenbank oder an den **syslog**-Daemon zu senden, wird später Barnyard verwendet. Damit ist dieser Prozess ausgelagert, und die Geschwindigkeit der weiteren Verarbeitung spielt keine entscheidende Rolle mehr.

Die Konfiguration der Output-Plugins ist wie immer in der Datei **snort.conf** vorzunehmen und sieht wie folgt aus:

```
linux:~ # joe /etc/snort/snort.conf
output alert_unified: filename snort.alert, limit 128
output log_unified: filename snort.log, limit 128
```

Wir speichern hier alle Alarmmeldungen in snort.alert und alle Log-Einträge in snort.log. Das Limit gibt die maximale Größe der Datei in MBytes an. Wird diese Größe überschritten, legt Snort automatisch eine neue Datei an und versieht die Dateien mit einem Datum, so dass eine eindeutige Identifizierung möglich ist.

6.1.5 Klassifikationen und Referenzen

Snort-Regeln lassen sich in Klassen (Gruppen) zusammenfassen, um einen besseren Überblick über die Bedeutung verschiedener Angriffe zu bekommen. Jeder Klasse können beliebig viele Regeln zugeordnet werden; in der Snort-Regel dient dazu das Schlüsselwort classtype.

Eine Klasse definiert sich durch einen Namen, eine Beschreibung und eine Priorität: Prioritäten stufen Alarmmeldungen nach deren Dringlichkeit ein: „1" bezeichnet die höchste Stufe, wobei beliebig viele Stufen möglich sind. Beim Standard-Regelsatz von Snort werden die Prioritätsstufen 1 bis 3 benutzt.

Die Klassen samt Prioritäten werden über die Datei classification.config eingebunden, in der die zur Verfügung stehenden Klassen aufgelistet werden und die wir wieder über include in die snort.conf übernehmen:

```
linux:~ # joe /etc/snort/snort.conf
include classification.config
```

Der Aufbau dieser Datei ist recht simpel: Nach der Angabe config classification: folgt der Klassenname (der keine Leerzeichen beinhalten darf), die Beschreibung und zuletzt die Priorität:

```
linux:~ # joe /etc/snort/classification.config
config classification: successful-admin,Successful Administrator \
                       Privilege Gain,1
```

Übrigens: Wird einer Regel über das Schlüsselwort priority eine eigene Priorität zugewiesen, überschreibt das natürlich die vorgegebene Priorität der zugeordneten Klasse (Kapitel 8.2.1, Seite 164).

Ein Referenzsystem ist eine Quelle im Internet, unter der zu jeder (im Standardregelsatz von Snort) erstellten Regel eine Beschreibung existiert mit Angaben zur Syntax der Regel, zu möglichen False Positives und False Negatives, zu Angriffen, die die Regel mit einem Alarm quittiert, u. Ä.[1]

---

[1] http://www.snort.org/cgi-bin/done.cgi oder http://www.whitehats.com/info/IDS/.

Diese Referenzen sind in der Datei **reference.config** definiert, wo einigen (wenigen) Referenz-Namen eine URL zugewiesen wird. Ein Alert kann dann später auf die Referenz-URL der Regel verweisen, die den Alert ausgelöst hat. So können wir uns zu den einzelnen Regeln ausführliche Informationen aus der Datenbank heraussuchen lassen – ACID generiert später automatisch entsprechende Links.

Um alle vorhandenen sog. „Referenzen" nutzen zu können, müssen wir nur die Datei **reference.config** mit dem **include**-Befehl einbinden.

```
linux:~ # joe /etc/snort/snort.conf
include reference.config
```

6.1.6 Die Regeln einbinden

Regeln gibt es viele für Snort, der Übersichtlichkeit halber sind sie in verschiedene Dateien gruppiert, die man gezielt einbinden kann – oder auch nicht. Den Pfad zu den Regeldateien haben wir bereits in den Netzwerkvariablen als $RULE_PATH festgelegt, meist ist das **/etc/snort/rules**; die Dateien enden alle auf **.rules**.

In Abhängigkeit von Ihrer Netztopolgie können Sie entscheiden, welche Regelgruppen Sie einbinden wollen: Die Datei **web-iis.rules** ist beispielsweise nur dann sinnvoll, wenn Sie tatsächlich einen Microsoft Internet Information Server betreiben.

Gehen Sie die Liste der **rules**-Dateien durch und binden Sie sie über die mittlerweile allseits bekannten **include**-Anweisungen in die **snort.conf** ein – übrigens sollten Sie die Regeln stets am Schluss nach allen anderen Optionen in die Datei **snort.conf** schreiben.

```
linux:~ # joe /etc/snort/snort.conf
[...]
include $RULE_PATH/local.rules
include $RULE_PATH/bad-traffic.rules
include $RULE_PATH/exploit.rules
include $RULE_PATH/scan.rules
[...]
```

Bevor Sie jedoch eine Datei allein aufgrund ihres Namens ausklammern, werfen Sie sicherheitshalber einen Blick auf die darin enthaltenen Regeln; möglicherweise sind diese für Sie doch relevant.

6.2 Beispiel-Konfigurationsdatei snort.conf

Die fertige Konfigurationsdatei für den Snort-Sensor sieht zusammengefasst so aus:

```
### Grundeinstellungen

config set_gid: snort
config set_uid: snort
config interface: eth0
config alert_with_interface_name
config show_year

### Netzwerkvariablen und Regelpfad

var HOME_NET 192.168.0.0/16
var EXTERNAL_NET !$HOME_NET

var DNS_SERVERS $HOME_NET
var SMTP_SERVERS $HOME_NET
var HTTP_SERVERS $HOME_NET
var SQL_SERVERS $HOME_NET
var TELNET_SERVERS $HOME_NET
var SNMP_SERVERS $HOME_NET
var HTTP_PORTS 80
var SHELLCODE_PORTS !80
var ORACLE_PORTS 1521
var AIM_SERVERS [64.12.24.0/24,64.12.25.0/24,64.12.26.14/24,\
                64.12.28.0/24,64.12.29.0/24,64.12.161.0/24,\
                64.12.163.0/24,205.188.5.0/24,205.188.9.0/24]

var RULE_PATH rules

### Die Preprozessoren konfigurieren

preprocessor flow: stats_interval 0 hash 2

preprocessor frag2

preprocessor stream4: detect_scans

preprocessor stream4_reassemble: both, ports all

preprocessor http_inspect: global iis_unicode_map unicode.map 1252
preprocessor http_inspect_server: server default profile \
                                  all ports { 80 8080 }

preprocessor rpc_decode: 111 32771

preprocessor bo

preprocessor telnet_decode

preprocessor flow-portscan

preprocessor arpspoof
```

```
preprocessor arpspoof_detect_host: 192.168.1.1 f0:ef:a0:f0:0f:00
preprocessor arpspoof_detect_host: 192.168.100.10 a0:ef:a0:a0:e0:05
preprocessor arpspoof_detect_host: 192.168.200.40 f0:e1:a0:f0:0a:48

preprocessor perfmonitor: time 300 events flow file \
                          /var/log/snort/snort.stats pktcnt 10000

### Das Output-Plugin festlegen

output alert_unified: filename snort.alert, limit 128
output log_unified: filename snort.log, limit 128

### Klassifikationen und Referenzen

include classification.config
include reference.config

### Die Regeln einbinden

include $RULE_PATH/scan.rules
include $RULE_PATH/finger.rules
include $RULE_PATH/ftp.rules
include $RULE_PATH/telnet.rules
include $RULE_PATH/rpc.rules
include $RULE_PATH/rservices.rules
include $RULE_PATH/dos.rules
include $RULE_PATH/ddos.rules
include $RULE_PATH/dns.rules
include $RULE_PATH/tftp.rules
include $RULE_PATH/web-cgi.rules
include $RULE_PATH/web-coldfusion.rules
include $RULE_PATH/web-iis.rules
include $RULE_PATH/web-frontpage.rules
include $RULE_PATH/web-misc.rules
include $RULE_PATH/web-client.rules
include $RULE_PATH/web-php.rules
include $RULE_PATH/sql.rules
include $RULE_PATH/x11.rules
include $RULE_PATH/icmp.rules
include $RULE_PATH/netbios.rules
include $RULE_PATH/misc.rules
include $RULE_PATH/attack-responses.rules
include $RULE_PATH/oracle.rules
include $RULE_PATH/mysql.rules
include $RULE_PATH/snmp.rules
include $RULE_PATH/smtp.rules
include $RULE_PATH/imap.rules
include $RULE_PATH/pop2.rules
include $RULE_PATH/pop3.rules
include $RULE_PATH/nntp.rules
include $RULE_PATH/other-ids.rules
include $RULE_PATH/experimental.rules
```

6.3 Snort starten

Es ist soweit – wir können den ersten Startversuch unternehmen. Zunächst wird Snort durch den Parameter -T im Testmodus gestartet, um herauszufinden, ob die Konfigurationsdatei Fehler aufweist. Bei dieser Gelegenheit geben wir über den Parameter -t gleich mit an, dass Snort nach dem Start in eine **chroot**-Umgebung unter **/var/log/snort** wechseln soll:

```
linux:~ # snort -c /etc/snort/snort.conf -t /var/log/snort -T
```

War der Test erfolgreich, können wir Snort dauerhaft als Daemon starten:

```
linux:~ # snort -c /etc/snort/snort.conf -t /var/log/snort -D
```

Prüfen wir noch einmal, ob Snort tatsächlich korrekt gestartet wurde:

```
linux:~ # ps awxu | grep snort
snort     445 12.8 40.6 28832 24944 ?        S    17:12   0:01 snort -c
/etc/snort/snort.conf -t /var/log/snort -D
```

Damit Snort nach jedem Reboot des Rechners automatisch startet, muss ein Start-Script in **/etc/init.d/** eingerichtet werden.

Wenn Sie Snort fertig von einer Distribution installiert haben, müsste dazu alles vorbereitet sein. Aktivieren Sie den Start von Snort ggf. im Runlevel-Manager von YaST (SUSE). Unter Debian startet Snort bereits automatisch bei jedem Reboot. Falls nicht, konfigurieren Sie das Paket **snort** erneut mit **dpkg-reconfigure snort**.

Wenn alle Stricke reißen, gibt es auch im Snort-Quellcode im Verzeichnis **contrib** ein Script namens **S99snort**, das Sie anpassen können.

SUSE

```
linux:/usr/local/src/snort-2.1.2 # cp contrib/S99snort \
> /etc/init.d/snort.local
linux:/usr/local/src/snort-2.1.2 # cd /etc/init.d/rc3.d
linux:/etc/init.d/rc3.d # ln -s ../snort.local S99snort.local
linux:/etc/init.d/rc3.d # ln -s ../snort.local K99snort.local
linux:/etc/init.d/rc3.d # cd ../rc5.d
linux:/etc/init.d/rc5.d # ln -s ../snort.local S99snort.local
linux:/etc/init.d/rc3.d # ln -s ../snort.local K99snort.local
linux:/etc/init.d/rc3.d # ln -s /etc/init.d/snort.local \
> /usr/sbin/rcsnort
```

Debian

```
linux:/usr/local/src/snort-2.1.2 # cp contrib/S99snort \
> /etc/init.d/snort.local
linux:/usr/local/src/snort-2.1.2 # cd /etc/init.d
linux:/etc/init.d # update-rc.d snort.local defaults
```

In diesem Start-Script müssen noch das chroot-Verzeichnis sowie die Konfigurationsdatei für Snort angegeben werden.

```
linux:/etc/init.d/ # joe snort
CONFIG=/etc/snort/snort.conf
OPTIONS="-t /var/log/snort -D"
```

Nun kann Snort wie üblich gestartet und beendet werden:

SUSE

```
linux:~ # rcsnort restart
```

Debian

```
linux:~ # /etc/init.d/snort restart
```

6.4   Barnyard starten

Sammelt Snort fleißig Alarmmeldungen unter /var/log/snort, müssen wir uns darum kümmern, diese Meldungen mit Hilfe von Barnyard an den Log-Host weiterzuleiten.

Dazu nutzen wir den auf dem Log-Host bereits vorbereiteten stunnel, um die Dateien einmal in die MySQL-Datenbank und einmal an den syslog-ng zu senden. Wir erinnern uns: Wir hatten stunnel dort auf den Ports 10439 und 10440 gestartet und so eingestellt, dass er die Verbindungen an die dort laufenden Dienste weitergibt; parallel dazu hatten wir im vorigen Kapitel ein stunnel auf dem Snort-Sensor aufgesetzt, das die Daten lokal annimmt und verschlüsselt weiterleitet.

Wir müssen Barnyard also anweisen, die Daten an localhost zu loggen, auch wenn sie in Wirklichkeit natürlich auf dem Log-Host ankommen sollen.

Wir finden die Konfigurationsdatei von Barnyard als /etc/snort/barnyard.conf. Um sowohl MySQL-Einträge als auch syslog-Einträge erzeugen zu können, müssen wir zwei Barnyard-Prozesse parallel laufen lassen. Dazu benötigen wir zwei verschiedene Konfigurationsdateien:

```
linux:/etc/snort # cp barnyard.conf barnyard-mysql.conf
linux:/etc/snort # cp barnyard.conf barnyard-syslog.conf
linux:/etc/snort # rm barnyard.conf
```

Schauen wir uns zuerst die Einstellung für die Protokollierung zur MySQL-Datenbank an. Tragen Sie passende Werte für **hostname** und **interface** ein, damit Sie die Meldungen später auf dem zentralen Log-Host noch zuordnen können. Als Output-Plugin nutzen wir hier natürlich die MySQL-Datenbank und tragen die in Kapitel 4.3.8 (Seite 81) vorgesehenen User-Daten ein:

```
linux:/etc/snort/ # joe barnyard-mysql.conf
#####################################################
# barnyard-mysql.conf
#####################################################

# Barnyard als Daemon starten
config daemon

# Hostname des Sensors festlegen
config hostname: sensor01

# Netzwerkinterface festlegen
config interface: eth0

# Filter festelegen
config filter: not port 22

# Output-Plugin fuer Mysql-Datenbank
output log_acid_db: mysql, database snort_log, server 127.0.0.1, \
                    user sensor01, password sensor01passwort, \
                    detail full
```

Parallel dazu setzen wir die **syslog**-Variante auf – die Protokollierung des Hostnamens wird dabei automatisch von **syslog** übernommen:

```
linux:/etc/snort/ # joe barnyard-syslog.conf
#####################################################
# barnyard-syslog.conf
#####################################################

# Barnyard als Daemon starten
config daemon

# Output-Plugin fuer den Syslog-Daemon
output alert_syslog: LOG_LOCAL7
```

Natürlich müssen wir nun auch zwei Barnyard-Prozesse starten. Barnyard bietet einige Startparameter an; die wichtigen stellen wir Ihnen kurz vor. Sie können sich alle Parameter mit dem Aufruf **barnyard -h** ausgeben lassen.

-a <Verzeichnis>

Dient der Angabe des Archiv-Verzeichnisses; alle von Barnyard abgearbeiteten Dateien werden automatisch in dieses Verzeichnis verschoben. Das Verzeichnis kann dann per Cronjob regelmäßig gelöscht werden.

-c <Konfigurationsdatei>

Mit diesem Parameter wird die Konfigurationsdatei angegeben, die von Barnyard verwendet wird. Für uns also sehr wichtig, denn wir wollen ja mit zwei verschiedenen Konfigurationen arbeiten.

-d <Logdaten-Verzeichnis>

Hier wird das Verzeichnis angegeben, aus dem die Logdateien oder Alertdateien von Barnyard eingelesen werden.

-D

startet Barnyard im Daemon-Modus.

-f <Dateiname>

Mit diesem Parameter wird der Dateiname der Log- oder Alertdatei angegeben. Dieser Dateiname muss ohne den Zeitstempel angegeben werden, z. B. snort.log oder snort.alert.

-L <Verzeichnis>

Mit diesem Parameter wird das Verzeichnis angegeben, das von Barnyard zum Schreiben der Logdateien verwendet wird. In unserem Beispiel werden die Logdateien nicht lokal von Barnyard gespeichert, so dass wir diesen Parameter nicht benötigen.

-s <Dateiname>

übergibt Name und Pfad zur Datei sid-msg.map

-g <Dateiname>

übergibt Name und Pfad zur Datei gen-msg.map

-w <Dateiname>

Bei diesem Parameter wird ein Dateiname erwartet. Diese Datei nennt sich Waldo-Datei; in ihr speichert Barnyard im fortlaufenden Modus die aktuelle Position des zuletzt bearbeiteten Eintrags. So kann Barnyard bei einem Neustart an der richtigen Stelle in der Log- oder Alertdatei mit der Abarbeitung fortfahren.

-R

Mit diesem Parameter startet Barnyard einen Testlauf und beendet sich sofort wieder.

-X <Dateiname>

> Hier muss ein Dateiname angeben werden, in dem die Prozess-ID von Barnyard gespeichert wird. Dies wird nur benötigt, wenn Barnyard im Daemon-Modus gestartet wird. Normalerweise liegen die Dateien, in denen Prozessnummern verschiedener Prozesse gespeichert werden, in /var/run.

Zuletzt sollten wir ein Archiv-Verzeichnis für die von Barnyard abgearbeiteten Log- und Alarmdateien anlegen:

```
linux:~ # mkdir /var/log/snort/archive
```

Nun kann mit dem Parameter -R ein Testlauf unternommen werden, um zu prüfen, ob Barnyard korrekt arbeitet:

```
linux:~ # barnyard -c /etc/snort/barnyard-mysql.conf \
> -a /var/log/snort/archive/ -d /var/log/snort/ -f snort.log \
> -g /etc/snort/gen-msg.map -s /etc/snort/sid-msg.map \
> -w barnyard-waldo-mysql -X /var/run/barnyard-mysql.pid -R

linux:~ # barnyard -c /etc/snort/barnyard-syslog.conf \
> -a /var/log/snort/archive/ -d /var/log/snort/ -f snort.alert \
> -g /etc/snort/gen-msg.map -s /etc/snort/sid-msg.map \
> -w barnyard-waldo-syslog -X /var/run/barnyard-syslog.pid -R
```

Wird der Testlauf der beiden Barnyard-Prozesse ohne Fehler beendet, kann der Aufruf in ein Start-Script geschrieben werden, damit Barnyard bei jedem Reboot automatisch startet. Hier muss der Parameter -R (= Testmodus) natürlich weggelassen und durch -D (= Daemonmodus) ersetzt werden.

Schreiben Sie den entsprechenden Aufruf nach /etc/init.d/barnyard.local und führen Sie die folgenden Befehle aus:

SUSE

```
linux:~ # cd /etc/init.d/rc3.d
linux:/etc/init.d/rc3.d # ln -s ../barnyard.local S99barnyard.local
linux:/etc/init.d/rc3.d # cd ../rc5.d
linux:/etc/init.d/rc5.d # ln -s ../barnyard.local S99barnyard.local
linux:/etc/init.d/rc3.d # ln -s /etc/init.d/barnyard.local \
> /usr/sbin/rcbarnyard
```

Debian

```
linux:~ # cd /etc/init.d
linux:/etc/init.d # update-rc.d barnyard.local defaults
```

Die Snort-Konfiguration im Detail (Referenz)

In diesem Abschnitt werden alle möglichen Optionen für die verschiedenen Plugins von Snort besprochen, auch wenn wir einige im Zusammenhang mit der Installation bereits erwähnt haben. Gehen Sie diesen Abschnitt bei passender Gelegenheit in Ruhe durch, wenn Sie Ihre Installation perfektionieren und Snort besser verstehen wollen. Für den grundlegenden Aufbau des Snort-IDS dieses Buches ist die folgende Referenz nicht zwingend notwendig.

7.1 Allgemeine Einstellungen für Snort

Die folgenden Einträge sind stets in der Datei snort.conf vorzunehmen. Doch auch hier gilt der Grundsatz: Keine Regel ohne Ausnahme. Einige wenige Einstellungen finden sich in eigenen Dateien – doch dazu bei der jeweiligen Option mehr. Beachten Sie bitte, dass Start-Parameter die Einträge der Config-Datei überschreiben.

config order: pass activation dynamic alert log (Startparameter: -o)
ändert die Reihenfolge, in der die Regeln abgearbeitet werden sollen (normalerweise **activation->dynamic->alert->pass->log**; mit dem Startparameter -o lautet die Reihenfolge **pass->activation->dynamic->alert->log**. In einigen Dokumentationen ist eine falsche Reihenfolge genannt, wundern Sie sich nicht... Alternativ können Sie auch über die Option **config order:** die Reihenfolge frei definieren.

Der Vorteil einer Änderung zu **pass->alert->log->activation->dynamic** besteht darin, dass zunächst alle Regeln mit der Aktion **pass** abgearbeitet werden können, also solchen, die bestimmte Pakete von einer weiteren Prüfung grundsätzlich ausschließen. Das dürfen Sie aber nur tun, wenn Sie absolut sicher sind, dass bestimmter Datenverkehr nicht von Snort überwacht werden muss.

Trifft eine Regel mit der Aktion **pass** und eine mit der Aktion **alert** auf ein Paket zu, kommt es durch die geänderte Reihenfolge nicht mehr zur Prüfung der **alert**-Regel.

Die Änderung der Reihenfolge kann auch dazu verwendet werden, ein *Policy Based IDS* aufzubauen, bei dem man grundsätzlich jeden Datenverkehr als schädlich einstuft und nur bestimmten Datenverkehr ausnahmsweise erlaubt. Dieses Konzept ist bei Firewall-Implementierungen weit verbreitet. Um ein Policy Based IDS aufzubauen, würden Sie eine Regel mit der Aktion **alert** definieren, die auf jeden Datenverkehr zutrifft. Anschließend werden die Ausnahmeregeln mit der Aktion **pass** definiert.

Haben Sie eigene Regeltypen definiert (wie dies geschieht, erfahren Sie in Kapitel 8 auf Seite 157), können Sie diese ebenfalls in die Abarbeitungsreihenfolge übernehmen. Sie müssen hinter der Option **order** lediglich Ihre eigene Reihenfolge angeben.

Ein Beispiel könnte folgendermaßen aussehen:

```
linux:~ # joe /etc/snort/snort.conf
[...]
# Den eigenen Regeltyp definieren
# (Dieser Regeltyp wird dann als Aktion im Regel-Header verwendet)
ruletype witty-wurm
{
  type alert
  output alert_fast: witty-wurm.log
}

# Die Abarbeitungsreihenfolge ändern
config order: witty-wurm alert log pass activation dynamic
```

config alertfile:<dateiname>
gibt den Namen der Logdatei für die Alarmmeldungen an; standardmäßig

heißt diese Datei **alert**. Zusammen mit dem voreingestellten Logverzeichnis (s. u.: **config logdir**) ergibt sich **/var/log/snort/alert**, aber Sie können auch einen anderen absoluten Pfad angeben.

config classification:Rubrikname,Rubrikbeschreibung,Priorität
legt Klassen an; diese Einträge sind aber typischerweise in die Datei **classification.config** ausgelagert (siehe Kapitel 6.1.5, Seite 110).

config dump_chars_only (Startparameter: -C)
Mit dieser Option werden vom Datenteil eines Pakets (*Payload*) nur die ASCII-Zeichen und nicht die Hexadezimalwerte geloggt. Dieser Parameter ist nur selten sinnvoll, da die Hexadezimalwerte eines Pakets weitere Informationen zu einem möglichen Angriff liefern.

config dump_payload (Startparameter: -d)
Mit dieser Einstellung wird Snort angewiesen, auch den Dateninhalt eines Pakets auszugeben, wenn ein Alarm ausgelöst wird. Die Ausgabe erfolgt sowohl in ASCII- als auch in Hexadezimalschreibweise. Möchten Sie nur die ASCII-Schreibweise, so verwenden Sie die Option **config dump_chars_only**.

config decode_data_link (Startparameter: -e)
Mit Hilfe dieser Option wird Snort mitgeteilt, auch den *Data Link Header* (OSI-Modell) eines Pakets für die Detection-Engine bereitzustellen; das ist normalerweise aber nicht hilfreich.

config bpf_file: Filterdatei.bpf (Startparameter: -F)
gibt den Pfad zu einer Datei mit *Berkeley Packet Filter*-Anweisungen (BPF) an; darüber kann sehr performant vorgefiltert werden, welche Pakete von Snort überhaupt geprüft werden sollen. Details dazu in Anhang B.

set_uid: snort (Startparameter: -u
setzt die Linux-User-ID, unter der Snort arbeitet

config set_gid: snort (Startparameter: -g)
setzt die Linux-Gruppen-ID, unter der Snort arbeitet

config daemon (Startparameter: -D)
startet Snort dauerhaft im Hintergrund

config interface: eth0 (Startparameter: -i)
Hier kann das Netzwerkinterface bestimmt werden, das von Snort zum Mitlesen der Pakete verwendet werden soll. Ist keines angegeben, verwendet Snort das erste zur Verfügung stehende. Unter Linux ist dies normalerweise eth0.

Es besteht die Möglichkeit, als Startparameter **-i any** anzugeben, um alle Interfaces zu benutzen. In der Konfigurationsdatei ist dies nicht möglich.

Wird **any** verwendet, muss mit Hilfe von BPF-Filtern der Netzwerkverkehr der Loopback-Interfaces von Snort ferngehalten werden. Eine bessere Variante – genügend Performance vorausgesetzt – besteht darin, für jedes Interface einen eigenen Snort-Prozess zu starten und diese parallel laufen zu lassen.

config alert_with_interface_name (Startparameter: -I)
nennt bei einem Alert auch das auslösende Interface

config logdir: /var/log/snort (Startparameter: -l)
legt das Logverzeichnis fest (per Default **/var/log/snort**)

config umask: 022 (Startparameter: -m)
legt die **umask** fest, also die Dateiberechtigungen für von Snort neu angelegte Dateien; **022** ergibt bei Dateien die Rechte **644**.

config pkt_count: Anzahl (Startparameter: -n)
Diese Option sorgt dafür, dass sich Snort nach der voreingestellten Anzahl analysierter Pakete automatisch beendet. Diese Anweisung macht im Alltag wenig Sinn und dient nur Testzwecken.

config nolog (Startparameter: -N)
sorgt dafür, dass Snort keine Alarmmeldungen loggt (wenig sinnvoll)

config obfuscate (Startparameter: -O)
IP-Adressen, die in den Logdateien auftauchen, werden getarnt, so dass man die Logdateien weitergeben kann, ohne dass benutzte IP-Adressen erkennbar sind – im Alltag ist aber gerade das nicht sinnvoll.

config no_promisc (Startparameter: -p)
Normalerweise setzt Snort das Netzwerkinterface in den Promiscuous Mode, um alle Pakete, die an der Netzwerkkarte ankommen, mitzulesen. Wird diese Option benutzt, wird die Netzwerkkarte *nicht* in diesen Modus gesetzt. Das ist nur sinnvoll, wenn Sie lediglich den Rechner, auf dem Snort installiert ist, überwachen wollen, z. B. weil Snort direkt auf dem Linux-Router installiert ist, anstatt an einen Monitor-Port des Switch angeschlossen zu sein.

config quiet (Startparameter: -q)
schaltet den Statusreport ab, der beim Beenden von Snort ausgegeben wird; wird Snort im Daemon-Modus betrieben, kann dieser Report übrigens nach **/var/log/messages** geschrieben werden, indem dem Snort-Prozess das Signal **SIGUSR1** gesendet wird: Befehl **kill -SIGUSR1 <snortpid>**.

config chroot: /var/lib/snort (Startparameter: -t)
Hier wird Snort in einer **chroot**-Umgebung gestartet, d. h., Snort kann im laufenden Betrieb nur noch auf dieses und darunter liegende Verzeichnisse zugreifen.

Logverzeichnis, Regelverzeichnis und andere Snort-Pfade sollten übrigens ausdrücklich *nicht* in der chroot-Umgebung liegen, sondern unter **/var/log** oder **/etc/snort**. Snort öffnet die notwendigen Dateien, bevor es sich in die chroot-Umgebung verschiebt, und nimmt die geöffneten Dateihandles mit. Die chroot-Umgebung soll ja u. a. gerade verhindern, dass ein Angreifer an die Logdateien mit den Alert-Meldungen gelangt und sie manipuliert.

config utc (Startparameter: -U)
> weist Snort an, die Uhrzeit stets in UTC (*Universal Time Coordinated*) zu loggen, nicht nach der lokalen Systemzeit

config verbose (Startparameter: -v)
> schaltet detailliertere Ausgaben für den Konsolenbetrieb (Sniffer- oder Log-Modus) ein; mit Snort als IDS im Daemon-Modus macht dies keinen Sinn.

config dump_payload_verbose (Startparameter: -X)
> weist Snort an, die raw-Daten inklusive Data-Link Header zu speichern; dazu muss zunächst die Einstellung **config decode_data_link** benutzt werden.

config show_year (Startparameter: -y)
> ergänzt die Angabe des Datums in Alert- und Log-Einträgen durch das Jahr

7.2 Den Snort-Decoder konfigurieren

Der Decoder bereitet die aus dem Netzwerk abgegriffenen Datenpakete auf, um sie anschließend an die Preprozessoren weiterzugeben. Auch hier gibt es einige wenige Einflussmöglichkeiten, die im Alltag allerdings weniger relevant sind.

Ein Hinweis noch vorweg: Wenig bekannt ist, dass TCP-Pakete ein eigens reserviertes Feld für besondere Optionen haben (siehe Anhang C auf Seite 256). Aber auch das wird heute üblicherweise nicht im normalen Datenverkehr benutzt.

config disable_decode_alerts
> schaltet alle vom Snort-Decoder produzierten Alarmmeldungen ab

config disable_tcpopt_experimental_alerts
> Durch experimentelle TCP-Optionen ausgelöste Alarmmeldungen werden abgeschaltet. Als experimentell gelten hierbei alle Optionen, die nicht in einem RFC als Standard definiert sind. Unter **http://rfc-editor.org** können alle RFCs eingesehen werden; als Standard gelten RFC 1323 und 2018.

config disable_tcpopt_obsolete_alerts
> Durch veraltete TCP-Optionen ausgelöste Alarmmeldungen werden abgeschaltet. Dazu gehören der TCP-Ping (RFC 1072) sowie alle Optionen, die von Snort nicht zuzuordnen sind und folglich nicht erkannt werden.

config disable_tcpopt_ttcp_alerts

> Durch TTCP-Optionen ausgelöste Meldungen werden abgeschaltet. TTCP ist ein Programm, um TCP-Netzwerke auf ihre Performance zu testen, was versehentlich Alarmmeldungen auslösen könnte. Da es sehr unwahrscheinlich ist, dass Sie TTCP in Ihrem Netzwerk verwenden, lassen Sie diese Alarmmeldungen erzeugen und benutzen Sie diese Option *nicht*.[1]

disable_tcpopt_alerts

> schaltet Alarmmeldungen ab, die durch einen falschen Eintrag der Länge (**length**-Feld, siehe TCP-Header) im TCP-Header erzeugt werden; die korrekte Länge wird von Snort berechnet und mit dem eingetragenen Wert im **length**-Feld des TCP-Headers verglichen.

disable_ipopt_alerts

> Mit dieser Option werden Alarmmeldungen unterdrückt, wenn ein falscher Wert im **length**-Feld des IP-Headers entdeckt wird. Die Funktionsweise ist dieselbe wie bei **disable_tcpopt_alerts**.

7.3 Die Detection-Engine konfigurieren

```
config detection: search-method ac no_stream_inserts max_queue_events
```

Es gibt verschiedene Suchalgorithmen, die Snort verwenden kann, um die Regeln gegen die Netzwerkdaten anzuwenden. Die Auswahl des richtigen Algorithmus hängt von der Art der zu durchsuchenden Pakete ab, so dass keine exakte Empfehlung möglich ist, welche Methode für Sie die sinnvollste ist. Normalerweise sollte die Default-Einstellung – wie meist – gute Dienste leisten. Wenn Sie mit Paketverlusten zu kämpfen haben und Ihr Snort mit der Anwendung der Regeln nicht mehr hinterher kommt, so sollten Sie zunächst alle anderen Optimierungsmöglichkeiten (bessere Hardware, Verkleinerung des Regelsatzes) ausschöpfen und in letzter Instanz dann testen, ob der Parameter **ac** hier Besserung bringt.

Der Parameter **no_stream_inserts** weist die Engine an, keine Pakete zu durchsuchen, die bereits von einem Preprozessor bearbeitet oder zusammengesetzt wurden. Vorsicht: Mit dieser Option werden sehr viele Angriffe nicht mehr erkannt. Mehr dazu bei den einzelnen Preprozessoren.

Mit **max_queue_events** <Ganzzahl> kann Snort mitgeteilt werden, wie viele Alerts ein und dasselbe Paket maximal auslösen darf, ganz egal, wie viele Regeln darauf zutreffen. Würde ein Paket auf mehr Regeln zutreffen als hier festgelegt, würden trotzdem nur die ersten Alert-Meldungen an die Output-Plugins weitergeleitet. Der Default ist 5.

---

[1] Weitere Informationen zu TTCP:
http://www.clarkson.edu/projects/itl/HOWTOS/PCATTCP-jnm-20011113.htm.

7.4 Weitere Einstellungen für die Preprozessoren

Wir hatten im vorherigen Kapitel alle Preprozessoren bereits kurz besprochen und schauen uns nun noch einmal deren Funktionsweise in einer Referenz aller möglichen Parameter im Detail an.

Sie benötigen die nachfolgenden Parameter im Normalbetrieb i. d. R. nicht, denn unsere bereits erfolgte Grundkonfiguration reicht im Normalbetrieb aus. Wenn Sie keine Sonderfälle zu managen haben, können Sie ggf. auch vor zu Kapitel 7.5 auf Seite 145 springen und sich zu späterer Zeit mit den hier behandelten Details befassen. Wenn Ihr System steht, sollten Sie sich dieses Wissen aneignen, um alles verstanden und damit im Griff zu haben.

7.4.1 frag2

Beim Transport von IP-Paketen werden diese über verschiedene Router transportiert, um an die gewünschte Zieladresse zu gelangen. Jeder Router hat seine eigene *Maximum Transmission Unit* (MTU). Diese gibt die maximale Größe eines zu transportierenden Pakets an. Ist ein Paket größer als die MTU, wird das Paket vom Router in mehrere kleine Pakete aufgeteilt („fragmentiert").

Ein Paket kann also auf seinem Weg von Host A nach Host B als maximale Größe die kleinste MTU aller Router auf diesem Weg haben. Es besteht auch die Möglichkeit, mit Hilfe von Programmen den eigenen Datenverkehr zu fragmentieren. Programme wie **fragroute**[2] oder **fragrouter**[3] stehen zur Verfügung.

Nachdem nun die fragmentierten Pakete nacheinander beim Ziel-Host eintreffen, muss dieser die Pakete wieder in der richtigen Reihenfolge zusammensetzen. Dafür enthält jedes Fragment im IP-Header die notwendige Information, aus welchem Teil des Originalpakets es stammt.

Der Paketsniffer greift allerdings die **raw**-Daten ab, also die nicht fragmentierten Pakete. Ein Angriff könnte durch Fragmentierung vor der Detection-Engine versteckt werden.

Darum lassen wir die Daten durch den **frag2**-Preprozessor erst zusammensetzen, bevor sie an die Detection-Engine als ganzes Paket weitergeleitet werden.

Übrigens: Die fragmentierten Pakete selbst werden zusätzlich noch einzeln an die Detection-Engine durchgereicht. Der Preprozessor **frag2** erzeugt nur eine Kopie der Daten als *ein* Paket, so dass wir ausschließen können, dass ein Angreifer vielleicht gerade die Fragmentierung zur Tarnung nutzt.

frag2 wird auch bei der Erkennung von DoS-Attacken eingesetzt: Manche IP-Stacks sind verwundbar, wenn sie sehr viele kleine (fragmentierte) Pakete empfangen. Kri-

---

[2] http://monkey.org/ dugsong/fragroute/
[3] http://packetstorm.widexs.nl/UNIX/IDS/nidsbench/nidsbench.html

tisch wird es dann, wenn ein manipuliertes Fragment den Datenteil des vorangegangenen Fragments überschreibt. Da sie sich per Definition nicht überlappen können und dürfen, quittieren manche Systeme diesen Umstand mit einem galanten Absturz.

Ein anderes Beispiel ist der sog. „Ping of Death": Dabei werden sehr klein fragmentierte ICMP-Nachrichten an das Opfer geschickt, die als IP-Datagramm zusammengesetzt die maximale Größe von 65535 Bytes überschreiten – der Name „Ping of Death" lässt zweifelsfrei erahnen, was dann passiert ...

Der Preprozessor **frag2** gehört zu den grundlegendsten Elementen von Snort und sollte niemals abgeschaltet werden. Insgesamt stehen fünf Optionen zur Verfügung:

timeout <sekunden>

> gibt an, wie lange ein Fragment im Speicherbereich des Preprozessors gehalten werden soll; wird die Zeit überschritten, ohne dass das Paket vollständig ist, wird das Fragment verworfen.

> Dieser Wert sollte größer sein als der größte Wert des IP-Stack eines zu überwachenden Rechners. Beträgt zum Beispiel der Timeout bei Snort 30 Sekunden und der IP-Stack eines zu überwachenden Rechners hat einen Timeout von 40 Sekunden, so kann ein Angreifer Pakete fragmentieren und in einem Zeitabstand von 35 Sekunden schicken. Snort würde den Angriff nicht erkennen, da in diesem Fall die einzelnen Fragmente von Snort nicht zusammengesetzt werden, wohl aber vom „Opfer-Host".

> Wählen Sie also den Timeout größer als den größten Timeout aller zu überwachenden Rechner. Unter **/proc/sys/net/ipv4/ipfrag_time** können Sie unter Linux den Timeout ausgeben und verändern – er liegt je nach Distribution und Version bei rund 30 Sekunden.

> Die Einstellung **timeout 41** sollte eine sinnvolle Einstellung sein.

memcap <bytes>

> Mit dieser Option wird dem Preprozessor eine bestimmte Speichermenge in Bytes zugeteilt – der Standardwert ist 4.194.304 Bytes. Tritt im zu überwachenden Netzwerk viel fragmentierter Datenverkehr auf, muss dieser Wert ggf. erhöht werden.

detect_state_problems

> Wird diese Option aktiviert, erkennt **frag2** überlappende Fragmente und sendet einen Alarm an das Output-Plugin, da sich Fragmente per Definition nicht überlappen dürfen.

min_ttl <Wert>

> Liegt der TTL-Wert („Time to Live") eines Pakets unterhalb dieses Werts, wird von Snort nicht ausgewertet. Der Standardwert ist 0, so dass alle Pakete ausgewertet werden. Durch Anpassen von **min_ttl** weiß Snort, wie viele Hops

die zu überwachenden Hosts von ihm entfernt sind. Snort bezieht dann Datenpakete, die diese Hops aufgrund ihres zu geringen TTL-Werts nicht mehr erreichen würden, nicht mehr in die Auswertung mit ein.

Das zugrundeliegende Problem hatten wir bereits ausführlich in Kapitel 6.1.2 auf Seite 104 besprochen.

ttl_limit <Wert>

Mit dieser Option wird der maximale Unterschied der TTL-Werte zwischen fragmentierten Paketen mit derselben Fragment-ID angegeben. Wird diese Differenz überschritten, so sendet der Preprozessor einen Alarm an das Output-Plugin. Der Standardwert hierfür ist 5.

7.4.2 stream4

Der **stream4**-Preprozessor ist dafür verantwortlich, den Status einer TCP-Verbindung für die Auswertung durch die Detection-Engine bereitzustellen, man nennt das *Stateful Inspection*.

Ohne diesen Preprozessor würde Snort lediglich jedes einzelne Paket für sich untersuchen und nicht den gesamten TCP-Datenstrom als Ganzes, so dass es wieder möglich wäre, Angriffe auf mehrere TCP-Pakete zu verteilen, um die Detection-Engine von Snort zu umgehen.

Die Arbeit dieses Preprozessors ermöglicht es, bei den Signaturen das Schlüsselwort **flow** zu nutzen, um die Regeln nur für eine Verbindungsrichtung anzuwenden.

Darüber hinaus entdeckt er ungewöhnliche TCP-Daten, z. B. einen *TCP Half-Open-Scan*, bei dem der scannende Client ein TCP-Paket mit gesetztem SYN-Flag an den Server sendet, anhand der Server-Antwort und des SYN-ACK-Pakets erkennt, ob der Port geöffnet ist, aber letztlich nie durch ein erneutes SYN-ACK-Paket an den Server den TCP-Verbindungsaufbau („3-Wege-Handshake") vollendet. Aus Sicht des Servers kommt diese Verbindung nach Ablauf eines Timeout nie zustande und wird entsprechend auch nirgends protokolliert. Ein IDS ohne Stateful Inspection würde diesen Scan nicht erkennen.

Ein weiterer Anlass für **stream4** waren Programme wie **Snot** oder **Stick**, die den Zweck haben, Snort durch einen DoS-Angriff außer Gefecht zu setzen.

Snot[4] benutzt dazu die Signaturen von Snort und erzeugt mit diesem Wissen lauter Alarm auslösende Pakete, die eine riesige Menge False Positives generieren.

Das wiederum kann ausgenutzt werden, um einen parallel laufenden echten Angriff zu verschleiern. Wird eine Snot-Attacke gestartet, baut Snot zum Opfer keine komplette TCP-Verbindung auf. Es wird lediglich der erste Teil eines 3-Wege-Handshakes ausgeführt, ähnlich wie bei einem Half-Open-Scan.

[4] http://www.l0t3k.org/security/tools/ids/

Durch den **stream4**-Preprozessor ist es nun möglich, beim Starten von Snort den Parameter **-z est** („established") anzugeben. Durch diesen Parameter ignoriert Snort TCP-Datenströme, die keine korrekt aufgebaute Verbindung benutzen.

Der **stream4**-Preprozessor lässt sich über zehn Parameter konfigurieren:

detect_scans

> aktiviert die Erkennung von Portscans; dabei werden normale TCP-Scans, Xmas-Tree-Scans, Half-Open-Scans, SYN-FIN-Scans und einige andere Scan-Techniken erkannt.

detect_state_problems

> aktiviert die Alarmierung, wenn Verdächtiges auf Ebene des TCP-Verbindungsstatus entdeckt wird; ein Beispiel für solch einen Angriff ist das Senden von Paketen mit gesetztem RST-Flag bei jeder neuen TCP-Verbindung. Dadurch kann das Zusammensetzen der TCP-Verbindung von Snort gestört werden, wenn Snort eine Verbindung als beendet einstuft, obwohl weitere Pakete in diesem Datenstrom ankommen.

> Allerdings ist bei einigen Betriebssystemen TCP schlecht implementiert, und dadurch werden möglicherweise sehr viele False Positives durch Aktivierung dieses Parameters generiert.

disable_evasion_alerts

> unterdrückt Alarmmeldungen, obwohl Pakete mit den folgenden Eigenschaften entdeckt wurden:

> - Schon während des TCP-Verbindungsaufbaus (nur das SYN-Flag ist gesetzt) werden bereits Daten im Payload des Pakets mitgesendet. Dies ist bei einem regulären Verbindungsaufbau nicht der Fall.
> - Bei Paketen mit gesetztem RST-Flag ist die Sequenznummer ungültig.
> - Die TCP-Checksumme ist ungültig.
> - Pakete werden schneller übertragen als der Empfänger diese annehmen kann.

> Zum Verständnis das folgende Beispiel: Ein Angreifer sendet zwei sich überlappende TCP-Pakete an einen Host (ungültige Sequenznummern). Der Angreifer hofft, dass das erste Paket vom IDS zur Auswertung benutzt und das zweite wegen der Überlappung verworfen wird. Wenn nun der Ziel-Host dies in umgekehrter Weise tut, also das erste Paket verwirft und das zweite benutzt, so wurde das IDS umgangen und möglicher gefährlicher Datenverkehr von Snort nicht ausgewertet.

min_ttl <Wert>

> entspricht **min_ttl** bei **frag2**: Pakete mit kleinerem TTL-Wert als hier eingestellt werden verworfen.

ttl_limit <Wert>

> definiert den maximal erlaubten Unterschied zwischen den TTL-Werten fragmentierter Pakete mit derselben Fragment-ID (entspricht der identischen Einstellung bei **frag2**)

keepstats <machine|binary>

> Ist einer der beiden Werte gesetzt, speichert **stream4** eine Zusammenfassung einer TCP-Verbindung (*Session*) im Logverzeichnis in der Datei **session.log**. Das ist sinnvoll für spätere Auswertungen von Angriffen. Der Parameter **machine** weist **stream4** an, die Zusammenfassung im Textformat zu speichern, der Parameter **binary** speichert die Daten im **unified-binary**-Format, das zur Auswertung für uns aber keine Rolle spielt.

noinspect

> schaltet die Stateful Inspection ab, also die Verbindungskontrolle für TCP-Sessions; diese Option sollte nur in einer Testumgebung mit hohem Datenaufkommen oder bei nicht ausreichender Hardware-Ausstattung benutzt werden.

timeout <Sekunden>

> gibt – wie bereits bei **frag2** auf Seite 126 beschrieben – an, wie lange ein Fragment im Speicherbereich des Preprozessors gehalten werden soll; wird die Zeit überschritten, ohne dass das Paket vollständig ist, wird das Fragment verworfen. **timeout 61** scheint oft ein sinnvoller Wert zu sein.

memcap <bytes>

> Mit diesem Parameter kann der vom Preprozessor benutzte Speicher begrenzt werden. Der Standardwert bei **stream4** ist 8.388.608 Bytes. Bei großen Netzwerken mit hohem Datenaufkommen muss dieser Wert erhöht werden.

log_flushed_streams

> Normalerweise wird bei einem Alarm nur das auslösende Paket gespeichert. Diese Option veranlasst Snort, den kompletten Datenstrom zu sichern. Die Option funktioniert jedoch nur, wenn Snort im **pcap**-Modus läuft.

7.4.3   stream4_reassemble

Dieser Preprozessor ist sehr eng mit **stream4** verbunden und ebenfalls für die Zusammensetzung der TCP-Datenströme verantwortlich.

Es gibt einige Angriffe, die sich gegen das Zusammensetzen eines Datenstroms richten können. So werden zum Beispiel Pakete generiert, bei denen ungültige Headerdaten mit ungültigen Sequenz- oder ACK-Nummern, gefährlichen Paketinhalten und falschen Checksummen versendet werden. Wenn diese Pakete zusammen mit korrekten Paketen versendet werden, verwirft der Ziel-Host die falschen Pakete und wertet nur den Rest aus.

Ein IDS, das die Checksummen bei den ankommenden TCP-Paketen nicht überprüft, würde auch die defekten Pakete mit in die Überprüfung einbeziehen, und der Angreifer könnte seinen Angriff tarnen. Damit Snort diese Attacken erkennt, wurde **stream4_reassemble** entwickelt.

Für diesen Preprozessor stehen fünf Einstellungsmöglichkeiten zur Verfügung:

clientonly

> setzt nur TCP-Verbindungen zusammen, die von einem Client aus initiiert wurden, also von einer IP-Nummer aus der Variablen **EXTERNAL_NET** (Abschnitt 6.1.1, Seite 103); diese Einstellung ist Default.

serveronly

> setzt nur TCP-Verbindungen zusammen, die von der Server-Seite aufgebaut wurden, also einer IP in **HOME_NET**

both

> betrachtet jede Verbindung in jede Richtung

ports <Liste>

> Ist hier eine Liste von Ports angegeben, werden nur Verbindungen dieser Ports berücksichtigt. Per Default setzt **stream4_reassemble** nur die folgenden Ports zusammen: 21 (FTP), 23 (Telnet), 25 (SMTP), 53 (DNS), 80 (HTTP), 143 (IMAP), 110 (POP), 111 (RPC) und 513 (rlogin). Diese Liste kann benutzt werden, indem der Konfigurationsdirektive **ports** der Parameter **default** übergeben wird. Zudem steht die Wildcard **any** zur Verfügung: Hier werden alle TCP-Verbindungen über beliebige Ports von **stream4_reassemble** zusammengesetzt. Um selbst eine Liste mit Ports anzugeben, werden die einzelnen Ports durch Leerzeichen getrennt.

noalerts

> schaltet die Alarmmeldungen dieses Preprozessors ab, was nicht wirklich empfehlenswert ist; sollten durch diesen Preprozessor sehr viele False Positives entstehen, sollten Sie stattdessen zunächst versuchen, diese mit Hilfe der anderen Konfigurationsdirektiven zu minimieren.

7.4.4   flow

Dieser Preprozessor existiert erst seit der Snortversion 2.1.0 (ab SUSE 9.1) und ersetzt seitdem den Preprozessor **conversation**. Der **flow**-Preprozessor wurde entwickelt, um den Status von Verbindungen zentral zu sammeln. Derzeit existiert nur ein weiterer Preprozessor namens **flow-portscan**, der auf **flow** aufsetzt. In Zukunft sollen jedoch alle Preprozessoren, die mit dem Status einer Verbindung in Berührung kommen, auf **flow** aufbauen.

Dieser Preprozessor muss derzeit nur aktiviert werden, wenn der Portscandetektor **flow-portscan** benutzt wird; er kennt vier Parameter:

memcap <bytes>

> bestimmt, wie viel Speichermenge zur Verfügung gestellt wird; der Standardwert ist 10.485.760 Bytes.

rows <Wert>

> verändert die Zeilenanzahl der Hash-Tabelle des Preprozessors: Durch einen großen Wert kann der Status von mehr Verbindungen in der Tabelle gespeichert werden. Allerdings benötigt die Tabelle dann auch mehr Speicher. Der Standardwert ist 4096 Zeilen.

stats_interval <Sekunden>

> im angegebenen Zeitabstand werden Statistiken zum **flow**-Preprozessor an die Standardausgabe gesendet; wird der Wert auf 0 gesetzt, ist diese Aktion deaktiviert.

hash <1|2>

> legt fest, mit welcher Methode die Daten gehasht werden: 1 nutzt die Methode **byte**, 2 die Methode **integer**. Wir empfehlen Ihnen den Wert 2, **integer**, da diese Methode schneller ist.

7.4.5 http_inspect

Dieser Preprozessor ist für den HTTP-Datenverkehr verantwortlich, er überprüft jedes einzelne Paket und versucht den Datenverkehr zu „normalisieren", d. h. alle möglicherweise darin enthaltenen Kodierungen sauber aufzulösen.

http_inspect selbst arbeitet verbindungslos; damit eine komplette HTTP-Session normalisiert werden kann, muss der Preprozessor **stream4_reassemble** ebenfalls aktiviert sein.

HTTP ist weit verbreitet, hat sich aber im Laufe der Zeit uneinheitlich entwickelt. So sieht zum Beispiel der IIS-Server von Microsoft die beiden folgenden URLs als identisch an:

http://www.snortbuch.de/seiten/test.html
http://www.snortbuch.de/seiten\test.html

Dieser Umstand ist für ein regelbasiertes Einbruchserkennungssystem ein großes Problem, da bei verschiedenen Eingabemöglichkeiten keine genaue Signatur für einen möglichen Angriff zu definieren ist. Zudem gibt es weitere (z. B. eine hexadezimale) Schreibweisen und eine Vielzahl von Kodierungen, die unterschiedliche Webserver unterschiedlich interpretieren.

Die Zeichenkette ../../rm -R * ergibt hexadezimal kodiert:
%2e%2e/%2e%2e/%72%6d%20%2d%52%20%2a

Wird diese Zeichenkette an einen Webserver gesendet, trifft eine Regel, die die ASCII-Variante erkennen würde, nicht auf die Datenpakete zu und der Angriff könnte unerkannt bleiben.

Der Preprozessor **http_inspect** ist nun dafür verantwortlich, diese Kodierungen stets wieder in „normale" Schreibweisen zurückzuwandeln, damit die Detection-Engine die ursprüngliche Zeichenkette erkennt und gegebenenfalls einen Alarm auslöst.

Die Konfiguration des Preprozessors ist vielfältig; so lassen sich eigene Konfigurationen für jeden zu überwachenden Server anlegen. Das ist vor allem dann notwendig, wenn zugleich unterschiedliche Webserver überwacht werden sollen. Die Unterscheidung erfolgt anhand der IP-Adresse des Servers.

Zunächst verlangt der Preprozessor eine globale Konfiguration.

```
preprocessor http_inspect: global [Parameter Parameter ...]
```

Die globale Konfiguration kennt nur drei Parameter:

iis_unicode_map <Dateiname> <Codemap>
> Dieser Parameter ist Pflicht; er definiert den Pfad zur Datei **unicode.map**, die normalerweise im Konfigurationsverzeichnis von Snort liegt. Mit dem zweiten Parameter wird die benutzte Codemap angegeben. Die einzelnen Werte für die verschiedenen Codemaps können Sie der Datei **unicode.map** entnehmen. Für Zentraleuropa ist es beispielsweise 1250. Die hier angegebene **unicode.map** wird global verwendet. Sie können bei der serverspezifischen Konfiguration für jeden Server eine eigene **unicode.map** angeben, falls es bei den einzelnen Servern Unterschiede bei der Kodierung geben sollte.

detect_anomalous_servers
> Ist diese Option gesetzt, löst **http_inspect** einen Alarm aus, sobald HTTP-Datenverkehr entdeckt wird, der nicht über einen der üblichen Ports läuft. Diese Besonderheit könnte ein Indiz auf ein installiertes Hintertürchen im Netzwerk sein. Bedenken Sie aber auch, dass Router, Drucker, CUPS und andere Dienste teilweise HTTP-basierte Konfigurationsmöglichkeiten anbieten und ggf. einen Fehlalarm auslösen. Vorsicht: Mit diesem Parameter wird jeglicher Datenverkehr nach HTTP-Paketen durchsucht, was bei hohem Datenaufkommen zu deutlichen Performance-Einbußen führen kann.

proxy_alert
> Durch diesen Parameter werden Alarmmeldungen global aktiviert, sobald HTTP-Daten über einen Proxy-Server an einen Webserver in $HOME_NET gesendet werden. Im HTTP-Header sind solche Proxy-Anfragen i. d. R. als solche markiert.

Ist diese Option in der globalen Konfiguration aktiviert, bietet sich gleich bei der Server-Konfiguration der Parameter **allow_proxy_use** an, um für einzelne Server in $HOME_NET das Benutzen von Proxy-Servern zu erlauben (Seite 137). In diesem Fall wird keine Alarmmeldung generiert.

Neben den globalen Einstellungen müssen Sie einige individuell je Server vornehmen. Auch dabei ist zwischen der Standardkonfiguration (**default**), die im Zweifel für jeden Webserver gilt, und spezifischen Einstellungen für eine bestimmte IP-Nummer zu unterscheiden.

Die Default-Konfiguration können Sie wie folgt eintragen:

```
preprocessor http_inspect_server: server default [Parameter Parameter...]
```

Diese Anweisungen gelten dann für alle HTTP-Server, für die keine spezifische Konfiguration bereitsteht.

profile <all|apache|iis>
> lädt ein vordefiniertes Profil für den jeweiligen Servertyp: Apache, IIS oder eben beide zusammen. Die Dekodierungsalgorithmen berücksichtigen dann das Verhalten des jeweiligen Servertyps.
>
> **apache** benutzt lediglich die *utf-8 standard unicode*-Kodierungen. Zudem werden im Gegensatz zum IIS-Webserver Backslashes nicht als Slashes interpretiert, und Tabulatoren können als Leerzeichen benutzt werden.
>
> Das Profil **iss** zeichnet u. a. aus: *IIS unicode codemaps*, *%u-Kodierung*, *Bare Byte Kodierung*, doppeltes Dekodieren, Backslashes und einiges mehr.
>
> Befinden sich sowohl Apache- wie auch IIS-Webserver im Netzwerk und wollen Sie lediglich eine einzige Default-Konfiguration einsetzen, sollten Sie diesen Parameter auf **all** setzen.
>
> Hier ein Überblick zu den profilspezifischen Einstellungen, damit Sie wissen, wie **http_inspect** arbeitet, wenn Sie ein vordefiniertes Profil verwenden. Die Bedeutung der einzelnen Parameter wird im Anschluss erklärt:

profile apache
> flow_depth 300
> chunk encoding (Alarmmeldungen bei Chunks, die größer als 500000 Bytes sind)
> ASCII-Dekodierung ist an (Alarmmeldungen aus)
> nach Null-Bytes in URL suchen (Alarmmeldungen an)
> mehrere Slashes (Alarmmeldungen aus)
> Verzeichnisnormalisierung (Alarmmeldungen aus)
> Apache whitespace (Alarmmeldungen an)
> utf_8-Kodierungen (Alarmmeldungen aus)
> non_strict

profile iis
>   flow_depth 300
>   iis_unicode_map (die Datei aus der globalen Konfiguration wird verwendet)
>   ASCII-Dekodierung ist an (Alarmmeldungen aus)
>   mehrere Slashes (Alarmmeldungen aus)
>   Verzeichnisnormalisierung (Alarmmeldungen aus)
>   double-Dekodierung (Alarmmeldungen an)
>   %u-Dekodierung (Alarmmeldungen an)
>   bare byte-Dekodierung (Alarmmeldungen an)
>   iis unicode codepoints (Alarmmeldungen an)
>   iis backslash (Alarmmeldungen aus)
>   iis delimiter (Alarmmeldungen an)

profile all
>   flow_depth 300
>   chunk encoding (Alarmmeldungen bei Chunks, die größer als 500000 Bytes sind)
>   iis_unicode_map (die Datei aus der gobalen Konfiguration wird verwendet)
>   ASCII-Dekodierung ist an (Alarmmeldungen aus)
>   nach Null-Bytes in URL suchen (Alarmmeldungen an)
>   mehrere Slashes (Alarmmeldungen aus)
>   Verzeichnisnormalisierung (Alarmmeldungen aus)
>   Apache whitespace (Alarmmeldungen an)
>   double-Dekodierung (Alarmmeldungen an)
>   %u-Dekodierung (Alarmmeldungen an)
>   bare byte-Dekodierung (Alarmmeldungen an)
>   iis unicode codepoints (Alarmmeldungen an)
>   iis backslash (Alarmmeldungen aus)
>   iis delimiter (Alarmmeldungen an)

Der Parameter **profile** muss übrigens am Anfang der Parameterliste stehen; ihm dürfen die Parameter folgen: ports, iis_unicode_map, allow_proxy_use, flow_depth, no_alerts, inspect_uri_only und oversize_dir_length.

Sie können also nicht ein vordefiniertes Profil verwenden und zusätzlich auch noch Kodierungen angeben.

ports { <Port> <Port> ... }
Ausschließlich der Datenverkehr über die in der Liste angegebenen Ports wird normalisiert. Mehrere Ports werden durch Leerzeichen getrennt; beachten Sie auch die Leerzeichen zwischen den geschweiften Klammern und der Portliste. Verschlüsselte Verbindungen können nicht normalisiert werden.

Sie können diesen Parameter sowohl bei der Default-Serverkonfiguration wie auch bei der Konfiguration eines einzelnen Servers einsetzen.

iis_unicode_map <Dateiname> <Codemap>

Die Datei **unicode.map** wurde bereits in der globalen Konfiguration angegeben. Möchten Sie für jeden Server eine eigene **unicode.map**-Datei verwenden, nutzen Sie diesen Parameter in der serverspezifischen Konfiguration. <Dateiname> gibt den Pfad zur Datei **unicode.map** an, die normalerweise im Konfigurationsverzeichnis von Snort liegt. Der zweite Parameter benennt die einzusetzende Codemap. Mögliche Werte entnehmen Sie der Datei **unicode.map**.

Mit **ms_unicode_generator.c** können Sie eigene **unicode.map**-Dateien erzeugen. Es liegt unter **src/preprocessors/HttpInspect/util** im Quellverzeichnis von Snort. Sie müssen das Programm lediglich auf dem Rechner ausführen, für den die spezielle Map-Datei erzeugt werden soll.

flow_depth <Ganzzahl>

gibt den zu durchsuchenden Bereich eines HTTP-Request in Bytes an – so durchsucht **flow_depth 300** nur die ersten 300 Bytes, da dort üblicherweise alle relevanten Daten enthalten sind. Dies beschleunigt **http_inspect** in hohem Maße, da nicht das gesamte Paket nach dem HTTP-Header durchsucht werden muss.

ascii <yes|no>

Wird dieser Parameter auf **yes** gesetzt, sendet **http_inspect** Alarmmeldungen an das Output-Plugin, sobald es HTTP-Datenverkehr mit kodierten ASCII-Zeichen erkennt. Beispiele dafür sind %2f (entspricht „/") oder %2e (entspricht „."). Sie sollten diesen Parameter jedoch nicht verwenden, da diese ASCII-Kodierung weit verbreitet und die Wahrscheinlichkeit für False Positives zu hoch ist.

utf_8 <yes|no>

weist **http_inspect** an, Alarmmeldungen an das Output-Plugin zu senden, sobald utf8-kodierter HTTP-Datenverkehr entdeckt wird. Der Apache-Webserver benutzt diese Kodierung der URI, so dass dieser Parameter ebenfalls wenig sinnvoll einzusetzen ist.

u_encode <yes|no>

Der Microsoft IIS-Server verwendet dieses Kodierungsschema. Die Einstellung **yes** generiert Alarmmeldungen, sobald Datenverkehr mit diesem Kodierungsschema entdeckt wird. Um den Datenverkehr zu normalisieren, wird die durch den Parameter **iis_unicode_map** angegebene Codemap verwendet.

Diese Option sollten Sie verwenden, da es unseres Wissens keinen Client gibt, der dieses Kodierungsschema benutzt. Sobald Datenverkehr dieser Art auftaucht, müssen Sie zunächst einmal davon ausgehen, dass sich ein potenzieller Angreifer mit Hilfe dieses Kodierungsschemas tarnen will.

bare_byte <yes|no>

> Der IIS-Server benutzt das bare_byte-Kodierungsschema, um Nicht-ASCII-Zeichen in UTF-8 zu kodieren. Dies ist allerdings kein HTTP-Standard. Normalerweise werden alle Nicht-ASCII-Zeichen mit einem Prozentzeichen kodiert. **yes** generiert Alarmmeldungen, sobald Datenverkehr mit dem bare_byte-Kodierungsschema entdeckt wird.
>
> Diese Option sollten Sie verwenden, da es unseres Wissens keinen Client gibt, der dieses Kodierungsschema benutzt. Sobald Datenverkehr dieser Art auftaucht, müssen Sie zunächst einmal davon ausgehen, dass sich ein potenzieller Angreifer mit Hilfe dieses Kodierungsschemas tarnen will.

base36 <yes|no>

> Mit diesem Parameter kann **http_inspect** angewiesen werden, Alarmmeldungen an das Output-Plugin zu senden, sobald base36-kodierter HTTP-Datenverkehr entdeckt wird. Uns sind keine Server bekannt, die dieses Kodierungsschema verwenden. (Einige asiatische Windows-Versionen benutzen dieses Schema.)

iis_unicode <yes|no>

> Verwenden Sie diesen Parameter bei IIS-Servern, um Alarmmeldungen zu generieren, sobald Nicht-ASCII-Zeichen entdeckt werden, die IIS-Server als gültige Zeichen akzeptieren. **http_inspect** wandelt bei Verwendung dieses Parameters die Nicht-ASCII Zeichen in UTF-8 um.

double_decode <yes|no>

> Auch dieser Parameter ist IIS-spezifisch und erzeugt Alarmmeldungen, sobald HTTP-Datenverkehr mit double-kodierten-Daten entdeckt wird.

non_rfc_char { <byte> <byte> ... }

> Wird eines der hier angegebenen (nicht RFC-konformen) Zeichen im HTTP-Request entdeckt, geht eine Alarmmeldung an das Output-Plugin.

multi_slash <yes|no>

> **yes** generiert Alarmmeldungen bei mehreren aufeinanderfolgenden Slashes, zum Beispiel bei **////index.html**.

iis_backslash <yes|no>

> **yes** hat Alarmmeldungen zur Folge, sobald ein Backslash im HTTP-Request entdeckt wird, den lediglich der IIS-Server akzeptiert.

directory <yes|no>

> **yes** hat Alarmmeldungen zur Folge, sobald eine „merkwürdige" URL entdeckt wird, zum Beispiel **/scripts/test_dir/../index.html** oder **/scripts/./index.html**, denn das kann auf sog. *Directory Traversals* hindeuten, mit denen jemand auf Dateien außerhalb des Webverzeichnisses zuzugreifen versucht.

apache_whitespace <yes|no>

Der Apache-Webserver akzeptiert Tabulatoren anstelle von Leerzeichen. Wird dieser Parameter auf **yes** gesetzt, werden Alarmmeldungen erzeugt, sobald HTTP-Datenverkehr mit diesem Merkmal entdeckt wird. Dabei können unter Umständen sehr viele False Positives erzeugt werden.

iis_delimiter <yes|no>

yes generiert Alarmmeldungen, sobald ein ungewöhnlicher Begrenzer (*Delimiter*) bei Client-Anfragen benutzt wird. Der normale Begrenzer ist „\n \r" (alias CR + LF), allerdings akzeptieren sowohl der Apache als auch der IIS-Webserver „\n". Da alle verbreiteten Clients den normalen Umbruch benutzen, kann durch diesen Parameter ein Alarm ausgelöst werden, wenn sich ein Client merkwürdigerweise anders verhält.

chunk_length <Ganzzahl> mit <Ganzzahl> > 0

spürt sog. „chunk-kodierte" Pakete auf, die zu groß sind und einen bekannten Apache-Bug älterer Versionen ausnutzen sollen („Apache chunk encoding exploit").

no_pipeline_req

schaltet die Dekodierung von Requests in einer HTTP-Pipeline aus, wenn also mehrere HTTP-Requests nacheinander in einer TCP-Verbindung an den Server gerichtet werden; normalerweise durchsucht der **http_inspect**-Preprozessor Pipeline-Anfragen nach möglichen Angriffen. Wird dieses Verhalten abgeschaltet, kann ein möglicher Angriff nur noch durch Signaturen entdeckt werden.

non_strict

Mit diesem Parameter werden URIs so dekodiert, wie dies der Apache-Webserver bei ungültigen URIs mit Leerzeichen tut, und er sollte nur benutzt werden, wenn der zu überwachende Webserver URIs wie zum Beispiel **GET /index.html weiterertext** als gültige URI akzeptiert. Bei Benutzung dieses Parameters geht Snort davon aus, dass sich die URI nur zwischen dem ersten und zweiten Leerzeichen befindet – in unserem Falle also nur **/index.html**, der Rest wird bei der Analyse ignoriert.

allow_proxy_use

nur in Verbindung mit dem globalen Parameter **proxy_alert** möglich (Seite 132); ist **proxy_alert** global aktiviert, wird bei von einem Proxy kommenden HTTP-Request Alarm erzeugt.

Über **allow_proxy_use** bei der serverspezifischen Konfiguration werden keine Alarmmeldungen generiert. Da der Zugriff auf einen Webserver über Proxies durchaus sinnvoll und üblich ist, sollten Sie diesen Parameter setzen.

no_alerts

> schaltet alle Alarmmeldungen des **http_inspect**-Preprozessors ab; Signaturen, die nach HTTP-Eigenschaften suchen, sind davon nicht betroffen. Diese werden anschließend ja von der normalen Regelerkennung aufgerufen.

oversize_dir_length <Ganzzahl> mit <Ganzzahl> > 0

> bestimmt die maximale Länge der Verzeichnisangabe in einer URL; längere URLs lösen einen Alarm aus.

inspect_uri_only

> Dieser Parameter dient der Geschwindigkeitsoptimierung. Ist er aktiv, werden lediglich die URI einer HTTP-Anfrage durchsucht und Regeln mit dem Schlüsselwort **uricontent** herangezogen, was die Prüfarbeit ganz erheblich minimiert, aber gewisse Angriffe auch nicht mehr erkennen kann.
>
> Wichtig ist die Erkenntnis, dass in diesem Fall der Preprozessor *ausschließlich* uricontent-Regeln benutzt. Haben Sie eine allgemeine **content**-Regel definiert, würde eine HTTP-Anfrage nach **GET /einbruch.exe** hier keinen Alert mehr auslösen!

```
alert tcp any any -> any 80 (msg:"content Regel"; \
                    content:"einbruch";)
```

Hier nun einige Beispiele für die Konfiguration des Preprozessors. Die Backslashes weisen lediglich den Parser von Snort an, den angegebenen Block als eine Zeile zu interpretieren. Auf diese Weise lässt sich die Übersichtlichkeit der Konfiguration deutlich erhöhen.

Eine Standardkonfiguration für alle Server könnte wie folgt aussehen:

```
preprocessor http_inspect: global \
    iis_unicode_map unicode.map \
    codemap 1250 \
    detect_anomalous_servers

preprocessor http_inspect_server: server default \
    profile all \
    ports { 80 8080 } \
    flow_depth 300
```

Darauf könnte eine spezielle Konfiguration für den Server **192.168.1.70** (IIS) und **192.168.1.80** (Apache) aufsetzen. Wird Apache oder IIS verwendet, so können Sie die bereits vordefinierten Profile verwenden:

IIS-Webserver:

```
preprocessor http_inspect_server: server 192.168.1.70 \
    profile iis \
    iis_unicode_map unicode-iis-server.map 1250 \
    ports { 80 8080 90 }
```

Apache-Webserver:

```
preprocessor http_inspect_server: server 192.168.1.80 \
    profile apache \
    ports { 80 8080 9090 }
```

7.4.6 rpc_decode

Dieser Preprozessor arbeitet ähnlich wie **http_inspect**, allerdings wird hier das RPC-Protokoll normalisiert (*Remote Procedure Call*). Dieser Preprozessor ist nur sinnvoll, wenn im zu überwachenden Netzwerk ein RPC-Server läuft. Unter Unix sind das zum Beispiel **rpcbind** oder **portmap** für die Dienste NIS oder NFS.

Unter Windows läuft der RCP-Portmapper auf Port **135**. Programme wie DHCP-Manager, WINS-Manager und einige weitere werden über RPC benutzt. Im RPC-Dienst von Windows gibt es immer wieder Schwachstellen, die von Würmern ausgenutzt werden.

Der **rpc_decode**-Preprozessor setzt fragmentierte RPC-Anfragen zu einem unfragmentierten Paket zusammen, das an die Detection-Engine weitergeleitet wird.

Die folgenden Parameter stehen zur Verfügung:

ports <Port Port Port ...>
> Dieser Parameter ist bei der Benutzung des Preprozessors Pflicht; die zu berücksichtigenden Ports müssen Sie durch Leerzeichen trennen. Nur diese Ports werden dann von **rpc_decode** nach RPC-Datenverkehr untersucht – Standardports sind **111** und **32771**. Wenn Sie Microsoft-Produkte verwenden, so müssen Sie den Port **135** hinzufügen.

alert_fragments
> generiert eine Alarmmeldung bei einer fragmentierten RPC-Anfrage; da das im Alltag vorkommen kann, sollten Sie diese Funktion nicht nutzen.

no_alert_multiple_requests
> *kein* Alarm bei mehreren RPC-Anfragen in einem Paket

no_alert_large_fragments
> *kein* Alarm, wenn die Summe fragmentierter Pakete einer RPC-Anfrage die zulässige Paketgröße überschreitet

no_alert_incomplete
> *kein* Alarm, wenn eine unvollständige RPC-Anfrage von **rcp-decode** entdeckt wird

7.4.7 bo

Dieser Preprozessor wurde entwickelt, um *Back Orifice* zu entdecken, einen Trojaner für Windows, der dem Angreifer vollen Zugriff auf das System ermöglicht.

Der ursprüngliche Trojaner, entwickelt von eine Hackergruppe namens „Cult Of The
Dead Cow", existiert mittlerweile in verschiedenen Versionen, die aber alle nach
dem Client-Server-Prinzip arbeiten. Der Server, der eigentliche Trojaner, existiert
nur für Windowssysteme, der Client auch für andere Betriebssysteme.

Der Preprozessor hält nun nach UDP-Paketen dieses Trojaners Ausschau und erkennt darin enthaltene Befehle. **bo** stehen keine Parameter zur Verfügung.

7.4.8 telnet_decode

Auch mit dem Preprozessor **telnet_decode** wird Datenverkehr dekodiert, vorrangig
Telnet- und FTP-Verbindungen. Hier normalisiert der Preprozessor die ankommenden Daten, damit die Detection-Engine diese auswerten kann.

Der Preprozessor **telnet_decode** besitzt als Parameter lediglich eine Liste der zu
überwachenden Ports:

```
preprocessor telnet_decode: 21 23 25 119
```

7.4.9 flow-portscan

Der Preprozessor **flow-portscan** ist die dritte Version der Portscan-Erkennung unter
Snort – seine Vorgänger waren die Preprozessoren **portscan** und **portscan2**. **flow-
portscan** baut auf dem Preprozessor **flow** auf, der darum ebenfalls geladen sein
muss.

Das Besondere an **flow-portscan** ist, dass er die Portscans im Rahmen einer Anomaly Detection erkennt. Während einer Lernzeit, die per Default bei einer Stunde
liegt, sammelt er Informationen über die üblicherweise ablaufenden Netzwerkverbindungen und versucht die beteiligten Hosts in *Talker* (entspricht den Servern
im Netz) und *Scanner* (entspricht allen Clients und damit potenziellen Angreifern)
einzuteilen. Durch den **flow**-Preprozessor werden die Verbindungen erfasst, gesich-
tet und sortiert. So ermittelt das Modul, welche Ports auf den Talkern (Servern) mit
Diensten versehen sind und wie häufig sie von welchen Clients (Scannern) kontak-
tiert werden.

Verbindungen zu neuen oder nur sehr seltenen Ports werden erfasst und mit einem
Punktewert dem jeweiligen Scanner zugerechnet. Überschreitet ein Scanner durch
seine gesammelten Punkte einen absoluten Wert (*Fixed Threshold*) bzw. einen bestimmten dynamischen Wert in einem bestimmten Zeitraum (*Sliding Threshold*),
wird dies als Portscan gewertet und ein Alert ausgelöst.

Zugleich wird dafür gesorgt, dass Verbindungen zu den hoch frequentierten und gelernten Ports auf den Talkern nicht in diese Berechnung mit eingehen, was die Wahrscheinlichkeit möglicher Fehlalarme reduziert.

Folgende Parameter stehen zur Verfügung:

scoreboard-rows-scanner <count>
scoreboard-rows-talker <count>
    Einträge pro Scanner-/Talker-Table

scoreboard-memcap-scanner <bytes>
scoreboard-memcap-talker <bytes>
    Bytes pro Scanner-Talker-Table

scanner-fixed-threshold <integer>
talker-fixed-threshold <integer>
    Anzahl der Scanner-/Talker-Punkte, ab der ein Alert ausgelöst wird

scanner-sliding-threshold <integer>
talker-sliding-threshold <integer>
    Anzahl der Scanner-/Talker-Punkte in einem bestimmten Zeitraum, ab der ein Alert ausgelöst wird

scanner-fixed-window <integer>
talker-fixed-window <integer>
    Anzahl der Sekunden, nach der die absoluten Punkte eines Scanners/Talkers zurückgesetzt werden

scanner-sliding-window <integer>
talker-sliding-window <integer>
    Anzahl der Sekunden, nach der die dynamischen Punkte eines Scanners/ Talkers zurückgesetzt werden

scanner-sliding-scale-factor <float>
talker-sliding-scale-factor <float>
    Faktor, um den der Beobachtungszeitraum eines Scanners/Talkers verlängert wird, wenn er weitere Punkte sammelt

unique-memcap <bytes>
unique-rows <integer>
    Bytes/Anzahl der Einträge zur Analyse, ob eine Verbindung neu ist oder nicht

server-memcap <bytes>
server-rows <integer>
    Bytes/Anzahl der Einträge zum Lernen, welche Server was anbieten

server-watchnet <ip list in snort notation>
> IP-Nummern/Subnetze mit vorgegebenen Servern (hilft dem Preprozessor alles zu erlernen); sollte auf $HOME_NET verweisen.

src-ignore-net <ip list in snort notation>
> Liste von Source-IP-Nummern, die ignoriert werden sollen

dst-ignore-net <ip list in snort notation>
> Liste von Ziel-IP-Nummern, die ignoriert werden sollen

tcp-penalties <on|off>
> vergibt zusätzliche Punkte, wenn beobachtete Verbindungen ungewöhnliche/unzulässige TCP-Flags aufweisen (die typisch für einen Scan sind):
> SYN oder SYN + ECN-Bits: 1 Punkt (normal)
> SYN + FIN + TH_ACK-Bits: 5 Punkte
> SYN + FIN und alles ohne ACK-Bit: 3 Punkte
> übrige Kombinationen: 2 Punkte

server-learning-time <seconds>
> Anzahl der Sekunden, in denen der Preprozessor Verbindungen lernen soll

server-ignore-limit <hit count>
> Anzahl der Verbindungen, nach denen ein Port eines Talkers nicht mehr in die Scan-Beobachtung eingeht: 100.000 Connects an Port 80 eines Talkers deuten darauf hin, dass Port 80 nicht gescannt wird, sondern dass dort ein Webserver korrekt arbeitet.

server-scanner-limit <hit count>
> Anzahl der Verbindungen an einen Port während der Lernzeit, ab der der Host dann als Talker und nicht als Scanner betrachtet wird.

alert-mode <once|all>
> alarmiert einmal pro Scan bzw. bei jedem Überschreiten eines Grenzwerts durch einen Scan; selbstverständlich werden bei once verschiedene Scans jeweils einzeln gemeldet.

output-mode <msg|pktkludge>
> msg definiert freien Text sowie den Score-Wert für den Alert; pktkludge generiert ein Fake-Paket, das später durch die Snort-Regeln einen Alert auslösen wird.

dumpall 1
> gibt beim Beenden von Snort einen Dump aller gelernten Daten aus – nützlich zur Fehleranalyse oder einfach nur um zu sehen, was der Preprozessor gelernt hat

Eine sinnvolle Konfiguration enthält natürlich nicht alle Werte; ist ein Wert nicht angegeben, gilt der Default. Wenn Sie Ihre IP-Nummern einsetzen, können Sie das Folgende als sinnvolle Musterkonfiguration benutzen:

```
preprocessor flow-portscan: \
server-watchnet [192.168.0.0/16] \
unique-memcap 5000000 \
unique-rows 50000 \
tcp-penalties on \
server-scanner-limit 50 \
alert-mode all \
output-mode msg \
server-learning-time 3600
```

7.4.10   arpspoof

Der arpspoof-Preprozessor ist für die Überwachung der ARP-Anfragen im überwachten Netzwerk verantwortlich. Auf der Basis des ARP-Protokolls werden Anfragen in einem Netzsegment gestellt, um eine Verbindung zwischen einer IP-Adresse und der Hardware-Adresse (MAC Adresse) der zugehörigen Netzwerkkarte herzustellen. Jeder Rechner hat eine eigene ARP-Tabelle, in der die Verknüpfung zwischen MAC- und IP-Adresse erfolgt. Nun ist es für Angreifer, die sich bereits im Netzsegment befinden, möglich, die ARP-Tabelle von beliebigen Rechnern zu manipulieren. Dies würde bedeuten, dass einer IP-Adresse eine falsche MAC-Adresse zugewiesen werden kann.

Der Preprozessor **arpspoof** ist dafür verantwortlich, die ARP-Anfragen des zu überwachenden Netzwerks zu kontrollieren und bei ungültigen Antworten auf eine ARP-Anfrage eine Alarmmeldung zu generieren. Dazu muss dem Preprozessor lediglich eine IP-Adresse sowie die zugehörige MAC-Adresse mitgeteilt werden.

```
preprocessor arpspoof
preprocessor arpspoof_detect_host: 192.168.1.1 f0:ef:a0:f0:0f:00
preprocessor arpspoof_detect_host: 192.168.100.10 a0:ef:a0:a0:e0:05
preprocessor arpspoof_detect_host: 192.168.200.40 f0:e1:a0:f0:0a:48
```

7.4.11   perfmonitor

Dieser Preprozessor wurde entwickelt, um die (theoretische) maximale Performance von Snort zu messen und um einige Statistiken zu erstellen. Er dient also lediglich der Analyse von Snort selbst und hat keinerlei Bedeutung bei der Erkennung von Angriffen.

Denoch kann er wertvolle Informationen über den Snort-Prozess liefern. Es sollte immer wieder einmal überprüft werden, ob Snort korrekt arbeitet und alle Daten erfassen kann.

Folgende Parameter stehen zur Verfügung:

console

> weist den Preprozessor an, die Statistiken auf der Konsole auszugeben; läuft Snort im Daemon-Modus (mit dem Parameter -D gestartet), schreibt **perfmonitor** die Ausgabe nach **/var/log/messages**.

file <Pfad/Dateiname>

> gibt den Pfad zu der Datei an, in die die Statistiken geschrieben werden; die einzelnen Statistikwerte sind durch Kommata getrennt.[5]

events

> aktiviert Statistiken zu den Signaturen, um mögliche Probleme zu erkennen; die Events sind unterteilt in *non-qualified* (Paket trifft auf Regel-Header zu) und *qualified* (Paket trifft auf Regel-Body zu).

flow

> aktiviert Statistiken zum ausgewerteten Datenverkehr, z. B. zur Verteilung der einzelnen Protokolle; Vorsicht: Die Ausgabe kann unter Umständen sehr lang werden.

max

> bestimmt die theoretische maximale Performanz von Snort anhand der Prozessorgeschwindigkeit und der aktuellen Performance; der Parameter hat allerdings nur bei Mehrprozessor-Systemen eine Bedeutung.

pktcnt <Ganzzahl>

> gibt die Paketanzahl an, nach der jeweils eine Statistik durch den Perfmonitor ausgegeben wird

time <Sekunden>

> gibt an, nach wie vielen Sekunden jeweils eine Statistik ausgegeben werden soll; in Kombination mit dem Parameter **pktcnt** werden Statistiken erzeugt, wenn entweder die angegebene Zeit oder die angegebene Paketanzahl erreicht ist.

Die Ausgabe auf der Konsole (oder in der Logdatei **/var/log/messages**) ist wesentlich umfangreicher als die normale Ausgabe, mit der sich Snort beendet. Eine Ausgabe durch den Preprozessor **perfmonitor** sieht so aus:

---

[5] Die einzelnen Werte in ihrer Reihenfolge: packets received, packets dropped, % packets dropped, Packets Received, Kpackets per second, Average bytes per packets, Mbits per second (wire), Mbits per second (rebuilt), Mbits per second (total), Pattern Matching percent [the average percent of data received that snort processes in pattern matching], CPU usage (user time) (system time) (idle time), Alerts per second, SYN packets per second, SYN/ACK packet per second, New sessions per second, Deleted sessions per second, Total Sessions, Max Sessions during time interval, Stream Flushes per second, Stream Faults per second, Stream Timeouts, Frag Completes per second, Frag Inserts per second, Frag Deletes per second, Frag Flushes per second, Frag Timeouts, Frag Faults

```
Realtime Performance  : Fri Jun  4 22:51:46 2004
-------------------------
Pkts Recv:    57240
Pkts Drop:    170
% Dropped:    0.30%
KPkts/Sec:    0.09
Bytes/Pkt:    597
Mbits/Sec:    0.39 (wire)
Mbits/Sec:    0.04 (rebuilt)
Mbits/Sec:    0.43 (total)
PatMatch:     35.58%
CPU Usage:    0.53% (user)  0.23% (sys)  99.24% (idle)
Alerts/Sec      :  0.0
Syns/Sec        :  2.3
Syn-Acks/Sec    :  2.1
New Sessions/Sec:  2.4
Del Sessions/Sec:  2.3
Total Sessions  :  66
Max Sessions    :  176
Stream Flushes/Sec :  5.1
Stream Faults/Sec  :  0
Stream Timeouts    :  20
Frag Completes()s/Sec:  0.0
Frag Inserts()s/Sec  :  0.0
Frag Deletes/Sec     :  0.0
Frag Flushes/Sec     :  0.0
Frag Timeouts        :  0
Frag Faults          :  0

Setwise Event Stats
-------------------------
Total Events:         157750
Qualified Events:     32
Non-Qualified Events: 157718
%Qualified Events:    0.0203%
%Non-Qualified Events: 99.9797%
```

7.5 Weitere Output-Plugins für Snort

Die Output-Plugins ermöglichen die flexible Ausgabe der Alert-Meldungen. Wie immer sind die dafür notwendigen – und hier gezeigten – Einstellungen einfach in snort.conf einzutragen.

alert_fast

Dieses Plugin ist eine einfache und schnelle Möglichkeit, Alarmmeldungen in eine Datei zu schreiben. Jede Zeile entspricht einer Meldung, allerdings werden keine

Paket-Header in diese Datei geschrieben. Das Output-Plugin hat lediglich einen Parameter: den Dateinamen.

```
alert_fast: /var/log/snort/alert_fast.snort
```

alert_full

Bei dieser Output-Methode schreibt Snort alle Alarmmeldungen mit Paket-Header. Dafür wird für jede vorkommende IP-Adresse ein eigenes Verzeichnis angelegt, in das die Verbindungsdaten gespeichert werden.

Diese Output-Methode ist langsam und sollte nur in Netzwerken verwendet werden, in denen sehr wenig Datenverkehr von Snort gemeldet werden muss.

```
alert_full: /var/log/snort/alert_full.snort
```

alert_unixsock

Mit diesem Output-Modus wird ein Unix-Domain-Socket erzeugt, an den die Alarmmeldungen ausgegeben werden. Andere Programme haben dann die Möglichkeit, mit Hilfe dieses Socket die Meldungen einzulesen und weiterzuverarbeiten. Unter Windows steht dieses Output-Plugin nicht zur Verfügung.

```
alert_unixsock
```

alert_syslog

Mit diesem Plugin werden die Alarmmeldungen an den **syslog**-Daemon gesendet. Mit Hilfe des **syslog-ng**-Daemon kann später die Echtzeitalarmierung für die Alarmmeldungen von Snort aktiviert werden – wir nutzen dieses Plugin für die Musterlösung dieses Buches.

Für dieses Plugin stehen drei Parameter zur Auswahl.

facility („Log-Kanäle")
> stellt die Syslog-Facility ein, an die geloggt werden soll: **mail**, **auth**, **kern**, **daemon** und andere; **local0** bis **local7** sind nicht benutzte Facilities, die wir für Snort wählen sollten. Dem Namen der Syslog-Facility wird jeweils ein „LOG_" vorangestellt, also „LOG_LOCAL7", „LOG_AUTH" o. Ä.

priority (Priorität)
> gibt die zu benutzende **syslog**-Priorität an; auch hier wird wieder „LOG_" vorangestellt. Mögliche Werte sind LOG_EMERG, LOG_ALERT, LOG_CRIT, LOG_ERR, LOG_WARNING, LOG_NOTICE, LOG_INFO und LOG_DEBUG.

options (Optionen)

> Mögliche weitere Optionen sind LOG_CONS, LOG_NDELAY, LOG_PERROR und LOG_PID.
>
> Die Option **LOG_CONS** weist Snort an, die Ausgabe direkt auf die Konsole zu schreiben, falls das Ziel (in unserem Fall der Log-Host) nicht erreichbar ist.
>
> **LOG_NDELAY** baut die Verbinung zum Log-Host direkt auf (normalerweise wird die Verbindung erst bei der ersten Logmeldung aufgebaut).
>
> **LOG_PERROR** weist Snort an, bei einem Fehler mit **syslog** diesen ebenfalls an die Standardfehlerausgabe zu senden (**STDERR**). **LOG_PID** speichert die Prozess-ID mit jeder Logmeldung.

Um dieses Output-Plugin nach **local7.alert** melden zu lassen, müssen Sie Folgendes einbinden:

```
alert_syslog: LOG_LOCAL7 LOG_ALERT
```

log_tcpdump

Mit diesem Output-Plugin werden die von Snort generierten Daten in einer Datei im **tcpdump**-Format zur späteren Auswertung durch Programme wie z. B. Ethereal[6] gespeichert. Geben Sie als Option die Logdatei an:

```
output log_tcpdump: tcpdump.log
```

database

Auch das Speichern in einer Datenbank ist möglich. Unterstützt werden MySQL[7], PostgreSQL[8], unixODBC[9], Oracle[10] sowie MSSQL[11].

Für dieses Output-Plugin stehen folgende Parameter zur Verfügung:

<log | alert>

> bestimmt die Ausführlichkeit, mit der die Ausgabe für das Datenbank-Plugin erfolgt; in den meisten Fällen wird man hier **log** wählen, denn dann werden alle Meldungen in der Datenbank gespeichert, die von Regeln mit der Aktion **log** oder **alert** ausgelöst wurden.

[6] http://www.ethereal.com
[7] http://www.mysql.com
[8] http://www.postgresql.org
[9] http://www.unixodbc.org
[10] http://www.oracle.com
[11] http://www.microsoft.com

Eine Regel mit der Aktion **alert** erzeugt automatisch auch einen Log-Eintrag, während eine Regel mit der Aktion **log** keinen Alarm speichert. Wird hier also **alert** ausgewählt, werden keine **log**-Meldungen gespeichert.

< mysql | postresql | odbc | mssql | oracle >
gibt den Datenbanktyp an – eine der möglichen Optionen muss genannt sein

<dbname=Datenbankname>
gibt den Namen der Datenbank an

<host=Host>
gibt den Host der Datenbank an

<port=Port>
gibt den Port der Datenbank an

<user=Benutzer>
gibt den Datenbankbenutzer an, der Lese- und Schreibrechte an der Snort-Datenbank haben muss

<password=Passwort>
gibt das Passwort an

<sensor_name=Sensorname>
stellt einen Namen ein, der in die Logmeldung übernommen und später bei der Auswertung von ACID mit angezeigt wird; erfolgt hier keine Angabe, wird der Name des Interface benutzt, von dem das Paket mit der Alarmmeldung kam.

<detail=fast|full>
Wird **fast** gewählt, werden nur wenige Daten an die Datenbank gesendet: Ein Zeitstempel, Quell- und Ziel-IP, Quell- und Zielport, TCP-Flags und das Protokoll.

Beim Default-Wert **full** werden alle Details eines Pakets inklusive Nutzdaten gespeichert.

```
output database: log, mysql, dbname=snort user=snortuser \
                 host=localhost password=xyz
```

alert_csv

Das CSV-Output-Plugin kann genutzt werden, um spezielle Informationen einer Alarmmeldung kommasepariert in eine Datei auszugeben.

Um zu bestimmen, welche Informationen in der Datei gespeichert werden, können Sie die einzelnen Feldnamen, durch Kommata getrennt, angeben. Mögliche Feldnamen sind: **timestamp, sig_generator, sig_id, sig_rev, msg, proto, src, srcport, dst,** dstport, ethsrc, ethdst, ethlen tcpflags, tcpseq, tcpack, tcpln, tcpwindow, ttl, tos, id, dgmlen, iplen, icmptype, icmpcode, icmpid und icmpseq.

```
output alert_csv: csv-Datei timestamp,sig_generator,sig_id,msg
```

unified

Dieses Output-Plugin ist die schnellste Methode, Alarmmeldungen von Snort zu speichern; es wird auch von uns in der Musterlösung genutzt. Die Meldungen werden in zwei Dateien im **unified**-Format gespeichert. Die erste Datei sammelt die Alarmmeldungen und nur wenige Eckdaten; in der zweiten Datei werden alle Informationen des Pakets, das den Alarm ausgelöst hat, gespeichert.

Beiden Dateien wird ein Zeitstempel an den Dateinamen angehängt. Die Benutzung ist sehr einfach:

```
output alert_unified: /var/log/snort/snort.alert limit 128
output log_unified: /var/log/snort/snort.log limit 128
```

Der Parameter **limit 128** gibt die maximale Dateigröße in MByte an. Überschreitet die Datei diese Größe, wird sie geschlossen und eine neue Datei mit neuem Zeitstempel geöffnet.

Dieses Output-Plugin sollte wann immer möglich benutzt werden, da die Daten sehr schnell geschrieben werden und die Wahrscheinlichkeit für Paketverluste bei Snort sehr gering ist. Zudem lassen sich diese Daten später einfach mit Barnyard weiterverarbeiten, das die gleichen Output-Plugins zur Verfügung stellt wie Snort.

7.6 Thresholding mit der Konfigurationsdatei threshold.conf

Das so genannte *Thresholding* verhindert, dass eine bestimmte Alarmmeldung innerhalb eines bestimmten Zeitraums hundert- oder tausendfach geloggt wird, da sonst die Alarmmeldung selbst zum Denial-of-Service führen kann.

Der Einsatz von Thresholding ist dann sinnvoll, wenn eine Alarmmeldung sehr häufig in Ihrem Netzwerk auftritt, Sie diese aber nicht entfernen wollen, oder wenn Sie von einer Quelle oder einem Ziel Alarm-Flooding verhindern wollen. In beiden Fällen kann Thresholding global oder Regel-, Quell/Ziel-spezifisch benutzt werden.

Das klingt komplizierter, als es ist. Schauen wir uns zunächst die Informationen in einer Alarmmeldung an und beleuchten dann die einzelnen Möglichkeiten des Thresholding Schritt für Schritt:

7.6.1 Die Informationen einer Alarmmeldung

Jede Alarmmeldung verfügt über bestimmte Eigenschaften, die das Thresholding nutzt. Diese sind:

gen-id (Generator-ID)
> Jede Alarmmeldung besitzt eine Generator-ID, die den sog. *Generator* identifiziert. So hat zum Beispiel die Regel-Engine von Snort die ID 1. Auch die Preprozessoren haben jeweils eine eindeutige **gen-id**. Eine Liste finden Sie in der Datei **gen-msg.map** unter **/etc/snort/** (bei manchen Distributionen auch unter **/etc/snort/rules/**). In dieser Datei sind auch die Alarmmeldungen, die die einzelnen Generatoren erzeugen können, nachzulesen.

sig-id oder sid (Signatur-ID)
> Jeder Generator kann verschiedene Alarmmeldungen erzeugen; um sie zu unterscheiden, wird die Signatur-ID (**sig-id** oder auch **sid**) benötigt. Eine Liste mit allen Signatur-IDs ist in der Datei **sid-msg.map** enthalten.
>
> Bei den Preprozessoren sind die **sig-id**s im Quellcode des jeweiligen Preprozessors definiert, da ein Preprozessor üblicherweise nicht in seinem Funktionsumfang erweitert werden und somit keine neuen Alarmmeldungen erzeugen kann.

Quelladresse und Zieladresse
> Jede Alarmmeldung hat eine Quelladresse (von der die Daten, die zum Alarm geführt haben, gesendet wurden) und eine Zieladresse (an die die verdächtigen Daten gesendet wurden).

In einer Alarmmeldung sind noch weitere Angaben gespeichert, allerdings werden diese nicht für das Thresholding benötigt. Eine komplette Alarmmeldung können Sie in der Datei **/var/log/snort/alert** einsehen – Voraussetzung ist natürlich, dass Sie Snort mit dem entsprechenden Output-Plugin gestartet haben und Alarmmeldungen erzeugt wurden.

7.6.2 Der Aufbau einer Threshold-Anweisung

Threshold-Anweisungen folgen einem definierten Aufbau: Nach dem Schlüsselwort **threshold** folgen die sechs Optionen in einer vorgegebenen Reihenfolge: gen_id <Ganzzahl>, sig_id <Ganzzahl>, type <limit|threshold|both>, track <by_src| by_dst>, count <Ganzzahl> und seconds <Ganzzahl>:

Der Aufbau eines solchen Eintrags in **treshold.conf** sieht also so aus:

```
threshold gen_id <Zahl>, sig_id <Zahl>, type limit|threshold|both, \
        track by_src|by_dst, count <Zahl> , seconds <Zahl>
```

- *Alarmmeldungen bestimmter Generatoren beschränken* (gen_id <Zahl>)

  Da jeder Generator eine eigene ID besitzt, können Sie mit Hilfe von Thresholding die Alarmmeldungen eines bestimmten Generators auf einen bestimmten Wert in einem bestimmten Zeitraum einschränken.

  Möchten Sie aber Alarmmeldungen von einem *bestimmten* Generator beschränken, so benutzen Sie einfach dessen **gen-id**; die Option lautet **gen_id** <Ganzzahl>.

  Als Wildcard gilt die Angabe **gen-id 0**. Dann ist die Anzahl der Alarmmeldungen, die von *allen* Generatoren erzeugt werden, auf den entsprechenden Wert limitiert. Im Alltag ist das allerdings wenig sinnvoll.

- *Alarmmeldungen bestimmter Signaturen beschränken*

  Natürlich können Sie auch einzelne Signatur-IDs eines bestimmten Generators auf eine bestimmte Anzahl innerhalb einer bestimmten Zeit beschränken.

  Um Alarmmeldungen der Regel mit der **sig-id 100** zu beschränken, tragen Sie einfach … **gen_id 1, sig_id 100,** … in die **threshold**-Zeile ein, denn die Generator-ID 1 steht für die normale Regel-Erkennung von Snort.

  Auch hier steht natürlich wieder 0 als Wildcard zur Verfügung. Möchten Sie zum Beispiel alle Alarmmeldungen der Generator-ID 101 beschränken, tragen Sie … **gen_id 101, sig_id 0,** … ein.

- *Alarmmeldungen einer Quelle bzw. eines Ziels beschränken* (track by_src|by_dst)

  Wenn Sie die Zahl der Alert-Meldungen limitieren wollen, können Sie nach der Anzahl pro Ziel oder nach der Anzahl pro Quelle unterscheiden. Üblicherweise ist die Limitierung pro Quell-IP sinnvoller, denn nur so wird ein zweiter, parallel laufender Angriff eines anderen Host auch tatsächlich noch sicher gemeldet, während der erste Angriff aufgrund der hohen Anzahl irgendwann ignoriert wird.

  Dabei wird normalerweise für jede einzelne Meldung separat gezählt, so dass eine neue Alert-Meldung einer Quell-IP auch dann noch geloggt wird, wenn ein anderer Alert-Typ dieser Quell-IP bereits ihr Maximum erreicht hat.

  Wenn Sie als **gen-id** und als **sig-id** jeweils 0 wählen, können Sie die Gesamtanzahl der Meldungen pro Quelle/Ziel limitieren, ohne nach dem Typ der Alert-Meldung zu unterscheiden.

- *Die Limitierung festlegen*

  Es gibt mehrere Möglichkeiten festzulegen, ab wann eine Meldung unterdrückt werden soll. Grundsätzlich geben wir dazu die Art der Limitierung (**type**), den Zähler (**count**) und die Zeitspanne (**seconds**) an:

type limit

limit beschränkt in einem bestimmten Zeitintervall die Anzahl von Alarmmeldungen. Das Zeitintervall wird mit **seconds** bestimmt, die Anzahl mit
count. In Kombination mit der Angabe einer **gen-id** und einer **sig-id** lassen sich sehr genaue Angaben zum Thresholding machen.

Ein Beispiel in der Datei **threshold.conf** sieht dann wie folgt aus:

```
threshold gen_id 101, sig_id 0, type limit, track by_src, \
        count 1, seconds 60
```

Der Generator mit der **gen-id** 101 kann in 60 Sekunden nur eine Alarmmeldung auslösen, die von einer beliebigen Quelladresse erzeugt wurde.

Ein weiteres Beispiel für den Typ **limit**:

```
threshold gen_id 1, sig_id 143, type limit, track by_src, \
        count 10, seconds 300
```

Hier können von einer beliebigen Quelladresse maximal 10 Alarmmeldungen mit der **gen-id** 1 und der **sig-id** 143 in 5 Minuten erzeugt werden.

type threshold

Der Typ **threshold** bewirkt, dass nur bei jedem x-ten Auftreten eines Alarms
in einem bestimmten Zeitintervall auch wirklich ein Alarm an das Output-
Plugin gesendet wird.

Ein Beispiel: Es gibt eine Signatur, die innerhalb einer großen Zeitspanne häufig auftritt, beispielsweise ein fehlgeschlagener Login. Sie möchten
aber lediglich informiert werden, wenn diese Alarmmeldung innerhalb einer kurzen Zeitspanne häufig auftritt, wenn also jemand versucht, automatisch ein Passwort zu knacken.

Sie definieren dazu eine Regel, die bei einem fehlgeschlagenen Login einen
Alarm auslöst, und setzen dabei Thresholding ein:

```
threshold gen_id 1, sig_id 1684, type threshold, track by_src, \
        count 5, seconds 60
```

Die Signatur 1684 wird nur einen Alarm an das Output-Plugin senden,
wenn sie innerhalb von 60 Sekunden fünfmal ausgelöst wurde; zehn Aus-
löser innerhalb von 60 Sekunden würden zwei Alarmmeldungen nach sich
ziehen. Wäre diese Signatur die Prüfung eines fehlgeschlagenen Login,
würde bei einem einmaligen Tippfehler bei der Passwort-Eingabe keine
Meldung erzeugt. Sollten allerdings in sehr kurzem Abstand sehr viele Passwörter ausprobiert werden – wie bei einem Angriff –, so erhalten Sie mehrere Alarmmeldungen und können entsprechend reagieren. Wenn Sie die
Zahl der Alarmmeldungen mit dem eingestellten Count multiplizieren, erhalten Sie die Anzahl der versuchten Logins.

type both

> Mit **both** werden nun die Typen **limit** und **threshold** kombiniert. Es wird nur *ein* Alarm an das Output-Plugin gesendet, wenn innerhalb einer bestimmten Zeitspanne eine bestimmte Anzahl von Alarmmeldungen vorliegt. Auch hierzu ein Beispiel:

```
threshold gen_id 104, sig_id 2, type both, track by_src, \
        count 5, seconds 60
```

> Mit dieser Anweisung kann die Signatur mit der ID 2 nur einen Alarm innerhalb von 60 Sekunden an das Output-Plugin senden; und dieser eine Alarm wird nur an das Output-Plugin gesendet, wenn die Signatur mindestens 5 Alarmmeldungen auslöst. Werden innerhalb der 60 Sekunden 100 Alarmmeldungen von der Signatur ausgelöst, so erhält das Output-Plugin dennoch nur eine.

7.6.3 Threshold-Anweisung direkt in den Snortregeln

Threshold-Anweisungen können auch direkt in die Regeln eingebunden werden, also direkt in die Dateien *.rules. Die Angabe von Generator- und Signatur-ID ist dann natürlich nicht mehr notwendig.

Ein Beispiel für eine Snort-Regel mit Threshold-Anweisung sieht so aus:

```
alert tcp $EXTERNAL_NET any -> $HTTP_SERVERS $HTTP_PORTS \
    (msg:"WEB-MISC robots.txt access"; flow:to_server, established; \
    uricontent:"/robots.txt"; nocase; reference:nessus,10302; \
    class type:web-application-activity; threshold: type limit, \
    track by_src, count 1 , seconds 60 ; sid:1852; rev:1;)
```

7.6.4 Alarmmeldungen mit suppress unterdrücken

Alarmmeldungen bestimmter IP-Adressen oder Adressbereiche können mit der Option **suppress** komplett ausgeblendet werden. Auch hier kann die Einschränkung durch eine Generator-ID oder eine Signatur-ID erfolgen.

Um zum Beispiel alle Alarmmeldungen der bestimmten Signatur 1740 grundsätzlich zu ignorieren, reicht die folgende Anweisung in der Datei **threshold.conf** aus:

```
suppress gen_id 1, sig_id 1740
```

Um dies nun auf eine IP-Adresse oder einen Adressbereich einzuschränken, kann die Angabe folgendermaßen erweitert werden:

```
suppress gen_id 1, sig_id 1740, track by_dst, ip 10.10.10.0/24
```

Die **suppress**-Direktive kann im Gegensatz zur **threshold**-Direktive nicht in den Regeln selbst verwendet werden.

7.7 Die Datei gen-msg.map

Die Datei **gen-msg.map** wird von Snort selbst nicht benötigt, wohl aber von Barnyard. Die Datei ist in jedem Regelsatz, den Sie von **http://www.snort.org/dl/rules** herunterladen, enthalten. In ihr sind die Alarmmeldungen, die von den Preprozessoren erzeugt werden, mit deren Signatur-ID verknüpft. Zur Erinnerung: Jede Alarmmeldung hat eine Generator-ID sowie eine Signatur-ID, damit eindeutig zurückverfolgt werden kann, welcher Generator welche Alarmmeldung erzeugt hat.

Wenn Sie als Output-Plugin bei Snort das **unified**-Format auswählen, so schreibt Snort alle Alarmmeldungen sehr schnell auf die Festplatte. In diesem Format werden allerdings zu jeder Alarmmeldung nur deren Generator-ID sowie deren Signatur-ID gespeichert, um die Geschwindigkeit des Schreibvorgangs zu optimieren. Werden diese Daten dann mit Hilfe von Barnyard an die Datenbank gesendet, muss eine Verknüpfung zwischen den IDs und der eigentlichen Nachricht hergestellt werden, da sonst in der Datenbank lediglich die einzelnen IDs gespeichert werden, nicht aber die zugehörigen Nachrichten. Ohne die eigentliche Nachricht ist allerdings eine Auswertung nicht sehr aussagekräftig.

Darum verwendet Barnyard die Datei **gen-msg.map**, um nicht nur die IDs, sondern auch die dazu passende Nachricht an die Datenbank zu senden.

Der Aufbau dieser Datei ist sehr einfach. Pro Zeile werden drei Angaben gemacht: Der erste Wert ist die Generator-ID, der zweite die Signatur-ID und der dritte die passende Nachricht.

Als Besonderheit ist der Generator mit der ID 1 zu erwähnen: Dieser entspricht dem Regelsystem von Snort. Da Snort mittlerweile über 2000 Regeln besitzt, sind die Nachrichten in die Datei **sid-msg.map** ausgelagert.

Ein Auszug aus der Datei **gen-msg.map** sieht wie folgt aus.

```
linux:/etc/snort # joe gen-msg.map
  1 || 1 || snort general alert
102 || 4 || http_decode: missing uri
111 || 6 || spp_stream4: Full XMAS Stealth Scan
```

Fehlt diese Datei, kann Snort nur Generator- und Alert-ID ohne erklärenden Text melden.

7.8 Die Datei sid-msg.map

Diese Datei wird ebenfalls von Barnyard benötigt, um eine Verknüpfung zwischen der Signatur-ID aus den Regeln (**sid** bzw. **sig-id**) und der Regelnachricht herzustellen. Die Generator-ID ist bei jeder Nachricht aus dieser Datei 1. Zudem kann eine zusätzliche Referenz zu jeder Regel angegeben werden. Die Referenz verknüpft die in der Datei **reference.config** angegebenen Referenzsysteme mit der jeweiligen Signatur (siehe 6.1.5, Seite 110).

```
linux:/etc/snort/ # joe sid-msg.map
 106 || BACKDOOR ACKcmdC trojan scan || arachnids,445
2346 || WEB-PHP myPHPNuke chatheader.php access || bid,6544
```

Wenn Sie eigene Regeln schreiben, müssen Sie die Verknüpfung zwischen der Regel-ID (**sid**) mit der Regelnachricht in dieser Datei vornehmen. Tun Sie dies nicht, kann Barnyard den Alert später nur mit der **gen-id** und der **sig-id** melden, ohne den zugehörigen Erklärungstext.

Beispielregel:

```
linux:/etc/snort # joe rules/local.rules
alert tcp any any -> $HOME_NET 21 \
     (msg:"Telnetverkehr entdeckt";sid:1000001;rev:1;)
```

Und der dazu passende Eintrag in der Datei **sid-msg.map** lautet:

```
linux:/etc/snort/ # joe sid-msg.map
1000001 || Telnetverkehr entdeckt ||
```

7.9   Die Datei unicode.map

In dieser Datei werden alle Zeichen verschiedenster Sprachen bzw. Alphabete zusammengefasst. Das Besondere an Unicode ist, dass jedem Zeichen eine eindeutige Nummer zugeordnet ist, und dies geschieht sprach-, plattform- und programmunabhängig. In dieser Datei sind nun die Unicode-Definitionen zu den verschiedensten Sprachen gespeichert.[12]

Benötigt wird die Datei lediglich von dem Preprozessor **http_inspect**. Die Benutzung dieser Datei wird im Abschnitt zu diesem Preprozessor in Abschnitt 6.1.3 auf Seite 107 beschrieben.

---

[12] Mehr zu Unicode unter http://www.unicode.org/standard/translations/german.html

Eigene Regeln für die Snort-Sensoren

Dieses Kapitel zeigt Ihnen ausführlich, wie Sie eigene Regeln für Snort definieren. Zwar liefert Snort bereits einen umfangreichen Regelsatz mit, doch führt dessen Einsatz zu vielen Fehlalarmen, und die Abarbeitung aller Regeln nimmt viel Zeit in Anspruch. Abhängig von der Größe des Netzwerks und der Leistung des Sensor-Rechners kann dies zu Paketverlusten bei Snort führen. Darum sollten Sie diese Regeln in jedem Falle an eigene Bedürfnisse anpassen, entfernen oder neu entwerfen.

Seit Version 1.8 können Snort-Regeln zur besseren Lesbarkeit auch umbrochen werden und mehr als eine Zeile umfassen. Am Ende der Zeile(n) muss ein Backslash (\) stehen, damit Snort die Zeilen als *eine* Regel erkennt.

Eine Regel besteht grundsätzlich aus zwei Teilen: Dem *Rule-Header* und dem *Rule-Body*. Der Header muss angegeben werden, der Body ist optional. Sie können selbstdefinierte oder bereits vorhandene Variable verwenden; standardmäßig sind in der Datei **snort.conf** bereits einige Variable wie zum Beispiel $HOME_NET definiert.

8.1   Rule-Header

Der Rule-Header (denglisch auch „Regel-Header") ist der wichtigste Bestandteil einer Regel. Das erste Feld gibt an, was geschehen soll, wenn eine Regel auf ein Paket zutrifft, definiert also die sog. „Aktion". Es folgt die Angabe, für welches Protokoll, für welche Quell- und Zieladresse (jeweils IP und Port) und in welche Verbindungsrichtung die Regel gelten soll.

Ein Beispiel für eine Regel, die nur aus einem Regel-Header besteht:

```
alert tcp $HOME_NET 23 -> any any
```

Diese Regel sendet einen Alarm, sobald Datenverkehr aus Ihrem Heimatnetz über Port **23** an einen beliebigen Host gesendet wird.

Schauen wir uns nun detaillierter die möglichen Einstellungen an.

8.1.1   Aktion

Das erste Feld mit der Aktion weist Snort an, was mit einem Paket geschehen soll, auf das die jeweilige Regel zutrifft. Snort unterscheidet fünf solcher Aktionen:

alert

> **alert** löst einen Alarm aus. Die Meldung enthält folgende Informationen: Generator- sowie Signatur-ID der Regel, die den Alarm ausgelöst hat, zugehörige Priorität, Zeitstempel, Quell- bzw. Zieladresse mit zugehörigen Ports (nur bei UDP- und TCP-Paketen) sowie den Header des verwendeten Protokolls. Der Dateninhalt des Pakets wird nicht in der Alarmmeldung gespeichert, sondern findet sich im ebenfalls erzeugten Log-Eintrag.

log

> Alle verfügbaren Informationen zu diesem Paket (also auch dessen Inhalt) werden geloggt. Es wird *kein* Alarm ausgelöst.

pass

> Snort lässt das Paket ungeprüft passieren. Dieser Aktionstyp kommt üblicherweise nur selten zum Einsatz, denn es sollte grundsätzlich jedes Paket nach möglichen Angriffen durchsucht werden. Allerdings kann durch eine Pass-Regel der Datenverkehr bestimter Hosts oder Netzwerke ausgeschlossen werden. Die bessere Methode wäre allerdings der Einsatz sog. BPF-Filter (siehe Anhang B, Seite 243).

activate

Bei der Aktion **activate** sendet Snort einen Alarm, löst aber zugleich eine weitere Regel aus, die weitere Prüfungen an diesem Paket vornimmt. So lassen sich detaillierte Prüfungen oder Aktionen in Abhängigkeit von einem Hauptkriterium auslösen.

dynamic

Eine solche Regel wird nicht zur Prüfung herangezogen, solange sie nicht explizit von einer anderen **activate**-Regel aufgerufen wird.

Auch die Definition eigener Aktionen ist möglich; hier stehen beliebige (auch kombinierbare) Ausgabe-Plugins zur Verfügung.

Die Syntax lautet:

```
ruletype Aktionsname {
   type Aktionstyp
   Output-Plugin
}
```

Dieses Beispiel erzeugt eine Datei im **tcpdump**-Format, in der das Paket geloggt wird; zusätzlich wird ein Alarm generiert:

```
ruletype tcpdump_log {
   type alert
   output log_tcpdump: tcpdump.log
}
```

Das folgende Beispiel schreibt eine Alert-Meldung in eine Datenbank und einen Syslog-Eintrag und loggt das Paket:

```
ruletype syslog_database {
   type log
   output alert_syslog: LOG_AUTH LOG_ALERT
   output database: log, mysql, user=sensor01 dbname=snort_log
                 host=localhost
}
```

Diese selbstdefinierten Aktionen können alternativ zu den Standard-Aktionen benutzt werden, um das Verhalten möglichst spezifisch einzustellen.

8.1.2 Protokoll

Snort beherrscht derzeit die vier Protokolle IP, ICMP, UDP und TCP. Um eine Regel nur bei einem bestimmten Protokoll anzuwenden, wird einfach der Protokollname angegeben; für alle Protokolle existiert die Wildcard **any**. Die Angabe von zwei oder mehr Protokollen ist *nicht* möglich.

```
alert any ...
```

oder

```
log icmp ...
```

8.1.3   Quell- und Zieladresse sowie Quell- und Zielport

Die Angabe von Quell- beziehungweise Zieladresse besteht immer aus der IP-Adresse und dem Port – auch hier gibt es die Wildcard **any** für eine beliebige IP oder einen beliebigen Port. Möglich ist es aber auch, mit dem !-Operator zu negieren und auszuschließen.

Zwischen Quelle und Ziel wird die Verbindungsrichtung angegeben, für die diese Regel gelten soll: Bei „->" gilt die Regel nur für Pakete zur Zieladresse, bei „<>" gilt sie für Pakete in beide Richtungen. Die Angabe „<-" ist nicht zulässig, da man aus Gründen besserer Lesbarkeit einfach Quell- und Zieladresse vertauschen soll.

Eine Regel, die auf jedes Paket in jede Richtung zutreffen soll, würde so aussehen:

```
alert any any any <> any any ...
```

Die folgende Regel trifft für alle Protokolle von jeder IP-Adresse und jedem Port zu, die an die IP-Nummer **10.10.10.1** und Port **23** gerichtet sind:

```
log any any any -> 10.10.10.1 23 ...
```

Im letzten Beispiel trifft die Regel auf jedes TCP-Paket zu, das von einer beliebigen IP-Adresse und einem beliebigen Port ungleich Port **23** gesendet wird und das an eine beliebige Ziel-IP mit beliebigem Port gerichtet ist:

```
alert tcp any !23 -> any any ...
```

Die Adressangabe kann als einfache IP-Adresse erfolgen. Über die Angabe von Subnetzen (im sog. CIDR-Format – *Classless Inter Domain Routing*) kann auch ein Adressraum angegeben werden; auch eine Liste von IP-Adressen ist möglich. „!" kann zum Ausschluss benutzt werden:

```
log tcp 10.20.30.0/24 any <> 30.10.20.0/24 any ...
```

Wenn mehrere IP-Adressen oder Subnetze angegeben werden sollen, müssen Sie sie in eckige Klammern ohne Leerzeichen dazwischen setzen:

```
log tcp [10.20.30.1,10.20.30.2,120.213.60.0/24] any -> \
        [32.80.30.10-32.80.30.12] any ...
```

Bei den Ports können auch Bereiche angegeben werden. Die folgende Regel trifft auf alle Pakete zu, die von einem Port größer als **1023** stammen:

```
alert tcp any 1024:65535 -> any any ...
```

Man könnte diese Regel aber auch wie folgt schreiben:

```
alert tcp any 1024: -> any any ...
```

8.2 Rule-Body

Ein Rule-Body (auch „Regel-Body") ist für eine Snort-Regel nicht zwingend erforderlich. Mit seiner Hilfe können der Payload eines Pakets durchsucht oder andere Paketinformationen ausgewertet werden. Dazu gibt es verschiedene Schlüsselwörter, wie wir später noch sehen werden.

Der Rule-Body wird in runden Klammern zusammengefasst und folgt, durch ein Leerzeichen getrennt, auf den Rule-Header. Die einzelnen Schlüsselwörter und der Parameter des Regel-Body werden durch Semikola getrennt.

```
alert tcp any any -> any any \
    (Schlüsselwort:"Wert"; Schlüsselwort:"Wert";)
```

Die Schlüsselwörter lassen sich vier Wirkungsbereichen zuordnen.

Meta-Data

> Schlüsselwörter dieser Kategorie dienen dazu, Regeln zu kennzeichnen und Informationen zu einer Regel hinzuzufügen. Die Auswertung eines Pakets wird durch diese Schlüsselwörter nicht beeinflusst.

Payload

> Schlüsselwörter dieser Kategorie beziehen sich auf den Inhalt des Pakets…

Non-Payload

> …und Schlüsselwörter dieser Kategorie auf alle anderen Bereiche.

Post-Detection

> Zu guter Letzt ist es noch möglich, Aktionen auszuführen, falls eine Regel auf ein Paket zutrifft.

8.2.1 Schlüsselwörter des Typs Meta-Data

msg

```
msg:"<Nachricht>";
```

Das Schlüsselwort **msg** wird benutzt, um eine Regel mit einer Nachricht zu verbinden. Diese Nachricht taucht dann später in den Alarm- oder Logmeldungen auf. Um Sonderzeichen in dieser Nachricht zu benutzen, muss ein Backslash (\) vor das Sonderzeichen gestellt werden.

```
alert tcp any any -> any any (msg:"Datenverkehr erkannt!";)
```

reference

Wenn Sie eine eigene Regel schreiben, mit Snort im **unified**-Format speichern und Barnyard zur Weiterverarbeitung der Log- bzw. Alarmmeldungen verwenden, müssen Sie die Nachricht, die von der selbstgeschriebenen Regel erzeugt wird, zusätzlich in die Datei **sid-msg.map** eintragen. Andernfalls sehen Sie später in der Datenbank lediglich die Signatur-ID der Alarmmeldung, nicht aber den übersetzten Text der Nachricht.

```
reference: <id system>,<id>;
```

Dieses Schlüsselwort erlaubt es, einer Regel eine Referenz zuzuweisen. Im Internet existieren bereits einige Datenbanken mit Referenzen zu fast allen in Snort enthaltenen Regeln mit detaillierten Informationen zu einem bestimmten Angriff und möglichen Fehlalarmen. Die folgenden Referenzsysteme werden derzeit von Snort unterstützt – über einen angehängten Aufrufparameter wird dann auf den jeweiligen Datenbankeintrag verwiesen:

Bugtraq (http://www.securityfocus.com/bid/)
CVE (http://cve.mitre.org/cgi-bin/cvename.cgi?name=)
arachNIDS (http://www.whitehats.com/info/IDS)
McAfee (http://vil.nai.com/vil/dispVirus.asp?virus_k=).

Des Weiteren besteht die Möglichkeit, eigene Referenzen in Form einer URL anzugeben:

```
alert tcp any any -> any 7070 (msg:"IDS4111/dos-realaudio"; \
     flags:AP;content:"|fff4 fffd 06|"; reference: arachNIDS,IDS411;)

alert tcp any any -> any 23 \
     (msg:"Telnet-Verkehr";reference:URL,http://www.snortbuch.de;)
```

sid

```
sid: <Identifikationsnummer>;
```

Dieses Schlüsselwort wird benutzt, um jeder Snort-Regel eine eindeutige Identifikationsnummer zuzuweisen. Hier gilt es zu beachten, dass bereits eine gewisse
Aufteilung erfolgt ist. SIDs kleiner 100 sind für zukünftige Zwecke reserviert. SIDs
zwischen 100 und 1.000.000 sind für öffentliche Snort-Regeln definiert. Um eigene Regeln mit einer Identifikationsnummer zu versehen, sollte eine Identifikationsnummer größer 1.000.000 benutzt werden.

```
alert tcp any any -> any 8080 (msg:"Meine erste Regel"; sid:1000001;)
```

rev

```
rev: <Ganzzahl>
```

Dieses Schlüsselwort wird benutzt, um einer Regel eine Versionsnummer zuzuweisen. rev sollte immer in Verbindung mit sid benutzt werden.

```
alert tcp any any -> any 8080 (msg:"Meine erste Regel"; \
                      sid:1000001; rev:1;)
```

classtype

```
classtype: <Kategoriename>;
```

Mit Hilfe dieses Schlüsselworts können Alarmmeldungen bestimmten Klassen zugewiesen werden. In der Datei classification.config sind bereits einige Klassen definiert, durch Anpassen der Datei könnten Sie weitere anlegen:

```
config classification: attempted-admin,Attempted Administrator \
      Privilege Gain,1
```

In der Definition der Regel können wir dann einfach über das Schlüsselwort priority
eine Klasse zuweisen:

```
priority: <priority integer>;
  alert tcp $EXTERNAL_NET any -> $HOME_NET 21 (msg:"FTP CEL overflow \
  attempt";flow:to_server,established; content:"CEL"; nocase; \
  reference:bugtraq,679; reference:cve,CVE-1999-0789; \
  reference:arachnids,257; classtype:attempted-admin; sid:337; rev:7;)
```

priority

Durch dieses Schlüsselwort kann jeder Regel eine Priorität zugewiesen werden. Allerdings hat bereits jede Klasse eine Priorität. Wird einer Regel eine Priorität und eine Klassen-Priorität zugewiesen, so überschreibt die Regel-Priorität die Klassen-Priorität.

```
alert tcp $EXTERNAL_NET any -> $HOME_NET 21 (msg:"FTP CEL overflow \
    attempt";flow:to_server,established; content:"CEL"; nocase; \
    reference:bugtraq,679; reference:cve,CVE-1999-0789; \
    reference:arachnids,257; \
    classtype:attempted-admin; sid:337; rev:7;priority:2;)
```

8.2.2 Schlüsselwörter des Typs Payload

Nun folgen die Schlüsselwörter, mit deren Hilfe der Inhalt eines Pakets überprüft werden kann; mit ihrer Hilfe lassen sich Regeln sehr genau spezifizieren.

content

```
content: [!] "<Suchzeichenkette>";
```

content ist wohl das wichtigste Schlüsselwort überhaupt, denn es regelt, nach welchem Inhalt das Paket durchsucht wird. Bei der Suche werden Groß- und Kleinschreibung unterschieden. Es kann im ASCII- wie im Binärteil des Pakets nach einer Zeichenfolge gesucht werden. Bei einer Suche im Binärformat muss der Suchtext zwischen Pipe-Zeichen („|") stehen. Auch hier kann der Negationsoperator „!" verwendet werden, so dass Zeichenfolgen ausgeschlossen sind. Bei der Suche über das Schlüsselwort content gibt es einige Zeichen, die mit einem Backslash gekennzeichnet werden müssen, damit der Parser diese Zeichen korrekt auswertet: „:", „;", Leerzeichen und doppelte Anführungszeichen. Zudem besitzt content einige weitere Schlüsselwörter.

```
alert tcp any any -> any 23 \
    (msg:"Binärsuche";content:"|0000 0101 EFFF|";)
```

Diese Regel trifft zu, sobald der String 0000 0101 EFFF im Binärteil des durchsuchten Pakets auftaucht.

```
alert tcp any any -> any 80 (msg:"ASCII Suche";content:"HTTP";)
```

Diese Regel trifft zu, sobald die Zeichenkette HTTP im durchsuchten Paket auftaucht.

```
alert tcp any any -> any 23 (msg:"ASCII Suche";content:!"FTP";)
```

Diese Regel trifft zu, wenn die Zeichenkette FTP *nicht* im durchsuchten Paket auftaucht.

Es gibt übrigens noch weitere Schlüsselwörter, die sich auf das content-Schlüsselwort beziehen und darum nur in Verbindung mit diesem funktionieren:

nocase

In Verbindung mit content wird Groß-/Kleinschreibung nicht berücksichtigt.

rawbytes

Es wird der Originalinhalt eines Pakets durchsucht, der nicht von den Preprozessoren angepasst wurde.

```
alert tcp any any -> any 23 \
      (msg: "Telnet"; content: "|FF F1|"; rawbytes;)
```

depth

```
depth: <Zahl in bytes>;
```

schränkt die Suchtiefe nach einem mit content bestimmten Suchtext ein; so kann zum Beispiel nur der Header eines Pakets durchsucht werden, indem die Suchtiefe auf 300 Bytes beschränkt wird. Bei einem HTTP-1.0-Header entspricht dies der Größe des Headers.

```
alert tcp any any -> any 80 (msg:"HTTP in den ersten 300 Bytes \
                        entdeckt"; content:"HTTP"; depth:300;)
```

offset

```
offset: <Zahl in bytes>;
```

offset gibt an, ab welcher Stelle im Dateninhalt nach einem mit content bestimmten Text gesucht wird.

```
alert tcp any any -> any 80 (msg:"HTTP zwischen Byte 50 und 150 \
                        entdeckt"; content:"HTTP"; \
                        offset:50; depth:100;)
```

Hier wird nach der Zeichenkette HTTP zwischen dem 50. und 150. Byte im Dateninhalt (*Payload*) gesucht.

distance

```
distance: <byte Zähler>;
```

Verhält sich ähnlich dem Schlüsselwort **depth**, allerdings wird hier die Suchtiefe relativ zum letzten Suchtreffer angegeben.

```
alert tcp any any -> any any (content:"ABC"; content:"DEF"; distance:8;)
```

Hier wird, nachdem der Suchtext **ABC** entdeckt wurde, in den darauffolgenden 8 Bytes nach dem Suchtext **DEF** gesucht. Wird dieser Suchtext gefunden, sendet diese Regel einen Alarm.

within

```
within: <byte Zähler>;
```

Mit **within** kann der Mindestabstand in Bytes angegeben werden, der zwischen zwei Treffern bei der Verwendung des **content**-Schlüsselworts bestehen muss.

```
alert tcp any any -> any any (content:"ABC"; content:"DEF"; within:10;)
```

Diese Regel trifft zu, wenn die Zeichenketten **ABC** und **DEF** in einem Paket gefunden werden. Zudem muss zwischen diesen beiden Zeichenketten ein Mindestabstand von 10 Bytes bestehen.

uricontent

```
uricontent:[!]<Zeichenkette>;
```

Mit **uricontent** kann das durch den Preprozessor normalisierte URI-Feld durchsucht werden. Auch hier kann der Negator „!" verwendet werden. Beachten Sie, dass die URI bereits durch den Preprozessor **HTTP-Inspect** normalisiert wurde – wird also beispielsweise %2f im Suchtext verwendet, sendet die Regel keinen Alarm.

```
/scripts/..%c0%af../winnt/system32/cmd.exe?/c+ver
```

wird normalisiert zu:

```
/winnt/system32/cmd.exe?/c+ver
```

Um den nicht normalisierten Inhalt zu durchsuchen, muss das **content**-Schlüsselwort verwendet werden. Die folgende Beispielregel sendet einen Alarm, sobald in der URI die Zeichenkette **admin.php** entdeckt wird.

```
alert tcp any any -> any any (msg:"admin.php Zugriff entdeckt"; \
                    uricontent:"admin.php";)
```

isdataat

```
isdataat:<Ganzzahl>[,relative];
```

isdataat stellt sicher, dass der Paketinhalt an einer gewünschten Stelle auch wirklich Daten enthält. Die gewünschte Stelle wird als Ganzzahl in Bytes angegeben. Wird der Parameter **relative** ebenfalls angegeben, muss nach der gefundenen Zeichenkette mindestens der mit **Ganzzahl** angegebene Byte-Wert an Daten zur Verfügung stehen.

```
alert tcp any any -> any 111 (content:"P"; isdataat:50;)
```

Diese Regel löst einen Alarm aus, wenn das Zeichen **P** im 50. Byte des Paketinhalts entdeckt wird.

```
alert tcp any any -> any 111 (content:"PASS"; isdataat:50,relative;)
```

Diese Regel sendet einen Alarm, wenn die gesuchte Zeichenkette **PASS** gefunden wird und nach dieser mindestens 50 weitere Bytes im Paket enthalten sind.

pcre

```
pcre:[!]"(/<regex>/|m<delim><regex><delim>)[ismxAEGRUB]";
```

Mit **pcre** lassen sich Regeln mit Perl-kompatiblen regulären Ausdrücken schreiben:[1]

```
alert ip any any -> any any (pcre:"/TEST/i";)
```

byte_test

```
byte_test: <bytes_to_convert>, <operator>, <value>, <offset>[,
    [relative],[big],[little],[string],[hex],[dec],[oct]]
```

Hier kann eine bestimmte Bytefolge eines Pakets gegen einen bestimmten Wert getestet werden. Die Operatoren <, >, =, ! und & stehen zur Verfügung. Dabei kann die Bytefolge auch in andere Schreibweisen wie z. B. Binär- oder Hexcodierung konvertiert werden, um den Vergleich zu ermöglichen.

Die möglichen Parameter lauten:

bytes_to_convert
    Anzahl der zu konvertierenden Bytes

---

[1] Weitere Informationen zu regulären Ausdrücken finden Sie unter http://pcre.org.

operator
> <, >, =, !, &

value
> Inhalt, gegen den der konvertierte Wert getestet werden soll

offset
> Startwert in Bytes für den Test des Paketinhalts

relative
> Startwert für den Test relativ zum letzten Treffer

big
> Abarbeitung nach *Big Endian* (Default)

little
> Abarbeitung nach *Little Endian*

string
> Daten liegen als Zeichenkette im Paket

hex
> konvertierte Zeichenkette liegt in hexadezimaler Schreibweise vor

dec
> konvertierte Zeichenkette liegt in dezimaler Schreibweise vor

oct
> konvertierte Zeichenkette liegt in oktaler Schreibweise vor

```
alert udp any any -> any 1234 (byte_test: 4, =, 1234, 0, string, dec; \
                        msg:"1234 gefunden";)
```

Diese Regel trifft zu, wenn in den ersten vier Bytes des Pakets die Zeichenkette 1234 gefunden wurde...

```
alert udp any any -> any any (byte_test: 10, =, 0xaddhh, 0, string, \
                        hex; msg:"addhh gefunden";)
```

...und diese Regel löst einen Alert aus, wenn in den ersten 10 Bytes der Hex-Code 0xaddhh enthalten ist.

byte_jump

```
byte_jump: <bytes_to_convert>, <offset> [,[relative],[big],[little],
           [string],[hex],[dec],[oct],[align]]
```

Dieses Schlüsselwort funktioniert wie **byte_test**, springt bei einem Treffer aber anschließend die voreingestellte Anzahl von Bytes weiter und kann dann eine neue Prüfung über **byte_test** vornehmen.

Auf diesem Wege lassen sich weitere Stellen eines Paketes prüfen, deren Position nicht absolut, sondern nur relativ zur ersten Trefferstelle vorbestimmt ist.

bytes_to_convert
: Anzahl der zu konvertierenden Bytes

offset
: Startwert in Bytes für den Test des Paketinhalts

relative
: Startwert für den Test relativ zum letzten Treffer

big
: Abarbeitung nach *Big Endian* (Default)

little
: Abarbeitung nach *Little Endian*

string
: Daten liegen als Zeichenkette im Paket

hex
: konvertierte Zeichenkette liegt in hexadezimaler Schreibweise vor

dec
: konvertierte Zeichenkette liegt in dezimaler Schreibweise vor

oct
: konvertierte Zeichenkette liegt in oktaler Schreibweise vor

align
: Anzahl der Bytes auf die nächste 32-Bit-Grenze aufgerundet

```
alert udp any any -> any 32770:34000 (content: "|00 01 86 B8|"; \
      content: "|00 00 00 01|"; distance:4; within:4; \
      byte_jump:4, 12, relative, align; \
      byte_test: 4, >, 900, 20, relative; \
      msg:"statd fromat string buffer overflow";
```

Trifft die Prüfung des Inhalts zu, springt **byte_jump** um vier Bytes im Paket weiter und führt dann die **byte_test**-Anweisung aus. Erst wenn diese auch noch zutrifft, wird der Alert ausgelöst.

8.2.3 Schlüsselwörter des Typs Non-Payload

Die folgenden Schlüsselwörter beziehen sich nicht unmittelbar auf den Paketinhalt, sondern stellen weitere Kriterien zur Verfügung.

flowbits

```
flowbits:<Option>[,<zustand>]
```

Mit diesem Schlüsselwort ist es möglich, einer Netzwerksession ein Statusflag zu geben, das sich Snort merkt und das später von anderen Regeln ausgewertet werden kann.

Mögliche Optionen sind:

set

> setzt den ausgewählten Zustand auf 1

unset

> setzt den ausgewählten Zustand auf 0

toggle

> ändert den angegebenen Zustand; ist er 1, wird er auf 0 gesetzt und umgekehrt.

isset

> prüft, ob der angegebene Zustand auf 1 gesetzt ist

isnotset

> prüft, ob der angegebene Zustand auf 0 gesetzt ist

reset

> setzt alle Zustände auf 0

noalert

> Unabhängig von allen anderen Optionen wird der Regel mitgeteilt, keinen Alarm zu senden.

```
alert tcp any any -> any 143 (content:"OK LOGIN"; nocase; \
                    flowbits:set,eingeloggt;flowbits:noalert;)
alert tcp any any -> any 143 (content:"LIST"; nocase; \
        flowbits:isnotset,eingeloggt; msg:"IMAP LIST OHNE LOGIN";)
```

Die erste Regel bei diesem Beispiel setzt den Zustand „eingeloggt" auf 1. Sie generiert keinen Alarm. Bei der zweiten Regel wird nun überprüft, ob der Zustand „eingeloggt" gesetzt ist – falls nicht, erzeugt sie einen Alarm.

fragoffset

```
fragoffset:[<|>]<Wert>
```

Durch das Schlüsselwort **fragoffset** kann das Feld **Fragment offset** aus dem IP-Header mit einem Wert verglichen werden. Als Operatoren stehen < und > zur Verfügung.

ttl

```
ttl:[[<Wert>-]><=]<Wert>;
```

Hier wird der Time-to-Live-Zähler eines IP-Pakets überprüft. Dies kann benutzt werden, um zum Beispiel Traceroute-„Attacken" zu entdecken. Die Operatoren <, >, - und = können benutzt werden:

```
alert ip any any -> any any (msg:"ttl Zähler ist kleiner als 5"; ttl:<5;)
alert ip any any -> any any (msg:"ttl Zähler liegt zwischen \
                     1 und 10"; ttl:1-10;)
```

tos

```
tos:[!]<Wert>;
```

Über **tos** können Sie das TOS-Feld eine IP-Pakets überprüfen.

```
alert ip any any -> any any (msg:"Das tos-Feld ist ungleich 4"; tos:!4;)
```

id

```
id:<Wert>;
```

Mit diesem Schlüsselwort wird das ID-Feld eines IP-Pakets überprüft. Einige Programme wie zum Beispiel Netzwerkscanner setzen bei einem Scan immer denselben ID-Wert in das ID-Feld eines IP-Headers ein. Eine Regel darf allerdings immer nur nach einer IP-Option suchen.

```
alert ip any any -> any any (msg:"ID-Feld hat den Wert 31337"; id:31337;)
```

ipopts

```
s:<rr|eol|nop|ts|sec|lsrr|ssrr|satid|any>;
```

Hier wird geprüft, ob eine bestimmte IP-Option in einem IP-Paket gesetzt ist. Mögliche Optionen sind:

rr

    prüft, ob „Record Route" gesetzt ist

eol

    prüft, ob „End of Options List" gesetzt ist

nop

    prüft, ob „No Operations" gesetzt ist

ts

    prüft, ob „Timestamp" gesetzt ist

sec

    prüft, ob „IP security option" gesetzt ist

lsrr

    prüft, ob „Loose source routing" gesetzt ist

ssrr

    prüft, ob „Strict source routing" gesetzt ist

satid

    prüft, ob „Stream identifier" gesetzt ist

any

    prüft, ob irgendeine Option im IP-Paket gesetzt ist

```
alert ip any any -> any any (msg:"Paket mit IP Option Record Route \
                         entdeckt"; ipopts:rr;)
```

fragbits

```
fragbits:[+-*]<[MDR]>
```

Das Schlüsselwort **fragbits** überprüft, ob in einem IP-Paket Fragmentierung benutzt wird oder ob die reservierten Bits gesetzt sind.

M

    Das Paket wurde fragmentiert.

D

    Das Paket wurde nicht fragmentiert.

R

> Die reservierten Bits sind benutzt.

Als Operatoren stehen folgende Möglichkeiten zur Verfügung:

+

> trifft auf das angegebene und irgendwelche anderen Bits zu

-

> trifft auf irgendein angegebenes Bit zu

!

> trifft zu, wenn keines der angegebenen Bits gesetzt ist

```
alert ip any any -> any any (msg:"IP-Paket mit Fragment und \
                       don't Fragment Bit entdeckt";fragbits:MD+;)
```

dsize

```
dsize: [<>]<Wert>[<><Wert>];
```

dsize wird benutzt, um den Paketinhalt auf seine Größe zu überprüfen.

```
alert ip any any -> any any (msg:"Paketinhalt mit einer Größe zwischen \
                       200 und 500 bytes entdeckt"; dsize:200<>500;)
```

flags

```
flags:[!|*|+]<FSRPAU120>[,<FSRPAU120>];
```

Hier lassen sich die Flags eines TCP-Headers prüfen. Wird ein zweiter Parameter, durch Komma getrennt, angegeben, werden die dort angegebenen Flags nicht geprüft. Folgende Flags können geprüft werden:

F

> steht für das FIN-Flag

S

> steht für das SYN-Flag

R

> steht für das RST-Flag

P

> steht für das PSH-Flag

A

> steht für das ACK-Flag

U

> steht für das URG-Flag

1

> steht für das erste reservierte Bit

2

> steht für das zweite reservierte Bit

0

> kein TCP-Flag gesetzt

Zudem stehen drei Operatoren zur Verfügung:

+

> trifft auf das angegebene Bit und irgendwelche anderen Bits zu

*

> trifft zu, wenn irgendeines der angegebenen Bits gesetzt ist

!

> trifft zu, wenn keines der angegebenen Bits gesetzt ist

```
alert tcp any any -> any any (msg:"SYN und FIN Flags sind gesetzt, \
    unabhängig von den Reserved Bits 1 und 2"; flags:SF,12;)
alert tcp any any -> any any (msg:"Das ACK Flag und irgendein oder \
    mehrere andere Flags sind gesetzt"; flags:A+;)
```

flow

```
flow:[to_client|to_server|from_client|from_server|established|stateless|
    no_stream|only_stream]
```

Mit diesem Schlüsselwort kann festgelegt werden, in welche Richtung sich das Datenpaket bewegen muss, damit diese Regel zutrifft:

to_client oder **from_server**
> trifft auf Datenpakete vom Server an den Client zu

to_server oder **from_client**
> trifft auf Datenpakete vom Client an den Server zu

established
> trifft bei aufgebauten TCP-Verbindungen zu

stateless

> trifft auf alle Verbindungen egal welchen Zustandes zu

no_stream

> trifft nicht auf wieder zusammengesetzte (defragmentierte) TCP-Pakete zu

only_stream

> trifft nur auf wieder zusammengesetzte (defragmentierte) TCP-Pakete zu

```
alert tcp !$HOME_NET any -> $HOME_NET 21 (flow: from_client; \
    content:"CWD"; nocase; msg:"Einkommendes CWD entdeckt";)
alert tcp !$HOME_NET 0 -> $HOME_NET 0 (flow: stateless; \
    msg:"Datenverkehr über Port 0 entdeckt";)
```

seq

```
seq:<Wert>;
```

Mit diesem Schlüsselwort kann eine TCP-Sequenznummer überprüft werden.

```
alert tcp any any -> any any (msg:"TCP-Paket mit der Sequenznummer \
                    0 entdeckt"; seq:0;)
```

ack

```
ack: <Wert>;
```

Hier kann der Wert der ACK-Nummer aus einem TCP-Header überprüft werden.

```
alert tcp any any -> any any (msg:"TCP-Paket mit der \
                    Acknowledge-Nummer 0 entdeckt"; ack:0;)
```

window

```
window:[!]<Wert>;
```

Mit dem Schlüsselwort **window** wird das Windowsize-Feld im TCP-Header auf einen bestimmten Wert überprüft. Als Negationsoperator kann „!" verwendet werden.

```
alert tcp any any -> any any (msg:"TCP-Paket mit der Windowsize 0 \
                    entdeckt"; window:0;)
```

itype

```
itype:[<|>]<Wert>[<><Wert>];
```

Hier wird der ICMP-Typ überprüft.

```
alert icmp any any -> any any (msg:"Der ICMP-Typ ist größer als 5"; \
                               icode:>5;)
```

icode

```
icode:[<|>]<Wert>[<><Wert>];
```

Hier wird der ICMP-Code überprüft.

```
alert icmp any any -> any any (msg:"Der ICMP-Code ist größer als 20"; \
                               itype:>20;)
```

icmp_id

```
icmp_id:<Wert>;
```

Hier wird geprüft, ob eine spezielle ICMP-Identifikationsnummer vorhanden ist.

```
alert icmp any any -> any any (msg:"ICMP-ID ist 0"; icmp_id:0;)
```

icmp_seq

```
icmp_seq: <Wert>;
```

Hier wird ein ICMP-Paket auf eine bestimmte ICMP-Sequenznummer überprüft.

```
alert icmp any any -> any any (msg:"ICMP-Sequenznummer ist 0"; \
                               icmp_seq:0;)
```

rpc

```
rpc: <Applikationsnummer>, [<Versionsnummmer>|*], [<Prozedurnummer>|*]>;
```

Hier können RPC-Abfragen auf Applikationsnummer, Versionsnummer und Prozedurnummer überprüft werden.

```
alert tcp any any -> any 111 (rpc: 100000,*,3; msg:"RPC GETPORT \
                              Anfrage entdeckt";)
```

ip_proto

```
ip_proto:[!] <Protokollame oder Protokollnummer>;
```

Hier kann der Header eines IP-Pakets nach dessen Protokoll überprüft werden. Der Negationsoperator „!" steht zur Verfügung. Eine Liste mit Namen der Protokolle findet man unter /etc/protocols.

```
alert ip any any -> any any (ip_proto:icmp; msg:"ICMP Datenverkehr \
                       entdeckt";)
```

sameip

```
sameip;
```

Hier wird überprüft, ob die Quelladresse gleich der Zieladresse ist.

```
alert ip any any -> any any (msg:"Absender gleich Empfänger"; sameip;)
```

8.2.4 Schlüsselwörter des Typs Post-Detection

Die folgenden erweiterten Optionen dienen einer noch flexibleren Anpassung der Snort-Regeln. So ist es zum Beispiel möglich, für spezielle Regeln ein anderes Log-Verzeichnis anzugeben, ganze TCP-Verbindungen mitzuprotokollieren oder direkt auf einen Alarm zu reagieren.

logto

```
logto:" Dateiname";
```

Hier kann ein anderes Log-Verzeichnis ausgewählt werden. Dieses gilt nur für die Regel, in der das Schlüsselwort **logto** auftaucht.

```
alert tcp any any -> any any (msg:"Alarm wird in test.log gespeichert"; \
                       logto:"/var/log/test.log";)
```

session

```
session: <printable|all>;
```

Dieses Schlüsselwort dient dazu, Benutzereingaben aus einer TCP-Verbindung mitzulesen. Dies ist möglicherweise bei Telnet- oder FTP-Verbindungen sinnvoll. Es stehen zwei Parameter zur Auswahl: **printable** sorgt dafür, dass all das mitgeschnitten wird, was der Benutzer ebenfalls sieht. Der Parameter **all** sorgt dafür, dass alle Zeichen mitgeschnitten werden; Zeichen, die der Benutzer normalerweise nicht sieht, erscheinen in hexadezimaler Schreibweise.

Das **session**-Schlüsselwort ist allerdings mit Vorsicht zu genießen: Snort wird bei hoher Last dadurch sehr langsam und es kann zu Paketverlusten kommen.

```
alert tcp any any -> any 23 (msg:"Mitschnitt einer Telnet-Verbindung"; \
                            session:printable;)
```

Bei diesem Beispiel werden alle lesbaren Zeichenketten aus einer Telnet-Verbindung mitgeschnitten.

resp

```
resp: <Antwortart>[,<Antwortart>[,<Antwortart>]];
```

Mit diesem Schlüsselwort kann Snort bei einem Alarm eine Verbindung schließen (*Flexible Response*). Um dies zu aktivieren, muss der Quellcode von Snort mit dieser Option kompiliert werden. Per Default ist das Feature nicht enthalten.

Folgende Möglichkeiten stehen zur Verfügung, um eine Verbindung zu schließen:

rst_snd
> sendet TCP-Pakete mit gesetztem RST-Flag zum sendenden Socket

rst_rcv
> sendet TCP-Pakete mit gesetztem RST-Flag zum empfangenden Socket

rst_all
> sendet TCP-Pakete mit gesetztem RST-Flag in beide Richtungen

icmp_net
> sendet dem Sender eine Nachricht **ICMP Network unreachable**

icmp_host
> sendet dem Sender eine Nachricht **ICMP Host unreachable**

icmp_port
> sendet dem Sender eine Nachricht **ICMP Port unreachable**

icmp_all
> sendet dem Sender alle genannten ICMP-Nachrichten

Die Nachrichten können auch kombiniert werden, so dass mehrere Nachrichten gleichzeitig zum Sender oder zum Empfänger oder zu beiden gesendet werden.

```
alert tcp any any -> any 80 (flags:S; resp:rst_all;)
```

Diese Beispiel versucht, jeglichen Verbindungsaufbau zu Port **80** zu unterbinden.

react

```
react: <Basis-Parameter[, Optionaler-Parameter]>;
```

Das Schlüsselwort **react** baut auf Flexible Response auf; entsprechend muss diese Option in Snort einkompiliert sein. **react** befindet sich noch in der Testphase und sollte nur zu Testzwecken benutzt werden! Einige Optionen sind noch nicht verfügbar.

Der Zweck besteht darin, Verbindungen durch Snort zu beenden und eine Meldung mit einer selbstgewählten Notiz an den Browser zu senden. Folgende Parameter stehen zur Verfügung:

block

> beendet die Verbindung und sendet die in **msg** angegebene Nachricht an den Browser (Basisparameter)

warn

> sendet eine Warnmeldung an den Browser (Basisparameter)

msg

> Nachricht, die an den Browser gesendet werden soll (optionaler Parameter)

proxy: <Portnummer>

> Proxy-Port, über den die Nachricht gesendet werden soll (optionaler Parameter)

Das **react**-Schlüsselwort muss am Ende der Schlüsselwortliste im Regel-Body stehen.

```
alert tcp any any -> any 80 (content:"index.htm"; msg:"Kein Zugriff \
                        auf die index.htm"; react:block, msg;)
```

tag

```
tag: <Typ>, <Zähler>, <Metric>, [Richtung]
```

Mit diesem Schlüsselwort ist es möglich, mehr Pakete zu loggen als nur jenes, das die Regel zum Auslösen des Alarms gebracht hat. So kann nach dem Alarm Datenverkehr von der Quelle oder vom Ziel der Pakete mitgeschnitten werden. Folgende Parameter stehen zur Verfügung:

Parameter <Typ>:

session

> loggt alle Pakete der Session, die den Alarm verursacht hat

host

    loggt alle Pakete des Host, der eine Regel zum Auslösen eines Alarms veranlasst hat

Parameter <Zähler>:

count

    gibt an, wie viele Pakete oder wie viele Sekunden noch mitgeschnitten werden sollen.

Parameter <Metric>:

packets

    die in count angegebene Anzahl von Paketen wird mitgeschnitten

seconds

    die in count angegebene Anzahl von Sekunden wird mitgeschnitten

```
alert tcp any any -> any 23 (flags:S; tag:session,10,seconds;)
```

Schlägt diese Regel Alarm, werden weitere 10 Sekunden alle Pakete der Session geloggt.

8.3 Kriterien einer guten Regel

Regeln für Snort zu schreiben ist relativ einfach und doch eine Kunst für sich. Es gibt viele Wege, eine Regel nach den eigenen Bedürfnissen zu entwerfen. Es gilt allerdings einige grundlegende Dinge zu beachten.

Die Regel muss das gewünschte Problem ohne Ausnahme treffen, False Positives sowie False Negatives sind zu minimieren, die Regel muss schnell von Snort abgearbeitet werden, um Ressourcen zu sparen und Paketverluste zu verhindern, und die Regel sollte so einfach wie möglich geschrieben werden.

Alle diese Kriterien in einer Regel zu vereinen stellt den Admin meist vor große Probleme. Unbedingte Voraussetzung: Das Problem muss genau bekannt sein. Dafür ist es sehr wertvoll, wenn beim Auftauchen eines Bugs, Exploits, Virus oder sonstigem unerwünschten Traffic der Netzwerkverkehr bereits mitgeschnitten wurde, um genau analysieren zu können, an welcher Stelle eine Regel den unerwünschten Netzwerkverkehr erkennen kann. Nur bei korrekter Erkennung des Problems kann eine Regel zuverläsig einen Alarm auslösen.

Eine Schritt-für-Schritt-Anleitung zur Erstellung solcher Regeln ist kaum zu geben, da jedes Netzwerk und jede Regel andere Anforderungen stellt. Darum hier nur eine Art Checkliste, mit der mögliche Fehler in einer Regel gefunden werden können.

- Das Problem genau analysieren, um mögliche Irrtümer auszuschließen. Ein Mitschnitt des Datenverkehrs mit einem Paketsniffer ist sehr sinnvoll.

- Soll die Regel einen Alarm auslösen oder genügt das Mitschreiben der Daten?

- Die Regel zunächst allgemein halten und später einschränken, da so mögliche Schwachstellen in der Regel selbst oder False Negatives vermieden werden.

- Hat die Regel das content-Schlüsselwort benutzt? Ohne dieses Schlüsselwort ist die Abarbeitung einer Regel durch Snort extrem langsam.

- Den Regel-Header soweit einschränken, dass die Regel nur auf mögliche Pakete zutrifft, bei denen der unerwünschte Netzwerkverkehr auch wirklich stattfinden kann.

- Ist das Protokoll im Regel-Header korrekt?

- Werden Variable statt IP-Adressen im Regel-Header benutzt? IP-Adressen sind schwer zu pflegen, da bei einer Änderung alle Regeln aktualisiert werden müssen. Darum sollte lieber eine Variable in der snort.conf deklariert werden, auf die dann in der Regel zurückgegriffen werden kann.

- Kann bestimmter Traffic nur in bestimmten Netzwerksegmenten vorkommen? Einschränkungen im Regel-Header sind sinnvoll, da so möglicherweise bestimmte Regeln bei bestimmten Paketen gar nicht erst abgearbeitet werden müssen. Allerdings birgt dies die Gefahr von False Negatives.

- Gibt es Teilprobleme, die sich zusammenfassen lassen? Dynamische Regeln können hier die Effizienz erhöhen.

- Ist der Regel-Body auf das Notwendige beschränkt?

- Kann bei der Suche im Paketinhalt eine Grenze angegeben werden, damit nicht der gesamte Inhalt durchsucht werden muss?

- Sind im Regel-Body die Schlüsselwörter nach ihrer Wichtigkeit geordnet? Das wichtigste Schlüselwort sollte an erster Stelle stehen, da die Detection-Engine von Snort die einzelnen Schlüsselwörter in dieser Reihenfolge abarbeitet und somit die Geschwindigkeit erhöht werden kann.

- Wurden der Regel eine aussagekräftige Nachricht sowie Identifikations- und Versionsnummer zugeteilt?

- Fügt sich die Regel in eine der bestehenden Kategorien oder muss eine eigene Priorität zur Regel hinzugefügt werden?

Möglicherweise gibt es weitere wichtige Fragen, abhängig vom jeweiligen Netzwerk und vom Einsatzzweck von Snort. Einen guten Einstieg für eigene Versuche bieten die bereits vorhandenen Regeln. Zu den meisten gibt es eine detaillierte Beschreibung.[2]

Nachdem nun eine Regel geschrieben wurde, ist ein Test vor deren Einsatz zwingend erforderlich, denn eine nicht getestete Regel kann möglicherweise Snort abstürzen lassen oder die Alarmdatenbank zum Überlauf bringen. Ein solcher Test kann allerdings zeitaufwändig sein. Ein erster Ansatz kann darin bestehen, möglichst viel Datenverkehr von Snort abarbeiten zu lassen, um Paketverlust auszuschließen – Grundvoraussetzung für ein verlässliches Einbruchserkennungssystem. Ob nun Paketverluste auf genau eine Regel zurückzuführen sind, ist allerdings schwierig zu ermitteln. Dennoch sollte jede neue Regel diesem Test unterzogen werden. Mögliche Testwerkzeuge sind Nessus[3], Whisker[4], NMAP[5] oder Nikto[6]. Diese Programme können bei einem so genannten „Stresstest" auch gleichzeitig benutzt werden.

In einem weiteren Testansatz wird genau der Datenverkehr in einer Testumgebung erzeugt, bei dem die Regel einen Alarm auslösen soll. Tut sie dies nicht, muss sie bis zu einem positiven Ergebnis angepasst werden.

8.4   Analyse am Beispiel des Wurms W32.Witty

Die Analyse von potenziell gefährlichem Datenverkehr ist wohl der schwierigste und zugleich effizienteste Ansatz, eine neue Snort-Regel zu entwerfen oder eine bestehende Regel zu verändern.

Als Beispiel für eine solche Analyse dient hier der Wurm **W32.Witty**. Am 20.3.2004 zum ersten Mal entdeckt, nutzt er eine Sicherheitslücke bei bestimmten ISS-Produkten.[7] Produkte dieser Art sind zum Beispiel *BlackICE Agent for Server 3.6* oder *RealSecure Desktop 3.6*, die nur für einige Windows-Versionen verfügbar sind. Für Unix- oder Macintosh-Sever besteht keine Infektionsgefahr.[8]

Der Wurm **W32.Witty** verbreitet sich über das UDP-Protokoll. Als Quellport dient Port **4000**. Möglicherweise existieren bei Erscheinen dieses Buches weitere Versio-

---

[2] http://www.snort.org/cgi-bin/done.cgi; ebenfalls hilfreich ist die Mailingliste, in die man sich auf der Snort-Homepage eintragen kann.

[3] http://nessus.org

[4] http://www.wiretrip.nett/ rft

[5] http://insecure.org

[6] http://www.cirt.net/nikto

[7] http://www.iss.net

[8] Informationen, welche weiteren Systeme von diesem Wurm befallen werden können, finden Sie zum Beispiel unter:
http://securityresponse.symantec.com/avcenter/venc/data/w32.witty.worm.html
Die meisten Hersteller von Anti-Virus-Software bieten ebenfalls eine Datenbank mit bekannten Viren u. Ä. an.

nen dieses Wurms, bei denen die Verbreitung über einen anderen Port abläuft. Das Vorgehen des Wurms ist folgendes:

Von einem bereits infizierten System sendet der Wurm sich selbst über Quellport 4000 20.000(!)-mal an zufällig generierte IP-Adressen. Dabei benutzt er das UDP-Protokoll und gibt vor, ein ICQ-Paket zu sein. In einigen Produkten von ISS existiert nun eine Schwachstelle im ICQ-Parser. Diese macht sich der Wurm zunutze. Mit Hilfe eines Speicherüberlaufs (*Buffer Overflow*) führt er Programmcode auf dem kompromittierten System aus und hat dabei die Rechte, unter denen das ISS-Produkt läuft. Sind die notwendigen Rechte vorhanden, überschreibt er 128 zufällige Sektoren einer Festplatte. Außerdem überschreibt er eine beliebige Stelle auf der Festplatte mit Dateninhalt aus dem Speicher.

Um nun diesen Wurm mit Snort zu erkennen, muss eine passende Regel erzeugt werden. Dazu benötigen Sie den Mitschnitt eines UDP-Pakets dieses Wurms.

```
03/22-20:29:40.014588 0:90:FF:CB:B1:27 -> 0:E0:18:56:E3:28 type:0x800 le
n:0x4F8 infizierter.host.de:4000 -> opfer.de:20384 UDP TTL:114 TOS:0x0 I
D:11284 IpLen:20 DgmLen:1258 Len: 1230
05 00 00 00 00 00 00 12 02 00 00 00 00 00 00 00  ...............
00 00 00 00 00 02 2C 00 05 00 00 00 00 00 00 6E  ......,........n
00 00 00 00 00 00 00 00 00 00 00 00 00 00 00 00  ...............
00 01 00 00 00 00 00 00 00 00 00 00 00 00 00 00  ...............
00 00 00 00 41 02 05 00 00 00 00 00 DE 03 00     ....A..........
00 00 00 00 00 00 00 00 00 00 00 00 00 01 00     ...............
00 01 00 00 01 00 00 1E 02 20 20 20 20 20 20 20  ........
28 5E 2E 5E 29 20 20 20 20 20 20 69 6E 73 65 72  (^.^)     inser
74 20 77 69 74 74 79 20 6D 65 73 73 61 67 65 20  t witty message
68 65 72 65 2E 20 20 20 20 20 20 28 5E 2E 5E 29  here.      (^.^)
20 20 20 20 20 20 20 89 E7 8B 7F 14 83 C7 08 81  ........
C4 E8 FD FF FF 31 C9 66 B9 33 32 51 68 77 73 32  .....1.f.32Qhws2
5F 54 3E FF 15 9C 40 0D 5E 89 C3 31 C9 66 B9 65  _T>...@.^..1.f.e
74 51 68 73 6F 63 6B 54 53 3E FF 15 98 40 0D 5E  tQhsockTS>...@.^
6A 11 6A 02 6A 02 FF D0 89 C6 31 C9 51 68 62 69  j.j.j.....1.Qhbi
6E 64 54 53 3E FF 15 98 40 0D 5E 31 C9 51 51 51  ndTS>...@.^1.QQQ
81 E9 FE FF F0 5F 51 89 E1 6A 10 51 56 FF D0 31  ....._Q..j.QV..1
C9 66 B9 74 6F 51 68 73 65 6E 64 54 53 3E FF 15  .f.toQhsendTS>..
98 40 0D 5E 89 C3 83 C4 3C 31 C9 51 68 65 6C 33  .@.^....<1.Qhel3
32 68 6B 65 72 6E 54 53 3E FF 15 9C 40 0D 5E 31 C9  2hkernT>...@.^1.
51 68 6F 75 6E 74 68 69 63 6B 43 68 47 65 74 54  QhounthickChGetT
54 50 3E FF 15 98 40 0D 5E FF D0 89 C5 83 C4 1C  TP>...@.^.......
31 C9 81 E9 E0 B1 FF FF 51 31 C0 2D 03 BC FC FF  1.......Q1.-....
F7 E5 2D 3D 61 D9 FF 89 C1 31 C0 2D 03 BC FC FF  ..-=a....1.-....
F7 E1 2D 3D 61 D9 FF 89 C5 31 D2 52 52 C1 E9 10  ..-=a....1.RR...
66 89 C8 50 31 C0 2D 03 BC FC FF F7 E5 2D 3D 61  f..P1.-......-=a
D9 FF 89 C5 30 E4 B0 02 50 89 E0 6A 10 50 31 C0  ....0...P..j.P1.
50 2D 03 BC FC FF F7 E5 2D 3D 61 D9 FF 89 C5 C1  P-......-=a.....
E8 17 80 C4 03 50 57 56 FF D3 83 C4 10 59 E2 98  .....PWV.....Y..
31 C0 2D 03 BC FC FF F7 E5 2D 3D 61 D9 FF 89 C5  1.-......-=a....
C1 E8 10 80 E4 07 80 CC 30 B0 45 50 68 44 52 49  ........0.EPhDRI
56 68 49 43 41 4C 68 50 48 59 53 68 5C 5C 2E 5C  VhICALhPHYSh.
```

```
89 E0 31 C9 51 B2 20 C1 E2 18 52 6A 03 51 6A 03    ..1.Q. ...Rj.Qj.
D1 E2 52 50 3E FF 15 DC 40 0D 5E 83 C4 14 31 C9    ..RP>...@.^...1.
81 E9 E0 B1 FF FF 3D FF FF FF FF 0F 84 37 FF FF    ......=......7..
FF 56 89 C6 31 C0 50 50 2D 03 BC FC FF F7 E5 2D    .V..1.PP-.......-
3D 61 D9 FF 89 C5 D1 E8 66 89 C8 50 56 3E FF 15    =a......f..PV>..
C4 40 0D 5E 31 C9 51 89 E2 51 52 B5 80 D1 E1 51    .@.^1.Q..QR....Q
B1 5E C1 E1 18 51 56 3E FF 15 94 40 0D 5E 56 3E    .^...QV>...@.^V>
FF 15 38 40 0D 5E 5E 5E E9 AC FE FF FF 63 76 07    ..8@.^^^.....cv.
5E E9 21 FE FF FF 00 43 66 6A 76 63 6C 62 34 31    ^.!....Cfjvclb41
50 51 35 30 6A 48 31 50 63 34 50 51 55 59 48 78    PQ50jH1Pc4PQUYHx
37 74 65 4F 7A 54 53 54 59 54 65 4C 4D 41 0D 0A    7teOzTSTYTeLMA..
44 6C 44 33 52 37 6C 56 74 42 43 75 6B 6B 68 64    DlD3R7lVtBCukkhd
7A 2B 32 76 6F 75 30 33 41 63 35 57 4F 52 6B 75    z+2vou03Ac5WORku
71 72 67 64 4B 72 75 31 5A 49 4F 43 6C 53 52 2F    qrgdKru1ZIOClSR/
78 51 4F 69 4B 6F 36 48 7A 4A 75 67 52 72 49 34    xQOiKo6HzJugRrI4
73 37 4F 6B 53 4B 77 50 71 4C 75 34 0D 0A 35 62    s7OkSKwPqLu4..5b
61 4E 62 52 30 67 50 4E 59 50 40 00 34 06 B6 62    aNbR0gPNYP@.4..b
40 44 52 00 AA 42 00 18 01 00 00 00 46 00 00 00    @DR..B......F...
46 00 00 00 80 00 00 00 02 00 00 00 6B CE 5B 40    F...........k.[@
2E C7 07 00 00 64 00 90 6F 44 98 20 00 00 B4 30    .....d..oD. ...0
9E 4C 08 00 45 00 00 38 A3 2B 00 00 80 01 24 F5    .L..E..8.+.....
CF 41 5B 58 42 47 05 C4 03 03 3E B4 00 00 00 00    .A[XBG....>.....
45 00 03 2F 61 52 00 00 71 11 72 C7 42 47 05 C4    E../aR..q.r.BG..
CF 41 5B 58 0F A0 FD C9 03 1B AD C3 36 00 00 00    .A[X........6...
36 00 00 00 60 00 00 00 02 00 00 00 E7 CA 5B 40    6...`.........[@
E6 28 0A 00 43 00 00 90 01 00 00 00 1F 05 00 00    .(..C...........
1F 05 00 00 40 05 00 00 02 00 00 00 6B CE 5B 40    ....@.......k.[@
2E C7 07 00 89 BA 00 90 6F 44 98 20 00 00 B4 30    ........oD. ...0
9E 4C 08 00 45 00 05 11 A4 2B 00 00 80 11 75 E3    .L..E....+....u.
CF 41 5B 03 74 B3 7C D5 0F A0 EC E2 04 FD 95 36    .A[.t.|........6
05 00 00 00 00 00 00 12 02 00 00 00 00 00 00 00    ................
00 00 00 00 00 02 2C 00 05 00 00 00 00 00 00 6E    .....,.........n
00 00 00 00 00 00 00 00 00 00 00 00 00 00 00 00    ................
00 01 00 00 00 00 00 00 00 00 00 00 00 00 00 00    ................
00 00 00 00 41 02 05 00 00 00 00 00 DE 03 00 00    ....A...........
00 00 00 00 00 00 00 00 00 00 00 00 00 01 00 00    ................
00 01 00 00 01 00 00 1E 02 20 20 20 20 20 20 20    .........
28 5E 2E 5E 29 20 20 20 20 20 20 69 6E 73 65 72    (^.^)      inser
74 20 77 69 74 74 79 20 6D 65 73 73 61 67 65 20    t witty message
68 65 72 65 2E 20 20 20 20 20 20 28 5E 2E 5E 29    here.      (^.^)
20 20 20 20 20 20 20 89 E7 8B 7F 14 83 C7 08 81    .......
C4 E8 FD FF FF 31 C9 66 B9 33 32 51 68 77 73 32    .....1.f.32Qhws2
5F 54 3E FF 15 9C 40 0D 5E 89 C3 31 C9 66 B9 65    _T>...@.^..1.f.e
74 51 68 73 6F 63 6B 54 53 3E FF 15 98 40 0D 5E    tQhsockTS>...@.^
6A 11 6A 02 6A 02 FF D0 89 C6 31 C9 51 68          j.j.j.....1.Qh
```

Die Länge des Datenpakets wird vom Wurm zufällig gewählt. Das Ziel ist nun, so viel „verseuchten" Datenverkehr wie möglich zu erhalten, um die Datenpakete vergleichen zu können. Abweichungen zwischen den Paketen lassen sich dann in der Snort-Regel berücksichtigen. Die Datenpakete erhalten Sie, indem Sie einen Paketsniffer hinter der Firewall platzieren und die entsprechenden Ports, über die sich der Wurm verbreitet, für diesen öffnen (ein *Honeypot* ist für solche Zwecke ideal, siehe Anhang A auf Seite 231).

Das Erkennen des Wurms sollte bereits anhand der ersten 200-300 Bytes erfolgen, da andernfalls die Prüfung sehr zeitaufwändig wird. Dies ist allerdings nicht immer möglich, doch sollten Sie zunächst stets beim Beginn des Dateninhalts ansetzen.

Beginnen wir nun mit dem Erstellen einer Snort-Signatur, die den Wurm erkennt: Zunächst muss der Regel-Header definiert werden. Der Wurm verbreitet sich mit dem Protokoll UDP über den Port **4000**.

```
alert udp any 4000 -> any any
```

Möchten Sie nur dann eine Alarmmeldung, wenn der Wurm von einem Host Ihres Netzwerks nach außen geschickt wird (wenn also Ihr Netzwerk infiziert ist), ändern Sie den Regel-Header folgendermaßen ab:

```
alert udp $HOME_NET 4000 -> any any
```

Nachdem der Regel-Header definiert wurde, schauen wir uns nochmals die ersten Bytes des Wurmpakets an:

```
05 00 00 00 00 00 00 12 02 00 00 00 00 00 00 00   ...............
00 00 00 00 00 02 2C 00 05 00 00 00 00 00 00 6E   .....,........n
00 00 00 00 00 00 00 00 00 00 00 00 00 00 00 00   ...............
00 01 00 00 00 00 00 00 00 00 00 00 00 00 00 00   ...............
00 00 00 00 41 02 05 00 00 00 00 00 00 DE 03 00   ....A..........
00 00 00 00 00 00 00 00 00 00 00 00 00 00 01 00   ...............
00 01 00 00 01 00 00 1E 02 20 20 20 20 20 20 20   .........
28 5E 2E 5E 29 20 20 20 20 20 20 69 6E 73 65 72   (^.^)      inser
74 20 77 69 74 74 79 20 6D 65 73 73 61 67 65 20   t witty message
68 65 72 65 2E 20 20 20 20 20 20 28 5E 2E 5E 29   here.      (^.^)
```

Vergleichen Sie mehrere Pakete, in denen der Wurm enthalten ist, stellen Sie fest, dass in den ersten beiden Bytes immer die hexadezimalcodierte Zeichenkette **05 00** vorkommt. Nehmen wir also dieses Merkmal in unseren Regel-Body auf.

```
alert udp any any -> any 4000 (content:|05 00|; depth:2;)
```

Nun muss das Paket nach weiteren Merkmalen durchsucht werden. Sie werden feststellen, dass immer im Abstand von 5 Bytes nach der Zeichenkette **05 00** die Zeichenkette **12 02** auftaucht. Damit haben wir unser zweites Merkmal für den Witty-Wurm ausgemacht und können die Regel wie folgt erweitern:

```
alert udp any any -> any 4000 (content:|05 00|; depth:2; \
                    content:"|12 02|"; distance:5; within:2;)
```

Mit der Erweiterung content:"|12 02|"; distance:5; within:2; wird festgelegt, dass, nachdem die Zeichenkette 05 00 in den ersten 2 Bytes entdeckt wurde, nach dieser Zeichenkette in Byte 5 bis Byte 7 relativ zur Zeichenkette 05 00 die Zeichenkette 12 02 enthalten sein muss, damit die Regel einen Alarm auslöst. Zwischen den beiden Zeichenketten können dabei beliebige andere Bytes stehen.

Die Liste von Merkmalen ließe sich nun beliebig verlängern; Sie müssen aber darauf achten, dass die Regel so einfach wie möglich und dennoch exakt bleibt, um False Positives und False Negatives zu vermeiden. Hier gilt der Grundsatz: Die Regel zunächst allgemein halten (also Fehlalarme unter Umständen in Kauf nehmen) und Schritt für Schritt verfeinern. Wenden Sie ein Merkmal an, das nicht auf alle Wurmpakete zutrifft, ist die Folge ein False Negative, und dies gilt es unter allen Umständen zu vermeiden.

Die Analyse anhand mehrerer Datenpakete sollte nun deutlich geworden sein. Die fertige Regel, die mittlerweile im Standardregelsatz von Snort enthalten ist, sieht folgendermaßen aus:

```
alert udp any 4000 -> any any (msg:"EXPLOIT ICQ SRV_MULTI/SRV_META_USER \
    first name overflow attempt"; content:"|05 00|"; \
    depth:2; content:"|12 02|"; distance:5; within:2; \
    byte_test:1,>,1,12,relative; content:"|05 00|"; distance:0; \
    content:"|6e 00|"; distance:5; within:2; content:"|05 00|"; \
    content:"|de 03|"; distance:5; within:2; \
    byte_test:2,>,128,18,relative,little; \
    reference:url,www.eeye.com/html/Research/Advisories/AD20040318.html; \
    classtype:misc-attack; sid:2443; rev:2;)
```

Sie erkennen die beiden content-Schlüsselwörter aus unserem Beispiel wieder. Die Regel wurde mit Schlüsselwörtern zur Erkennung weiterer Merkmale spezifiziert und eine passende Nachricht hinzugefügt. Am Ende erkennen Sie eine Referenz zu dem Wurm, eine Klassifikation, eine Signatur-ID und eine Versionsnummer.

8.5   Die Regel testen

Nun kann die Regel in einer Testumgebung geprüft werden. Sie benötigen dazu ein konfiguriertes Snort. Der Testsensor sollte lediglich die zu testende Regel anwenden. Nun wird der im tcpdump-Format mitgeschnittene Datenverkehr des Wurms mit Snort durch den Parameter -r ausgewertet und bei Erkennung des Wurms ein Alarm ausgelöst. Der Alarm wird an das eingestellte Output-Plugin gesendet.

```
testsensor:~# snort -c /etc/snort/snort-test.conf \
> -r /var/log/snort/UDP-4000.log.1079980902
Running in IDS mode
Log directory = /var/log/snort
```

```
TCPDUMP file reading mode.
Reading network traffic from "/var/log/snort/UDP-4000.log.1079980902"
file.
snaplen = 1514
[...]
1 Snort rules read...
[...]
        --== Initialization Complete ==--
[...]
Snort exiting
```

Nachdem Snort den Datenverkehr abgearbeitet hat, beendet sich das Programm selbst. Nun muss das Output-Plugin einen (oder mehrere, wenn viele Pakete mit dem Wurm entdeckt wurden) Alarm gemeldet haben.

```
linux:/var/log/snort # joe alert
[...]
[**] [1:1000001:1] W32.Witty Wurm entdeckt [**]
[Classification: A Network Trojan was detected] [Priority: 1]
03/22-21:06:40.502946 211.54.32.28:4000 -> 81.220.235.103:45964
UDP TTL:111 TOS:0x0 ID:3747 IpLen:20 DgmLen:1176
Len: 1148

[**] [1:1000001:1] W32.Witty Wurm entdeckt [**]
[Classification: A Network Trojan was detected] [Priority: 1]
03/22-21:06:58.705184 216.66.151.21:4500 -> 80.237.234.38:18566
UDP TTL:109 TOS:0x0 ID:7181 IpLen:20 DgmLen:1127
Len: 1099
[...]
```

Snort hat also einen Alarm ausgelöst. Die Regel kann somit in das laufende IDS eingefügt werden. Bei einer neuen Variante des Wurms muss die Regel natürlich angepasst werden.

9

Analyse und Echtzeitalarmierung

9.1 Die Analyse mit ACID

ACID (*Analysis Console for Intrusion Databases*) hatten wir in Kapitel 4 ja bereits auf dem Log-Host installiert. Es dient der Auswertung der von den Sensoren gesammelten Log- und Alarmmeldungen und ist die grafische Schnittstelle zur MySQL-Datenbank. ACID umfasst drei Bausteine:

Suchmaschine

Die Suchmaschine ist das mächtigste Werkzeug von ACID: Es besteht die Möglichkeit, komplexe Suchanfragen mit logischen Verknüpfungen zu erstellen. Auch der Dateninhalt (*Payload*) von Paketen kann durchsucht werden. Auf der Startseite existieren bereits einige vordefinierte Suchabfragen.

Grafiken erstellen

Mit Hilfe der PHP-Bibliothek **JPGraph** ist es möglich, eine Auswertung der Alarmmeldungen grafisch darzustellen.

Alert Groups (AG)

Hier werden Alarmmeldungen zu Gruppen zusammengefasst. Dies ist sinnvoll, um bei der Analyse eines etwaigen Einbruchs alle möglicherweise damit in Zusammenhang stehenden Alarmmeldungen in einer übersichtlichen Gruppe zu haben.

Bereits die Startseite von ACID bietet reichlich Informationen zu den Alarmmeldungen (siehe Abbildung 9.1).

Abbildung 9.1:
Startseite von ACID

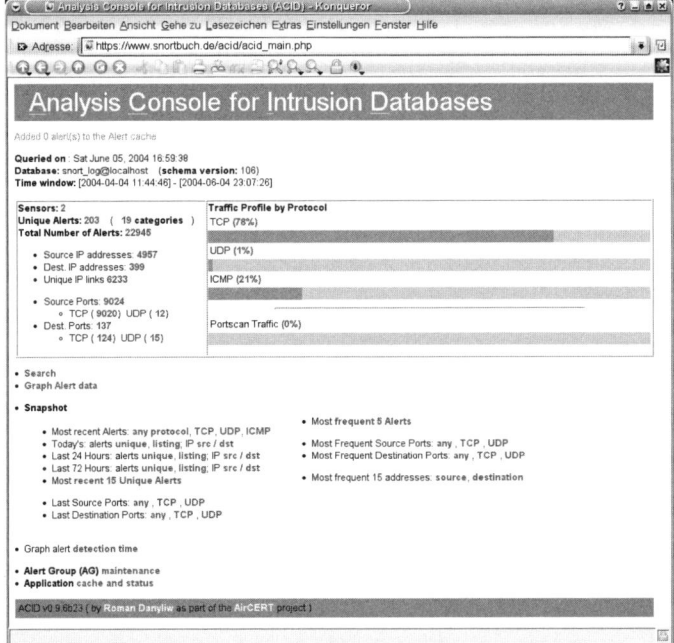

Der so genannte *Alert Cache* zeigt die Anzahl der Alarmmeldungen, die seit dem letzten Aufruf von ACID eingingen. Es folgen einige vordefinierte Suchanfragen und eine Statistik zu den einzelnen Protokollen. Die Statusanzeige für Portscans wird übrigens nicht mehr verwendet – sie basierte auf dem alten Preprozessor **portscan2**, der neue **flow-portscan** speichert seine Alarmmeldungen direkt in der Datenbank, so dass ACID an dieser Stelle nicht ganz zum neuen Snort passt; aber das spielt weiter keine Rolle.

Mit Hilfe der vordefinierten Verknüpfungen können bereits sehr viele Informationen abgefragt werden: zum Beispiel eine Statistik darüber, welcher Host am häufigsten als Angriffsziel gewählt wurde (*Dest. IP addresses*), welche verschiedenen Alarmmeldungen bisher erzeugt wurden (*Unique Alerts*), welche Alarmmeldungen am häufigsten auftreten (*Most recent Alerts*) und vieles mehr.

Diese Statistiken verschaffen bereits einen guten Gesamtüberblick über die möglichen Probleme. Auch bei der Anpassung der Regeln an das eigene Netzwerk sind diese Statistiken sehr hilfreich, da häufig auftretende Alarmmeldungen daraufhin analysiert werden können, ob sie tatsächlich eine Gefahr darstellen oder nur Fehlalarme sind und gegebenenfalls aus dem Regelsatz entfernt oder angepasst werden müssen.

9.1.1 Alert Groups

Die *Alert Groups* wurden entwickelt, um Pakete mit gemeinsamen Kriterien zusammenzufassen. Dies ist sinnvoll, um die Analyse eines möglichen Einbruchs zu vereinfachen und einen besseren Überblick über das Angriffsszenario zu bekommen. Alle Pakete, die möglicherweise an einem Angriff beteiligt waren, können so einer Gruppe zugeordnet werden.

Die Verwaltung dieser Gruppen ist sehr einfach. Von der Startseite aus folgen Sie der Verknüpfung *Alert Group (AG) Maintenance*; Sie finden diese auch bei allen Unterseiten im rechten Bereich der Titelleiste. Mögliche Optionen sind:

- eine neue Gruppe anlegen

- alle Gruppen anzeigen

- den Inhalt einer Gruppe anzeigen

- eine Gruppe editieren

- eine Gruppe löschen

- den Inhalt einer Gruppe löschen

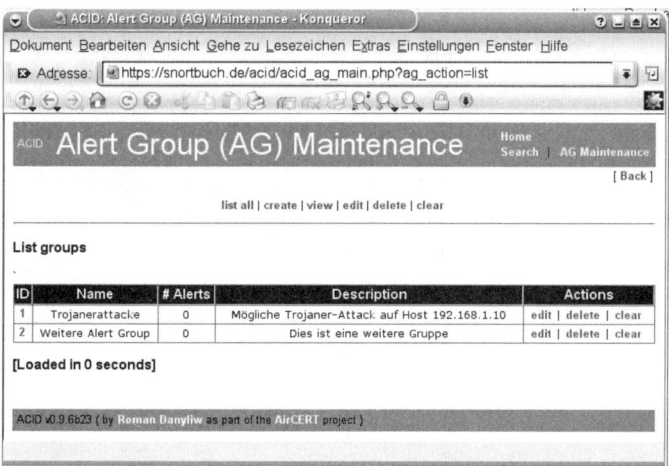

Abbildung 9.2:
Alert Groups mit ACID

Wird eine Gruppe oder deren Inhalt gelöscht, bleiben die Pakete, die dieser Gruppe zugeordnet waren, erhalten. Lediglich die Gruppe wird entfernt und ihre ID nicht wieder verwendet.

Um Pakete zu einer vorhandenen Gruppe hinzuzufügen, muss eine beliebige Suche durchgeführt werden. Alle Pakete, die mit einer Gruppe verknüpft werden sollen, müssen ausgewählt und mit Hilfe des Gruppennamens oder der Gruppen-ID hinzugefügt werden. Das entsprechende Aktionsmenü finden Sie jeweils am Ende der Ausgabe des Suchergebnisses.

9.1.2 Die Suche mit ACID

Die Unterteilung der einzelnen Suchkriterien ist bei ACID farblich gekennzeichnet und besteht aus den Punkten *Meta Criteria*, *IP Criteria* und *Payload Criteria*. Wird bei dem Punkt *IP Criteria* zusätzlich ein *Layer 4* ausgewählt, erscheint ein vierter Suchpunkt, mit dem nach protokollspezifischen Merkmalen gesucht werden kann.

Soll eine Suche durchgeführt werden, muss also zuerst das Suchkriterium festgelegt werden.

Meta Criteria

Unter dem Punkt *Meta Criteria* können Grundeinstellungen für die Suchanfrage vorgenommen werden. Es kann zum Beispiel nach allen Paketen gesucht werden, die eine Alarmmeldung auf einem bestimmten Sensor ausgelöst haben. Auch die Suche in einer bestimmten *Alert Group*, in einer Klasse oder einer Priorität ist möglich.

Zudem können verschiedene Zeiträume angegeben werden. Jeder Zeitraum muss eingestellt und mit einer logischen Verknüpfung mit dem nächsten Zeitraum verbunden werden – Klammersetzung ist erlaubt. Damit können Sie alle Alarmmeldungen von einzelnen Tagen, Wochen oder Monaten heraussuchen.

Abbildung 9.3:
Metakriterien

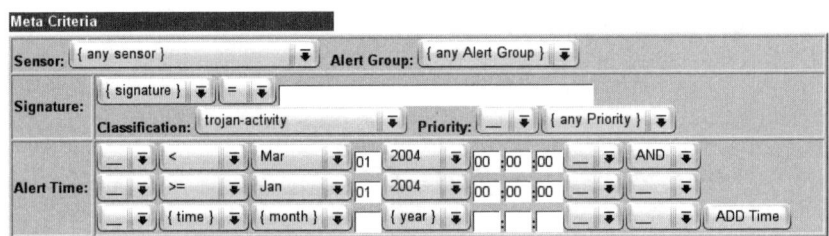

Abbildung 9.3 zeigt eine Suche nach allen Paketen vom 1. Januar und 1. März, die zur Klasse **trojan-activity** gehören.

IP- und Layer-4-Kriterien

Mit den IP-Kriterien kann nach bestimmten IP-Headern gesucht werden. Sie können verschiedene IP-Adressen angeben, die logisch verknüpft sein müssen; Klammersetzung ist erlaubt. Ebenso verhält es sich bei der nächsten Einstellmöglichkeit – der Suche nach bestimmten IP-Header-Merkmalen wie zum Beispiel dem *Time-to-Live-Zähler (TTL)* oder der Checksumme. Diese Header-Merkmale müssen mit einer Zeichenkette verglichen werden.

Wird ein *Layer 4* ausgewählt, erscheint ein weiterer Punkt, um die Suche zu verfeinern, je nachdem ob Sie vorher *TCP*, *UDP* oder *ICMP* ausgewählt hatten. Auch hier werden die einzelnen Suchkriterien logisch miteinander verknüpft.

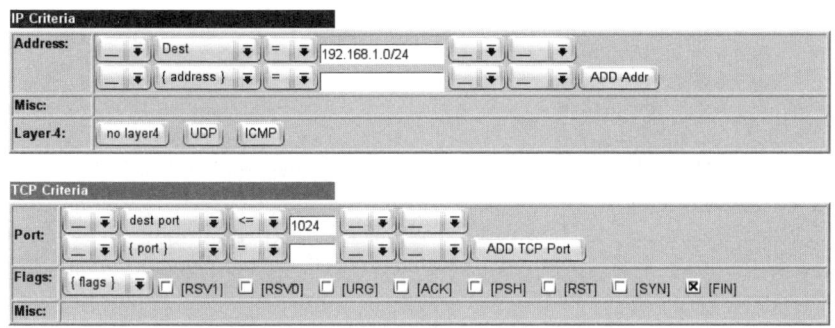

Abbildung 9.4:
IP- sowie
Layer-4-Kriterien

Bei der Suche in Abbildung 9.4 wird die Ausgabe auf Pakete beschränkt, die als Zieladresse das Netzwerk **192.168.1.0/24** haben, deren Protokoll TCP ist, die das FIN-Flag gesetzt haben und deren Zielport kleiner gleich **1024** ist.

Die Suche im Paketinhalt

Im Paketinhalt kann nach beliebigen Zeichenketten in hexadezimaler oder ASCII-Schreibweise gesucht werden. Das funktioniert allerdings nur, wenn die Pakete sowohl im Hex- als auch im ASCII-Format in der Datenbank gespeichert sind – das ist aber standardmäßig der Fall (siehe Kapitel 7.1, Seite 121). Sollten sie – aus welchem Grund auch immer – die Daten nur hexadezimal oder im ASCII-Format speichern, besteht die Möglichkeit, die Suchzeichenkette selbst vor der Suche zu konvertieren.

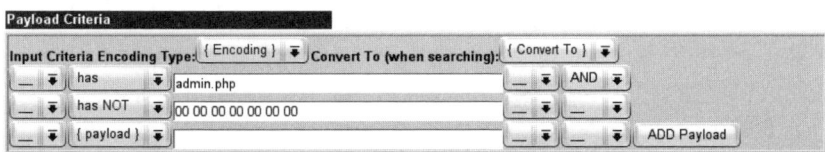

Abbildung 9.5:
Dateninhalt
durchsuchen

Die einzelnen Zeichenketten können auch hier wieder logisch verknüpft und mit Klammern versehen werden. Die in Abbildung 9.5 dargestellte Suche findet Pakete mit dem String **admin.php**, die nicht die Zeichenkette **00 00 00 00 00 00 00** beinhalten.

Zuletzt kann noch die Sortierung der Suchergebnisse bestimmt werden. Mit dem Button *Query DB* wird die Suche gestartet.

Das Suchergebnis

Im oberen Bildschirmteil werden zunächst noch einmal die Suchkriterien angezeigt. Einzelne Kriterien können gelöscht werden, um die Suche zu verallgemeinern.

Abbildung 9.6:
Suchkriterien bei der
Ergebnisausgabe

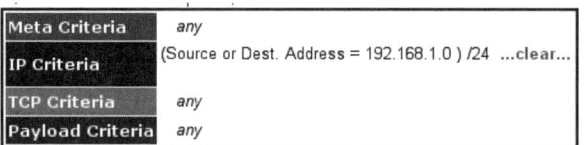

Meta Criteria	any
IP Criteria	(Source or Dest. Address = 192.168.1.0) /24 ...clear...
TCP Criteria	any
Payload Criteria	any

Als Ergebnis liefert die Suche eine Liste mit allen Paketen, die mit der Suchanfrage übereinstimmen. Jedes Paket hat eine eindeutige ID. Folgen Sie der Verknüpfung mit der ID, wird das komplette Paket angezeigt sowie die Signatur, die den Alarm verursacht hat. Die Verknüpfungen daneben dienen als Referenz zu der Signatur. Damit ist es sehr leicht möglich, die Regel zu inspizieren und weitere Informationen über mögliche False Positives/False Negatives und anderes einzuholen.

Des Weiteren wird die Zeit angezeigt, zu der das Paket eingetroffen ist, sowie dessen Quell- und Zieladresse und das verwendete Protokoll. Die Quell- beziehungsweise die Zieladresse ist ebenfalls verlinkt. Sie finden hier Angaben zum Beispiel zur Anzahl der von der ausgewählten Adresse erzeugten Alarmmeldungen.

In der Zeilenbeschriftung befindet sich links ein Kleiner- und rechts ein Größer-Zeichen. Damit kann das Suchergebnis nach dem ausgewählten Kriterium auf- oder absteigend sortiert werden.

Abbildung 9.7:
Ergebnisliste

	ID	Signature	Timestamp	Source Address	Dest. Address	Layer 4 Proto
	#0-(1-1)	[snort] http_inspect: IIS UNICODE CODEPOINT ENCODING	2004-03-27 23:27:27	192.168.1.5:33433	216.239.59.104:80	TCP
	#1-(1-2)	[snort] http_inspect: IIS UNICODE CODEPOINT ENCODING	2004-03-27 23:27:33	192.168.1.5:33434	66.102.9.104:80	TCP
	#2-(1-3)	[snort] spp_rpc_decode: Multiple Records in one packet	2004-04-03 12:20:39	192.168.1.5:32907	192.168.1.10:111	TCP
	#3-(1-4)	[snort] spp_rpc_decode: Multiple Records in one packet	2004-04-03 12:22:28	192.168.1.5:32921	192.168.1.10:111	TCP
	#4-(1-5)	[snort] spp_rpc_decode: Multiple Records in one packet	2004-04-03 12:23:09	192.168.1.5:32935	192.168.1.10:111	TCP
	#5-(1-6)	[snort] spp_rpc_decode: Multiple Records in one packet	2004-04-03 12:24:32	192.168.1.5:32977	192.168.1.10:111	TCP
	#6-(1-7)	[snort] spp_rpc_decode: Multiple Records in one packet	2004-04-03 12:41:53	192.168.1.5:47997	192.168.1.10:111	TCP
	#7-(1-8)	[snort] spp_rpc_decode: Multiple Records in one packet	2004-04-03 12:41:53	192.168.1.5:47997	192.168.1.10:111	TCP
	#8-(1-9)	[snort] spp_rpc_decode: Incomplete RPC segment	2004-04-03 12:41:53	192.168.1.5:47998	192.168.1.10:111	TCP
	#9-(1-10)	[snort] spp_rpc_decode: Incomplete RPC segment	2004-04-03 12:41:53	192.168.1.5:47998	192.168.1.10:111	TCP

Am Ende jedes Suchergebnisses, sei es ein einzelnes Paket oder eine ganze Liste von Paketen, können verschiedene Aktionen mit den ausgewählten Paketen unternommen werden: Es ist möglich, die ausgewählten Pakete einer bestimmten *Alert Group* zuzuweisen, die Pakete zu löschen, zu archivieren oder an eine E-Mail-Adresse zu verschicken.

Die Einzelansicht eines Pakets

Folgen Sie der verlinkten ID eines Pakets, erscheint dessen Einzelansicht mit allen verfügbaren Informationen. Die Ansicht ist in die bereits bekannten Kriterien *Meta*, *IP*, *TCP/UDP/ICMP* (*Layer 4*) sowie *Payload* unterteilt.

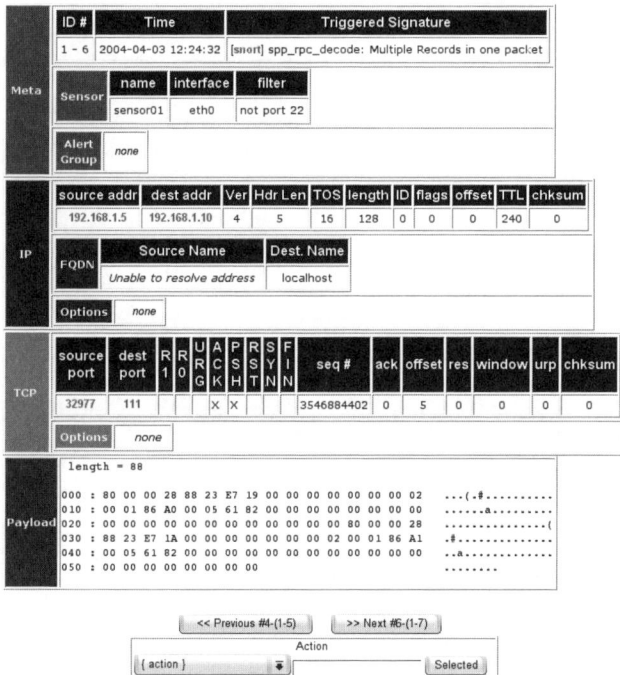

Abbildung 9.8:
Einzelansicht eines
Pakets

Mit den Schaltern *Previous* und *Next* kann zum vorherigen beziehungsweise nächsten Paket aus dem Suchergebnis gesprungen werden.

9.1.3 Mit ACID Grafiken erstellen

Um Grafiken mit ACID zu erstellen, folgen Sie auf der Startseite der Verknüpfung *Graph Alert data*. Bei der Erstellung stehen drei Diagrammtypen zur Verfügung:

Balkendiagramm (*bar*), Stufendiagramm (*line*) sowie Kreisdiagramm (*pie*). Mithilfe des *Chart Type* wird ausgewählt, welcher Parameter den Alarmmeldungen gegenübergestellt werden soll. Die Alarmmeldungen sind standardmäßig auf der y-Achse eingetragen, der ausgewählte Parameter auf der x-Achse. Für die beiden Achsen existieren unterschiedliche Einstellmöglichkeiten.

Bei der x-Achse kann die Datenquelle in Form einer *Alert Group* ausgewählt werden; daneben können Sie einen minimalen Wert für die Anzahl der Alarmmeldungen, die in der Grafik angezeigt werden sollen, angeben. Die y-Achse kann logarithmiert ausgegeben werden. Die Größe der ausgegebenen Grafik stellen Sie bei *Size* ein – dies ist nötig, wenn zum Beispiel die Beschriftung der x-Achse nicht lesbar ist, weil zu viele Angaben vorhanden sind. In diesem Fall sollten Sie die x-Achse verlängern. Eine weitere Möglichkeit ist die Definition eines relevanten, in der Grafik abzubildenden Zeitraums: Geben Sie einen Beginn und einen Endzeitpunkt an.

Abbildung 9.9:
Grafiken erstellen mit
ACID

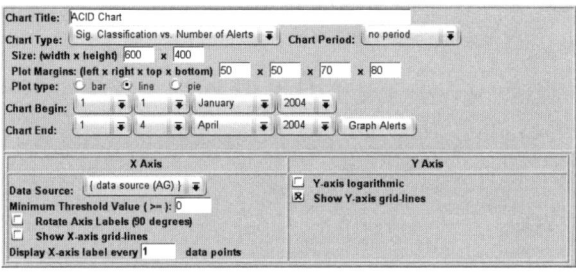

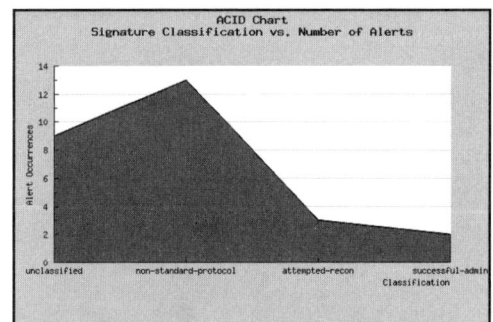

Die daraufhin erzeugte Grafik kann nun einfach mithilfe des Webbrowsers gespeichert werden.

9.2 Echtzeitalarmierung mit syslog-ng

In diesem Kapitel geht es um die Einrichtung eines Echtzeitalarmsystems, also um eine Lösung, die uns umgehend und automatisch informiert, ohne dass wir ACID eigens befragen müssen. Manche Warnmeldungen dulden einfach keinen Aufschub.

Als reines Einbruchserkennungssystem bietet Snort dazu keinerlei Funktionen an. Der Grundstein für ein Echtzeitalarmsystem wurde aber bereits mit dem syslog-ng-Daemon gelegt.

Zur Erinnerung: Alle Sensoren senden ihre Alarmmeldungen an den syslog-ng-Daemon auf dem Log-Host. Mit dessen Hilfe ist es möglich, die ankommenden Meldungen nach beliebigen Zeichenketten zu filtern und an ein anderes Programm zu übergeben. Somit können bei einer dringenden Alarmmeldung E-Mails oder SMS-Meldungen versendet werden. Voraussetzung ist eine installierte Software zum Versenden von E-Mails oder SMS-Nachrichten.

In diesem Beispiel wird der Weg zum Versand einer E-Mail bei bestimmten Alarmmeldungen gezeigt. Ein Mailprogramm wie *Postfix* ist dazu notwendig.

Öffnen Sie die Konfigurationsdatei des **syslog-ng** auf dem Log-Host. Hier werden nun Filter sowie Log-Anweisungen angelegt, um bei bestimmten Zeichenketten eine E-Mail-Warnung zu veranlassen. Die Quelle für die Meldungen wurde bereits bei der Konfiguration des **syslog-ng** auf dem Log-Host angegeben.

```
linux:/etc/syslog-ng/ # joe syslog-ng.conf
#Quelle
source quelle {
 tcp(ip(127.0.0.1) port(601));
};

#Filter für Meldungen mit der Priorität 1
filter f_snort_prioritaet1 { match("[Priority: 1]"); };

#Ziel der E-Mail
destination e_mail {
  program(mail -s "Alarmmeldung Ueberwachungsserver" admin@snortbuch.de);
};

#E-Mail abschicken
log {
  source(quelle); filter(f_snort_prioritaet1); destination(e_mail);
};
```

Zunächst wird ein Filter angelegt, der nach der Zeichenkette **[Priority :1]** sucht.

Anschließend wird definiert, dass die Aktion **e_mail** den Aufruf des entsprechenden Mailprogramms bedeutet, das den Output an den Admin schickt.

Der letzte Eintrag weist den **syslog-ng** an, die an **quelle** ankommenden Meldungen mit dem Filter **f_snort_prioritaet1** zu filtern und an das Ziel **e_mail**, also an unser

Mailprogramm weiterzuleiten; schon wird bei jeder Alarmmeldung der Priorität 1 eine Alert-E-Mail gesendet.

Der komplette Vorgang kann beliebig oft wiederholt werden; es können also beliebig viele Filter angelegt werden. Auch das Ziel kann beliebig gewählt werden. Möchten Sie, dass Alarmmeldungen mit der Priorität 2 an eine bestimmte Gruppe von Personen gesendet werden, erstellen Sie einen entsprechenden Filtereintrag und passen Sie den Aufruf von **mail** an.

Teil III

Was sonst noch dazu gehört

10

Weitere Programme
rund um Snort

In diesem Kapitel geht es um „Zubehör" für ein sicheres Einbruchserkennungs-system. Es werden weitere Programme rund um Snort vorgestellt sowie nützliche Tools, die die Einbruchserkennung erheblich erleichtern.

10.1 Regeln aktualisieren mit Oinkmaster

Oinkmaster[1] ist ein Perl-Script, um Snort-Regeln upzudaten und zu modifizieren. Das Einspielen neuer Regelsätze für die einzelnen Sensoren ist sehr wichtig, um sich gegen neue Angriffsmöglichkeiten abzusichern.

Allerdings wird normalerweise nicht der komplette offizielle Regelsatz benutzt, sondern nur ausgewählte Teile, die für das zu schützende Netzwerk sinnvoll sind.

[1] http://oinkmaster.sourceforge.net/

Erscheint ein neuer Regelsatz, wäre es eine Ganztagsaufgabe, diesen auf allen Sensoren einzuspielen und wieder an das zu schützende Netzwerk anzupassen – auch selbst geschriebene Regeln müssten dann per Hand eingefügt werden.

Die Lösung für dieses Problem bietet Oinkmaster: Dieses Perl-Script kann bestimmte Regeln automatisch bei jedem Update auskommentieren oder mit Hilfe regulärer Ausdrücke verändern. Dazu lädt Oinkmaster von einer angegebenen Quelle das neue Tar-Archiv mit den Snort-Regeln herunter, verändert die Regeln wie in der Konfigurationsdatei von Oinkmaster angegeben und schreibt sie dann in einen ausgewählten lokalen Ordner.

In dieser Installation wird der originale Regelsatz (http://www.snort.org/dl/rules/) auf dem Log-Host bereitgestellt und von dort aus auf die einzelnen Sensoren verteilt, so dass Sie ihn zentral verwalten können. Sollten Sie nur einen einzigen Sensor benutzen, macht dieses Konzept natürlich keinen Sinn. Dann reicht es, Oinkmaster lediglich auf dem Sensor selbst zu installieren und von dort aus den Regelsatz direkt von http://www.snort.org/dl/rules/ herunterzuladen.

Egal, für welches Konzept Sie sich entscheiden, Installation und Benutzung von Oinkmaster bleiben gleich. Lediglich die Quellangabe, von wo der Sensor den Regelsatz bezieht, unterscheidet sich – entweder der Sensor holt die Regeln vom Log-Host oder er lädt sie direkt von der Snort-Homepage herunter.

Noch ein Hinweis, bevor die Installation beginnt: Das Einspielen neuer Regelsätze für die einzelnen Sensoren sollte niemals voll automatisiert werden. Erstens können Fehler in den Regeldateien nicht ausgeschlossen werden, und zweitens muss Snort zunächst einen Probelauf absolvieren, bevor die neuen Regeln eingesetzt werden. Dabei muss auch auf die Performance geachtet werden: Paketverluste dürfen auch nach einen Regel-Update nicht auftreten.

Außerdem besteht bei jedem neuen Regelsatz die Möglichkeit, dass neue Schlüsselwörter hinzugekommen sind, die die die auf dem Sensor installierte Snort-Version nicht versteht. In diesem Fall muss zunächst eine aktuelle Snort-Version auf dem Sensor installiert werden. Ist der neue Regelsatz getestet, kann er mit dem laufenden Snort benutzt werden. Überwachen Sie auch diesen Vorgang noch einige Minuten. Schauen Sie sich die Ausgaben des Preprozessors **perfmonitor** an (in **/var/log/messages**) und prüfen Sie die Prozessorlast sowie die Speicherauslastung auf dem Sensor-Host.

10.1.1   Oinkmaster installieren

Um Oinkmaster zu benutzen, werden folgende Programmpakete benötigt:
Perl (http://www.perl.org/)
tar (http://www.gnu.org/software/tar/tar.html)
wget (http://www.gnu.org/software/wget/wget.html)
gzip (http://www.gzip.org/)

Oinkmaster sollte auf jedem Sensor sowie auf dem Log-Host installiert werden. Der Log-Host muss die Möglichkeit haben, von http://www.snort.org/dl/rules einen neuen Regelsatz herunterzuladen. Wenn Sie nur einen Sensor haben, ist es natürlich nicht nötig, Oinkmaster auch auf dem Log-Host zu installieren.

Nachdem Oinkmaster unter http://oinkmaster.sourceforge.net/download.shtml heruntergeladen und anschließend entpackt wurde, muss das Programm sowie die Konfigurationsdatei an die richtige Stelle kopiert und ein temporäres Verzeichnis für Oinkmaster angelegt werden.

```
linux:/usr/local/src/ # tar xvfz oinkmaster-1.0.tar.gz
linux:/usr/local/src/ # cd oinkmaster-1.0
linux:/usr/local/src/oinkmaster-1.0/ # mkdir -p /etc/oinkmaster/rules
linux:/usr/local/src/oinkmaster-1.0/ # cp oinkmaster.conf \
> /etc/oinkmaster/.
linux:/usr/local/src/oinkmaster-1.0/ # cp oinkmaster.pl /usr/local/bin/
linux:/usr/local/src/oinkmaster-1.0/ # chmod 750 \
> /usr/local/bin/oinkmaster.pl
linux:/usr/local/src/oinkmaster-1.0/ # cp oinkmaster.1 \
> /usr/local/man/man1/
linux:/usr/local/src/oinkmaster-1.0/ # mkdir /tmp/oinkmaster
```

Nun ist Oinkmaster installiert und kann konfiguriert werden. Die Konfigurationsdatei findet sich unter **/etc/oinkmaster/oinkmaster.conf**. Auf dem Log-Host ist dies die globale Konfigurationsdatei für alle Sensoren. Die sensorspezifische Konfigurationsdatei liegt im selben Verzeichnis auf dem jeweiligen Sensor.

10.1.2 Oinkmaster auf dem Log-Host konfigurieren

Die Konfigurationsdatei auf dem Log-Host dient als globale Konfiguration für alle Sensoren. Das Prinzip dabei ist folgendes: Der Log-Host hat Zugriff auf das neueste Regelwerk. Dieses wird mit Hilfe von Oinkmaster heruntergeladen, die enthaltenen Regeln werden durch Oinkmaster angepasst. Der veränderte Regelsatz wird nun an die einzelnen Sensoren weiterverteilt und von Oinkmaster auf den Sensoren erneut angepasst. Somit werden auf dem Log-Host zunächst Grundeinstellungen vorgenommen, auf den Sensoren die sensorspezifischen Einstellungen.

In der Konfigurationsdatei von Oinkmaster müssen zuerst eine Quelle für den neuen Regelsatz sowie einige weitere Einstellungen angegeben werden. Die Einträge sind bereits vorhanden, müssen also nur noch angepasst werden:

```
linux:/etc/ # joe oinkmaster.conf
url = http://www.snort.org/dl/rules/snortrules-snapshot-CURRENT.tar.gz
tmpdir = /tmp/oinkmaster
skipfile local.rules
skipfile deleted.rules
skipfile snort.conf
skipfile threshold.conf
```

In dieser Konfigurationsdatei müssen später alle globalen Einstellungen für den Regelsatz vorgenommen werden. Die möglichen Parameter werden gleich in Kapitel 10.1.4 auf Seite 206 beschrieben.

Nachdem die globale Konfiguration abgeschlossen ist, kann Oinkmaster mit dem Regel-Update beginnen. Dieses wird lediglich auf dem Log-Host ausgeführt. Es werden also die Regeln von http://www.snort.org/dl/rules heruntergeladen, bearbeitet und lokal in einem beliebigen Ordner gespeichert. Dieser Ordner wird dann mit **tar** und **gzip** gepackt und komprimiert.

```
linux:/etc/oinkmaster # oinkmaster.pl -C /etc/oinkmaster/oinkmaster.conf\
> -o /etc/oinkmaster/rules/
Loading /etc/oinkmaster/oinkmaster.conf
Downloading file from http://www.snort.org/dl/rules/snortrules-snapshot-2
_1.tar.gz... done.
Archive successfully downloaded, unpacking... done.
Processing downloaded rules... disabled 0, enabled 0, modified 0, total=2
035.
Setting up rules structures... done.
Comparing new files to the old ones... done.
Updating rules... done.

[***] Results from Oinkmaster started Mon Apr 19 18:58:01 2004 [***]

[*] Rules modifications: [*]
    None.

[*] Non-rule line modifications: [*]
    None.

[*] Added files: [*]
    None.

linux:/etc/oinkmaster # tar -czf snortrules_global.tgz rules/
```

Nun liegt der neue Regelsatz im Verzeichnis /etc/oinkmaster und hat den Namen snortrules_global.tar.gz. Damit die Sensoren an die Regeln kommen, können wir diese einfach zum Download bereitstellen, der entsprechende https-Zugriff wurde ja sowieso auf die Sensoren beschränkt:

SUSE

```
linux:/etc/oinkmaster # cp snortrules_global.tgz /srv/www/htdocs
```

Debian

```
linux:/etc/oinkmaster # cp snortrules_global.tgz /var/www
```

10.1.3   Oinkmaster auf den Sensoren konfigurieren

Nachdem auf dem Log-Host ein neuer Regelsatz mit globalen Einstellungen für alle Sensoren bereitsteht, muss er auf die einzelnen Sensoren übertragen werden. Dazu ist auf jedem Sensor Oinkmaster installiert und folgendermaßen konfiguriert (bei der URL-Quelle geben wir natürlich die IP-Nummer des Log-Host an):

```
linux:~ # joe /etc/oinkmaster/oinkmaster.conf
url = https://192.168.3.99/snortrules_global.tgz
tmpdir = /tmp/oinkmaster
skipfile local.rules
skipfile deleted.rules
skipfile snort.conf
skipfile threshold.conf
```

In dieser Konfigurationsdatei werden die sensorspezifischen Regeländerungen vorgenommen.

Wenn Sie Oinkmaster nur auf dem Sensor installiert haben (und nicht auf dem Log-Host), müssen Sie als Quelle
url = http://www.snort.org/dl/rules/snortrules-snapshot-CURRENT.tar.gz
eintragen und die Firewall entsprechend anpassen, damit der neue Regelsatz von http://www.snort.org heruntergeladen wird.

Um nun ein Update der Regeln zu erreichen, muss Oinkmaster auf dem Sensor gestartet werden. Als Ausgabeverzeichnis geben Sie das Regelverzeichnis von Snort an, damit Snort bei einem Neustart die neuen Regeln einlesen kann.

```
linux:~ # oinkmaster.pl -C /etc/oinkmaster/oinkmaster.conf \
> -o /etc/snort/rules/
Loading /etc/oinkmaster/oinkmaster.conf

Downloading file from https://192.168.3.99/snortrules_global.tgz...done.

Archive successfully downloaded, unpacking... done.
Processing downloaded rules... disabled 0, enabled 0, modified 0, total=2
109.
Setting up rules structures... done.
Comparing new files to the old ones... done.

[***] Results from Oinkmaster started Mon Apr 19 19:49:33 2004 [***]

[*] Rules modifications: [*]
    None.

[*] Non-rule line modifications: [*]
    None.

[*] Added files: [*]
    None.
```

Die Regeln wurden erneuert. Testen Sie nun Snort – läuft alles glatt, kann der Neustart erfolgen.

```
linux:~ # snort -c /etc/snort/snort.conf -T
linux:~ # /etc/init.d/snort restart
```

Die Konfiguration für Oinkmaster auf dem Log-Host sowie auf den Sensoren ist nun abgeschlossen. Der nächste Abschnitt behandelt das Verändern, Auskommentieren und Hinzufügen von Regeln mit Oinkmaster.

10.1.4 Regeln mit Oinkmaster modifizieren

Sind Sie der Installationsanleitung gefolgt, so haben Sie nun die Möglichkeit, für alle Sensoren global bestimmte Regeln zu modifizieren, indem Sie auf dem Log-Host die Konfigurationsdatei von Oinkmaster bearbeiten.

Sensorspezifische Modifikationen an den Regeln lassen sich zusätzlich auch mit der Konfigurationsdatei von Oinkmaster auf dem betreffenden Sensor einstellen. Sind Sie mit regulären Ausdrücken etwas vertraut, so stehen Ihnen alle Wege offen, die Regeln nach Belieben zu verändern.

skipfile <Dateiname>

> Die ausgewählte Datei wird nicht aus dem Archiv erneuert. Im Archiv ist zum Beispiel die Datei snort.conf enthalten. Sie soll allerdings nicht auf dem Sensor überschrieben werden – dies erreichen Sie mit der Anweisung skipfile. Sinnvoll ist diese Direktive auch bei den Dateien local.rules, deleted.rules und threshold.conf.
>
> Beispiel:
>
> ```
> linux:/etc/oinkmaster/ # joe oinkmaster.conf
> skipfile snort.conf
> skipfile threshold.conf
> ```
>
> Diese Einstellungen wurden bereits während der Installation von Oinkmaster vorgenommen.

disablesid <SID>

> Mit diesem Schlüsselwort können Regeln auskommentiert werden. Dies ist wohl das am häufigsten gebrauchte Schlüsselwort für Oinkmaster, da einige Regeln nicht benötigt werden. Es können einzelne SIDs oder eine Liste von SIDs (durch Komma getrennt) angegeben werden.
>
> Beispiel:
>
> ```
> linux:/etc/oinkmaster/ # joe oinkmaster.conf
> disablesid 4,1562,1054
> ```

modifysid SID "ersetze dies" | "durch das"

> Hiermit verändern Sie eine bestimmte Regel, die durch die SID eindeutig identifiziert wird. Sollen alle Regeln verändert werden, so können Sie die Wildcard „*" verwenden.
>
> Beispiel:

```
linux:/etc/oinkmaster/ # joe oinkmaster.conf
modifysid 1378 "^alert" | "pass"
```

> Hier wird die Aktion der Regel mit der ID 1378 von **alert** auf **pass** gesetzt. Ein weiteres Beispiel:

```
linux:/etc/oinkmaster/ # joe oinkmaster.conf
modifysid 1345 "sid:1345;" | "sid:1345; tag: host, src, 300, secon
ds;"
```

> Bei diesem Beispiel wird der Regel 1345 das Schlüsselwort **tag** angehängt.

enablesid <SID>

> Bei Benutzung dieses Schlüsselworts wird bei der angegebenen Regel das Kommentarzeichen am Anfang der Zeile entfernt. Die Regel wird also aktiviert. Es kann auch eine Liste mit Regeln (durch Komma getrennt) angegeben werden.
>
> Beispiel:

```
linux:/etc/oinkmaster/ # joe oinkmaster.conf
enablesid 1,1345,2034
```

Damit die Änderungen an den Regeln wirksam werden, muss Oinkmaster und danach der Snort-Prozess neu gestartet werden. Wurde die globale Konfiguration von Oinkmaster auf dem Log-Host verändert, müssen Sie Oinkmaster zunächst auf dem Log-Host und dann auf den einzelnen Sensoren ausführen. Danach können die Snort-Prozesse neu gestartet werden.

10.2 AIDE – Sicherheit der Datei-Integrität

AIDE steht für *Advanced Intrusion Detection Environment.* Es dient der Prüfung der Datei-Integrität: Um sicherzustellen, dass Dateien auf Ihrem System nicht unbemerkt verändert wurden, wird mit Hilfe von AIDE eine Datenbank angelegt, die für jede Datei mehrere Prüfsummen und andere Informationen zu Berechtigungen, Besitzer, Gruppe, Dateigröße, Inode-Nummer, Anzahl der Verlinkungen, Erstellungsdatum, Datum der letzten Bearbeitung etc. enthält.

Nur so können Sie im Falle eines entdeckten Angriffs kontrollieren, ob und was verändert worden ist. Hätten Sie diese Möglichkeit nicht, wäre auch ein entdeckter Einbruch stets ein Totalschaden, da Sie schon aufgrund der Ungewissheit das betroffene System komplett von Grund auf neu installieren müssten.

Der Quellcode von AIDE ist unter http://sourceforge.net/projects/aide verfügbar. Die Installation kann aber auch mit dem vorhandenen Paketmanager erfolgen.

SUSE

```
linux:~ # yast -i aide
```

Debian

```
linux:~ # apt-get install aide
```

Sie sollten dabei von AIDE alle wichtigen Programme und unveränderlichen Dateien erfassen lassen, allen voran natürlich /usr/bin, /usr/sbin, /bin und /sbin. Des Weiteren sollten Sie alle elementaren Konfigurationsdateien, die nicht oder nur selten verändert werden, aufnehmen, z. B. die Firewall-Einstellungen, /etc/inetd.conf, /etc/host.* und vielleicht auch /etc/passwd.

Nicht erfassen müssen Sie dagegen veränderliche Dateien wie z. B. Logfiles, temporäre Dateien in /tmp oder spool-Verzeichnisse sowie Systemordner wie /proc.

Am besten lassen Sie die ganze Festplatte einlesen und schließen nur einiges aus:

```
linux:~ # joe /etc/aide.conf
#
# Copyright (c) 2000, 2002 SuSE Linux AG, Germany.
#
# /etc/aide.conf
#

database=file:/var/lib/aide/aide.db
database_out=file:/var/lib/aide/aide.db.new
verbose=20
report_url=stdout
All=R+a+sha1+rmd160+tiger
Norm=s+n+b+md5+sha1+rmd160+tiger


#
# do not look at these
#

!/dev
!/tmp
!/proc
!/usr/src
```

```
#
# and work on all the others
#

/ R
```

Sie sollten mit **aide** dazu direkt nach der Installation des Servers, also wenn das System „per Definition" sauber sein sollte, eine entsprechende Datenbank anlegen lassen, um später das aktuelle Dateisystem regelmäßig gegenprüfen zu können.

```
linux:~ # aide --init
```

Jede Veränderung wird dann beim Vergleich von AIDE ausgegeben:

```
linux:~ # aide --check
AIDE found differences between database and filesystem!!
Start timestamp: 2003-08-28 22:36:17
Summary:
Total number of files=95184,added files=1,removed files=0,changed files=2

Added files:
added:/var/lib/aide/.ccz
Changed files:
changed:/usr/bin
changed:/usr/bin/zgrep
Detailed information about changes:

Directory: /usr/bin
  Mtime   : 2003-08-04 14:15:54          , 2003-08-28 22:35:59
  Ctime   : 2003-08-04 14:15:54          , 2003-08-28 22:35:59

File: /usr/bin/zgrep
  Size    : 1896                         , 1897
  Mtime   : 2003-03-14 01:16:30          , 2003-08-28 22:35:59
  Ctime   : 2003-05-17 06:49:15          , 2003-08-28 22:35:59
  MD5     : W0epsz8CZqimkJiRdicuMg==     , he/Zqc60v5ZeNSPs8c1KSA==
```

Wichtiger Hinweis: Natürlich nützt Ihnen die AIDE-Datenbank nichts, wenn Sie sie auf dem Server belassen und der Angreifer seine Änderungen einfach einpflegen kann. Die AIDE-Datenbanken gehören zentral gesichert und archiviert, am besten auf Read-Only-Medien.

10.3 Rootkit-Detektor

Das Programm **chkrootkit**[2] ist auf die Erkennung bekannter Rootkits spezialisiert. Es überprüft die folgenden Binärdateien auf Modifikationen, die durch ein Root-

[2] http://chkrootkit.org

kit auftreten: aliens, asp, bindshell, lkm, rexedcs, sniffer, wted, w55808, scal-
per, slapper, z2, amd, basename, biff, chfn, chsh, cron, date, du, dirname, echo,
egrep, env, find, fingerd, gpm, grep, hdparm, su, ifconfig, inetd, inetdconf, init,
identd, killall, ldsopreload, login, ls, lsof, mail, mingetty, netstat, named, pass-
wd, pidof, pop2, pop3, ps, pstree, rpcinfo, rlogind, rshd, slogin, sendmail, sshd,
syslogd, tar, tcpd, tcpdump, top, telnetd, timed, traceroute, vdir, w, write

Eine Liste der Rootkits, die erkannt werden, kann man sich auf der Homepage von
chkrootkit ansehen.

Der Aufbau des Programms ist sehr einfach. Zum Starten geben Sie als Superuser
lediglich den Befehl chkrootkit ein.

Nach dieser Eingabe startet chkrootkit einen Test, ob ein ihm bekanntes Rootkit
installiert ist. Bei diesem Test werden alle bekannten Rootkits geprüft.

Um ein bestimmtes Paket zu prüfen, geben Sie ein:

```
linux:~ # chkrootkit program_1 program_2 ...
```

Dabei kann program_N aus der Liste der überprüfbaren Binaries ausgewählt werden.

Weitere Parameter, die Sie mit chkrootkit benutzen können, sind:

-h

    zeigt die Hilfe zu chkrootkit an

-l

    zeigt alle zur Verfügung stehenden Tests an

-q

    verhindert die Bildschirmausgabe des Check; es werden lediglich am Ende
    der Prüfung einige Zeilen ausgegeben.

-x

    schaltet in den Expertenmodus um; dort können Sie in den Binaries nach
    Strings suchen und so selbst eine modifizierte Datei ausfindig machen.

-r <Verzeichnis>
    bestimmt ein neues Wurzelverzeichnis für chkrootkit

-p Verzeichnis_1:Verzeichnis_2:...
    Mit diesem Parameter geben Sie Verzeichnisse zu externen Programmen, die
    von chkrootkit benutzt werden, an.

Die Dateien awk, cut, echo, egrep, find, head, id, ls, netstat, ps, strings, sed und
uname benutzt chkrootkit selbst. Nun wäre es natürlich möglich, diese Dateien so
zu verändern, dass chkrootkit ausgeschaltet wird.

Um dies zu verhindern, sollten Sie vertrauenswürdige Binaries dieser Programme benutzen. Nutzen Sie dazu die Pfadangabe für externe Programme. Zum Beispiel:

```
linux:~ # chkrootkit -p /cdrom/bin
```

So benutzen Sie die Binaries, die auf einer CD-ROM im /bin-Verzeichnis liegen. Diese Dateien sind vor Schreibzugriffen geschützt.

Alternativ können Sie die Festplatte aus dem kompromittierten System in ein System einbauen, dem Sie vertrauen. Nun mounten Sie die kompromittierte Platte in das /mnt-Verzeichnis und geben chkrootkit beim Programmstart ein neues Wurzelverzeichnis mit:

```
linux:~ # chkrootkit -r /mnt
```

Der Rootkit-Detektor kann natürlich keine 100-prozentige Sicherheit vor Rootkits bieten, denn er erkennt nur ihm bekannte Rootkits, keine neuen oder unbekannten. Doch um sich vor weit verbreiteten Rootkits zu schützen, ist dieses Tool eine gute Hilfe.

10.4 Das Netz auf Schwachstellen testen – Netzwerkscanner

Angreifer wie Verteidiger bedienen sich so genannter Netzwerkscanner, um ein Netzwerk auf mögliche Schwachstellen oder laufende Dienste hin zu überprüfen. Diese Möglichkeit der Überprüfung ist für Netzwerkadministratoren in großen Netzwerken sehr sinnvoll, da sich mit verschiedenen Scantechniken allerlei Informationen über das zu betreuende Netz sammeln lassen. Allerdings könnten diese Informationen auch zum Ausspionieren Ihres Netzes benutzt werden. Sie sollten deshalb genau überprüfen, wie viele Informationen aus Ihrem Netzwerk Sie der Außenwelt zur Verfügung stellen wollen.

Im Folgenden werden zwei sehr weit verbreitete Scanner namens *nmap* und *Nessus* unter Linux vorgestellt. Mit ihnen lässt sich unterschiedlicher Netzwerkverkehr nachbilden, um zum Beispiel die Firewall oder das IDS zu testen.

10.4.1 nmap

nmap (*Network Mapper*) dient als Auswertungstool für Netzwerke und als Sicherheitsscanner. Dabei unterstützt nmap viele verschiedene Portscan-Techniken, Erkennung von Betriebssystemen, paralleles Scannen, Entdecken abgeschalteter Systeme, Erkennen von Portfilterung, direktes RPC-Scannen, Fragmentscannen und flexible Ziel- und Portadressierung.

Doch zunächst muss nmap installiert sein. Bei den meisten Linux-Distributionen ist nmap enthalten, es genügt also, wenn Sie nmap mit dem Paketmanager Ihrer Distribution installieren. Sollten Sie selbst kompilieren und installieren wollen, erhalten Sie nmap unter der Adresse http://www.insecure.com/nmap. Dort steht auch eine nmap-Version für Windows zum Download bereit.

Einige Scantechniken von nmap benötigen root-Rechte. Um also nmap in vollem Umfang nutzen zu können, sollten Sie nmap als Superuser ausführen. Um mit nmap einen Host zu scannen, genügt zunächst die Eingabe folgenden Befehls in der Kommandozeile:

```
linux:~ # nmap -v 192.168.1.1
```

In diesem Beispiel ist **192.168.1.1** der zu scannende Host. Die Option **-v** gibt lediglich an, dass die Ausgabe etwas üppiger ausfallen soll.

Die Ausgabe eines Scandurchlaufs von nmap ist eine Liste der gescannten Hosts. nmap ersetzt dabei – wenn möglich – direkt die Servicenamen und Portnummern durch die Einträge aus Ihrer **/etc/services**-Datei. Des Weiteren zeigt nmap einen Status zu jedem Eintrag der ausgegebenen Liste: **open**, **filtered** oder **unfiltered**.

open bedeutet, dass das Zielsystem auf diesem Port Verbindungen annimmt, während **filtered** darauf hinweist, dass eine Firewall, ein TCP/IP-Filter oder ein Netzwerkelement den Scan einschränken und deshalb keine verlässliche Angabe über den Status gemacht werden kann. **unfiltered** bedeutet, dass nmap den Port kennt und keinerlei Filtermechanismen auf diesem Port gefunden hat.

Je nach Scantechnik erhalten Sie von nmap weitere Informationen wie Angaben zum Betriebssystem, TCP-Sequenznummern, den Benutzernamen, unter dem der Dienst an dem gescannten Port läuft, den DNS-Namen oder die Angabe, ob es sich um ein Smurf-System handelt.

Die Syntax von nmap ist folgende:

```
nmap [Scantyp(en)] [Optionen] <Zielangabe>
```

In der folgenden Liste finden Sie alle Scantypen, alle Optionen sowie die Möglichkeiten, um Angaben zu dem zu scannenden Zielnetz zu machen.

Scantypen

-sS

TCP SYN-Scan. Hier wird eine halboffene Verbindung initialisiert. Der Scanner schickt ein TCP-Paket mit gesetztem SYN-Flag an das Ziel. Dieser Vorgang ist normal bei einem Drei-Wege-Handshake, um eine TCP-Verbindung aufzubauen. Sendet der Ziel-Host nun ein Paket mit den Flags SYN/ACK zurück, so merkt sich nmap als Status für den gescannten Port **open**. nmap sendet dann ein Paket mit RST-Flag zurück, um die Verbindung zu beenden.

Sendet der Ziel-Host ein RST-Paket als Antwort auf das Paket mit SYN-Flag, so merkt sich nmap als Status **closed**. Dies ist die Standard-Scanmethode. Ihr Vorteil liegt darin, dass viele Systeme sich nur für vollständig aufgebaute Verbindungen interessieren und somit dieser Scan oft nicht mitprotokolliert wird. Allerdings gibt es auch Firewallsysteme oder andere Programme, die diese Art des Scan erkennen.

-sT

TCP-connect-Scan. Eine weitere Form des Portscannens, wobei der Systemaufruf **connect()** benutzt wird. Dieser Aufruf erfolgt immer dann, wenn über einen Port eine Verbindung zu einem Ziel-Host hergestellt werden soll. Diese Scanmethode ist auch ohne root-Privilegien einsetzbar, der Systemaufruf **connect()** ist für jeden Benutzer ausführbar.

Diese Methode ist sehr einfach zu entdecken und wird höchstwahrscheinlich in den Logdateien des Ziel-Host vermerkt sein. Die Technik ist Standard bei unprivilegierten Anwendern ohne root-Rechte.

-sF -sX -sN

Diese drei Optionen nennt man Stealth-FIN-Scan, Xmas-Tree-Scan und Null-Scan. Der FIN-Scan benutzt ein TCP-Datagram mit gesetztem FIN-Flag. Der Xmas-Tree-Scan sendet ein Paket mit den aktivierten TCP-Flags FIN, URG und PSH. Der Null-Scan deaktiviert alle optionalen Flags und sendet ein Paket.

-sP

Ping-Scan. Diese Scantechnik wird benutzt, wenn Sie lediglich wissen möchten, welche Hosts im Netzwerk aktiv sind. Ein Portscan wird dabei nicht durchgeführt. nmap sendet bei dieser Scantechnik eine **ICMP-echo-request**-Anfrage an den Ziel-Host oder die Ziel-Hosts im spezifizierten Netz und wartet die **ICMP-echo-reply**-Antworten ab. Kommt eine Antwort von einem Host, so wird dieser als aktiv betrachtet. Allerdings filtern viele Netzwerkadministratoren unnötigen ICMP-Traffic. Dann sendet nmap ein TCP-Datagram mit einem ACK-Flag an einen möglicherweise offenen Port (standardmäßig Port **80** für einen Webserver). Kommt vom Ziel-Host ein TCP-Datagram mit gesetztem RST-Flag zurück, so kann davon ausgegangen werden, dass der Ziel-Host aktiv ist.

Die dritte Möglichkeit, die nmap zum Herausfinden der Aktivität oder Inaktivität eines Host nutzt, besteht im Senden eines SYN-Flag. Kommt als Antwort ein ACK/SYN-Flag oder ein RST-Flag, so wird davon ausgegangen, dass der Host aktiv ist. Standardmäßig führt nmap bei root-Benutzern parallel die ICMP- und die ACK-Technik durch.

-sU

Um offene UDP-Ports ausfindig zu machen, benutzt man diese Option. Ein UDP-Datagram wird mit null Byte Nutzdaten an jeden Port des zu scannenden Systems geschickt. Kommt als Antwort **ICMP-port-unreachable** zurück, so ist der Port geschlossen. Andernfalls handelt es sich um einen offenen Port. Diese Scantechnik dauert unter Umständen sehr lange, da manche Systeme eine Begrenzung für die **ICMP-destination-unreachable**-Nachrichten haben. So werden zum Beispiel nur 80 Nachrichten in vier Sekunden erlaubt. nmap erkennt solche Limitierungen und drosselt die Geschwindigkeit des Scan automatisch. Dies verhindert das Verstopfen des Netzwerks.

-sO

Diese Scantechnik wird verwendet, um herauszufinden, welche IP-Protokolle vom Zielsystem unterstützt werden. Die Technik baut darauf auf, dass für jedes IP-Protokoll ein raw-IP-Paket mit fehlendem Header an den zu scannenden Host gesendet wird. Kommt als Antwort **ICMP-protocol-unreachable** zurück, so geht nmap davon aus, dass das getestete Protokoll nicht unterstützt wird. Sollte jedoch zum Beispiel von einer Firewall auf das Versenden von **ICMP-protocol-unreachable**-Nachrichten verzichtet werden, so zeigt nmap an, dass alle Protokolle offen sind.

-sI <Zombie-Host[:Zielport]>

Diese Scantechnik nennt man „idle-scan". Sie ermöglicht ein blindes Scannen eines TCP-Ports des Zielsystems – was aber nur unter bestimmten Voraussetzungen funktionieren kann. Blind bedeutet, dass keine Pakete mit der richtigen Absenderadresse verschickt werden. Stattdessen wird als Absender die IP eines anderen, dritten Host („Zombie") benutzt, so dass das gescannte Zielsystem (und auch jedes IDS) den Scanversuch dem Zombie zuschreibt. Für diese Vorgehensweise ist es aber nötig, das Verhalten des Zombie-Host (Fragmentation-IDs, Sequenznummern etc.) vorhersehen zu können.

Neben der Gewissheit, bei diesem Scan nicht erkannt zu werden, kann auch eine Beziehung zwischen Hosts ermittelt werden. Die Ausgabe von nmap bei diesem Scan zeigt nämlich die offenen Ports aus Sicht des Zombie-Host, so dass Sie ggf. durch vorgeschaltete Paketfilter gelangen können.

Ohne Angabe eines Port benutzt nmap standardmäßig Port **80**. Unter der Adresse **http://www.insecure.com/nmap/idlescan.html** finden Sie eine genaue Beschreibung zu diesem Verfahren.

-sA

Diese Scantechnik wird normalerweise verwendet, wenn es um die Analyse von Firewallregeln geht. Es wird dabei ein ACK-Paket mit zufälliger Sequenznummer an den ausgewählten Port geschickt. Kommt als Antwort ein RST-Paket zurück, wird der Status des Port auf **unfiltered** gesetzt. Kommt keine Antwort oder ein **ICMP-unreachable-network**-Paket zurück, wird der Status auf **filtered** gesetzt.

Normalerweise gibt nmap keine **unfiltered**-Statusanzeigen aus. Sind also keine Ports in der Ausgabeliste, so ist dies ein Anzeichen dafür, dass alle Zugriffe durchgekommen sind. Dieser Scan zeigt niemals den **open**-Status für einen Port an.

-sW

Diese Technik nennt man „Window-Scan". Sie ist dem ACK-Scan ähnlich. Es werden manchmal offene, ungefilterte oder gefilterte Ports durch eine Anomalie in der gewählten TCP Window Size des Betriebssystems entdeckt.

-sR

Bei diesem Scan wird jeder als offen ausgewertete TCP- oder UDP-Port mit einer Vielzahl von SunRPC-Nullkommandos überflutet, um eine Identifizierung von RPC-Ports zu erreichen. Wird ein RPC-Port gefunden, wird versucht, den Programmnamen und die Programmversion auszulesen.

-sL

nmap erstellt eine Liste aller IP-Adressen und Hostnamen, ohne das Zielsystem direkt anzusprechen. Die DNS-Namensauflösung findet statt, sofern dies nicht mit der Option **-n** unterbunden wird.

-b <FTP-Relay-Host>

Bei der FTP-Bounce-Attacke wird ein Feature des FTP-Protokolls, die Unterstützung von FTP-Proxyverbindungen, ausgenutzt. Dabei ist es möglich, sich auf einem fremden Ziel-Host einzuloggen und eine Datei von dort aus überallhin zu verschicken. Beispielsweise könnte man zu einem hinter der Firewall positionierten FTP-Server verbinden und von dort aus im internen Netz Ports ansprechen. FTP-Relay-Host wird mit der Syntax **Benutzername:Passwort@Server:Port** angegeben. Die Angabe des Servers ist Pflicht, alle anderen Argumente sind optional.

Optionen

Es folgt eine Liste mit allen Optionen für nmap. Keine dieser Optionen muss angegeben werden, einige davon sind jedoch sehr nützlich.

-P0

Diese Option verhindert das Pingen eines Host, bevor dieser gescannt wird. Das ist nötig, wenn der Ziel-Host durch eine Firewall **ICMP-echo-request**-Anfragen unterbindet.

-PT

Mit dieser Option wird ein TCP-Ping benutzt, um die Erreichbarkeit eines Host zu testen. Der TCP-Ping besteht aus einem TCP-Datagram mit gesetztem ACK-Flag. Ist der Ziel-Host erreichbar, antwortet er mit einem TCP-Paket mit gesetztem RST-Flag. Um den Zielport festzulegen, können Sie die Schreibweise -PT<Portnummer> benutzen. Wird kein Port angegeben, wird Port **80** als Default benutzt.

-PS

Hier werden TCP-Datagramme mit gesetztem SYN-Flag benutzt, um die Erreichbarkeit zu testen. Ist der Ziel-Host erreichbar, so erhalten Sie als Antwort ein Paket mit gesetztem RST-Flag oder mit gesetzten SYN/ACK-Flags. Das Setzen des Zielport erfolgt wieder über dieselbe Schreibweise wie in der vorherigen Option: -PS<Portnummer>.

-PI

Bei dieser Option werden **ICMP-echo-request**-Anfragen gesendet, um die Erreichbarkeit von Systemen zu testen.

-PP

Hier wird eine **ICMP-timestamp**-Anfrage benutzt, um die Erreichbarkeit des Zielsystems zu testen.

-PM

Mit dieser Option wird mit Hilfe einer **ICMP-request-mask**-Anfrage die Erreichbarkeit des Ziel-Host getestet.

-PB

Bei dieser Option werden zwei Techniken zur Erreichbarkeitsprüfung eingesetzt: Ein Test mit einem TCP-Datagramm mit gesetztem ACK-Flag sowie eine **ICMP-echo-request**-Anfrage. Auch hier kann der Zielport für den TCP-Scan mit der bekannten Schreibweise gesetzt werden: -PB<Portnummer>. Dies ist der Standard-Pingmodus.

-O

Hier wird mit verschiedenen Tests versucht, das Betriebssystem des Ziel-Host anhand des TCP/IP-Fingerabdrucks zu identifizieren. Außerdem versucht nmap, die Uptime des Zielsystems zu erkennen, klassifiziert die Berechenbarkeit der TCP-Squenznummer und stellt die Sequenzgenerierung der IPID fest. Die Berechnung einer TCP-Sequenznummer wird für IP-Spoofing verwendet, um IP-Adressen-basierte Beziehungen (r-Dienste, Firewallregeln) zu missbrauchen oder um die Quelle eines Angriffs zu verschleiern.

-6

> Mit dieser Option wird die IPv6-Unterstützung eingeschaltet; damit funktionieren jedoch nur **connect()**- und ping-Scans. Möchten Sie auch andere Scantechniken benutzen, so gibt es ein Tool namens **nmap6**, das für IPv6 entwickelt wird. nmap6 finden Sie unter **http://nmap6.sourceforge.net**.

-I

> Mit dieser Option wird versucht, den Benutzer, unter dem ein Dienst läuft, zu ermitteln. Dafür wird der **identd**-Daemon genutzt. Dieser muss also auf dem Zielsystem aktiv sein, damit diese Option greifen kann.

-v

> bewirkt eine ausführlichere Ausgabe; die Option sollten Sie bei jedem Durchlauf von nmap aktivieren. Wenn Sie noch mehr Informationen möchten, geben Sie **-vv** an. Um von Informationen regelrecht „erschlagen" zu werden, benutzen Sie ein einfaches oder doppeltes **-d**.

-h

> Mit dieser Option erhalten Sie eine Kurzanleitung für nmap.

-oN <Protokoll-Dateiname>

> Hier wird die Ausgabe in die angegebene Datei gespeichert.

-oX <Protokoll-Dateiname>

> Die Ausgabe wird im XML-Format in der angegebenen Datei gespeichert. Dies ist sinnvoll, um die Informationen später weiterzuverarbeiten.

-oG

> Hier wird ein weiteres Ausgabeformat in eine Datei angegeben. Das Format ist gut mit **grep** zu benutzen. Meist werden hier aber nicht alle Informationen, die bei anderen Ausgabeoptionen bekannt sind, ausgegeben. **–v** bringt aber auch bei dieser Option eine Erweiterung.

-oA <Dateiname>

> Bei dieser Option schreibt nmap Protokolldateien in allen drei Formaten (normal, grep-fähig, XML). An den Dateinamen hängt nmap die Endungen **.nmap**, **.gnmap** bzw. **.xml**.

--append_output

> Hier hängt nmap die Ausgabe an die Protokolldatei an.

-iL <Eingabedatei>

> Mit dieser Option liest nmap zunächst eine Datei mit Zielnetzen ein, bevor die Zielangabe aus der Kommandozeile verarbeitet wird. So können Sie eine Liste mit Netzen, die Sie scannen möchten, in eine Datei schreiben und weitere Hosts mit in der Kommandozeile übergeben.

-p <Portbereich>

Mit dieser Option können Sie die zu scannenden Ziel-Ports angeben. Die Angabe -p 80 scannt zum Beispiel nur Port 80 des Zielsystems, während -p 22-30,80,1024- die Ports zwischen 22 und 30, den Port 80 sowie alle Ports größer als 1024 scannt. Bei einem IP-Protokollscan wird mit der Option -p die Protokollnummer, die zwischen 0 und 255 liegen kann, angegeben.

Durch das Voranstellen von T: oder U: kann zusätzlich das Potokoll für einen Port(bereich) spezifiziert werden. T: steht für TCP, U: für UDP. Bei der Angabe beider Protokolle muss neben der Angabe -sU für UDP-Scan auch eine Scanmethode wie zum Beispiel -sS oder -SF für TCP-Scans angegeben werden.

-F

schaltet in den schnellen Scanmodus, bei dem nur die Ports aus Ihrer **nmap-services**-Datei gescannt werden. Dies ist natürlich um einiges schneller als die Prüfung aller 65535 Ports eines Host. Selbstverständlich können Sie die **nmap-services**-Datei nach Ihren Wünschen gestalten.

-D <Lockvogel1 Lockvogel2 ME>

Diese Technik nennt man „Decoy-Scan". In diesem Modus gaukelt nmap dem Ziel-Host noch weitere Scans mit anderen Quelladressen vor. Bei dieser Scantechnik würde Snort zehn verschiedene Portscans protokollieren. Der Vorteil ist, dass die IP-Adresse des richtigen Scan nicht identifiziert werden kann – es sei denn, die Hosts, die als „Lockvögel" angegeben werden, sind alle nicht erreichbar.

Die „Lockvögel" werden, mit Kommata getrennt, der Option -D als Parameter übergeben. Wenn Sie als Parameter ME übergeben, so bestimmen Sie, an welcher Position der Scan von Ihrer IP-Adresse durchgeführt wird. Wenn Sie ME nicht angeben, erfolgt Ihr Scan an einer zufälligen Position zwischen den „Lockvögeln".

-S <Adresse>

Mit dieser Option können Sie die Quelladresse spoofen, also dem Ziel-Host eine andere Quelladresse vorgaukeln. Benutzen Sie diese Option auch, falls nmap Ihre eigene IP-Adresse nicht richtig erkennt. Es wird eine Meldung ausgegeben, sollte nmap Ihre IP-Adresse nicht erkennen.

-e <Schnittstelle>

gibt nmap Anweisung, über welche Schnittstelle es Daten senden und empfangen soll; sie sollte eigentlich automatisch erkannt werden, falls nicht, benutzen Sie diese Option.

-g <Portnummer>

Der Parameter <Portnummer> bei der Option -g gibt den Quellport an, von dem aus die Scans durchgeführt werden sollen.

--data-length <Anzahl>

Wird diese Option nicht angegeben, so verschickt nmap möglichst kleine Pakete. TCP-Pakete sind in der Regel 40 Bytes und **ICMP-echo-request-**Anfragen 28 Bytes groß. Mit dieser Option sagen Sie nmap, dass es die Pakete mit null Bytes um die angegebene Anzahl verlängern soll.

-n

weist nmap an, keine DNS-Auflösung von als aktiv entdeckten IP-Adressen durchzuführen.

-R

Mit dieser Option findet immer eine DNS-Auflösung der als Ziel angegebenen IP-Adresse statt. Normalerweise führt nmap eine DNS-Abfrage nur durch, wenn der als Ziel angegebene Host aktiv ist.

-ttl <Zähler>

Mit dieser Option können Sie den Time-to-Live-Zähler im IP-Header der Pakete, die zum Scannen genutzt werden, setzen.

--randomize_hosts

Hier wählt nmap für die Ziel-Hosts eine zufällige Reihenfolge. Allerdings beträgt der Maximalwert an Ziel-Hosts mit dieser Option 2048.

-M <maximale-Sockets>

Damit wird die maximale Anzahl der Sockets festgelegt, welche bei einem parallel durchgeführten TCP-connect()-Scan verwendet werden.

Timing-Optionen

Mit den folgenden Optionen lassen sich die Zeiteinstellungen von nmap für Scans verändern.

-T <Paranoid|Sneaky|Normal|Aggresive|Insane>

nmap unterscheidet zwischen den Stufen **Paranoid**, **Sneaky**, **Polite**, **Normal**, **Aggressive** und **Insane**. **Paranoid** ist ein sehr langsamer Modus. Die Scans werden nicht parallel abgearbeitet, sondern in Reihe. Außerdem wird zwischen jedem Scan fünf Minuten gewartet. Dies ist sehr hilfreich, um von einem Intrusion Detection System nicht als Portscan erkannt zu werden.

Bei der Stufe **Sneaky** werden die Scans ebenfalls in Reihe abgearbeitet, aber zwischen den Scans liegen nur 15 Sekunden. **Polite** wird benutzt, um die Netzwerkbelastung gering zu halten. Die Scans laufen in Reihe ab, mit mindestens 0,4 Sekunden Pause dazwischen. Im **Normal**-Modus sucht nmap einen Kompromiss zwischen guter Geschwindigkeit und Zuverlässigkeit.

In der **Agressive**-Stufe wird eine Wartezeit von fünf Minuten zwischen die einzelnen Hosts geschoben. Allerdings wird auf die Anwort von einem Paket nie länger als 1,25 Sekunden gewartet. Der Modus **Insane** hat lediglich noch eine Wartezeit von 75 Sekunden zwischen den einzelnen Hosts und für jede Antwort eine Wartezeit von 0,3 Sekunden. Legen Sie Wert auf die Zuverlässigkeit von nmap, dann benutzen Sie diese Option nur in sehr schnellen Netzwerken.

--host_timout <Millisekunden>

Mit dieser Angabe wird nmap mitgeteilt, wie lange ein Scan für jeden Host maximal dauern darf. Ist die Zeit abgelaufen, scannt nmap die nächste IP-Adresse. Standardmäßig ist kein Timeout für Hosts angegeben.

--max_rtt_timeout <Millisekunden>

Dieser Wert bestimmt, wie lange nmap auf eine Antwort wartet, bevor die Übertragung der Pakete erneut eingeleitet wird oder der Timeout in Kraft tritt. Der Standardwert dieser Option ist 9000.

--max_parallelism <Anzahl>

Hier setzen Sie die maximale Anzahl der von nmap parallel durchzuführenden Zugriffe. Wird diese Option gesetzt, scannt nmap immer nur einen Port nach dem anderen.

--min_parallelism <Anzahl>

Mit dieser Option können Sie nmap mitteilen, wie viele Ports gleichzeitig zu scannen sind. Je mehr Ports Sie allerdings angeben, desto unzuverlässiger sind die Ergebnisse.

--scan_delay <Millisekunden>

Mit der Angabe dieser Option können Sie die Mindestzeit zwischen zwei nmap-Zugriffen einstellen. Zum einen kann dies den Netzwerktraffic verringern, zum anderen kann beispielsweise ein Portscan-Detektor umgangen werden, indem die Zeit sehr hoch eingestellt wird.

--packet_trace

Es werden alle empfangenen und verschickten Pakete in einem **tcpdump**-ähnlichen Format ausgegeben. Dies ist sehr hilfreich, um den Ablauf eines nmap-Durchlaufs besser verstehen zu können. Zum Debuggen des Programms ist diese Option ebenfalls hilfreich.

Angaben zum Zielnetz

Dieser Abschnitt widmet sich der Angabe des Zielnetzes, die in unterschiedlichen Schreibweisen erfolgen kann. Alles, was keine Option darstellt, wird von nmap als Ziel ausgewertet. Die einfachste Variante besteht in der Angabe einzelner Hosts in einer Liste. Bei dieser Liste werden die einzelnen Zielangaben durch Leerzeichen getrennt. Zum Beispiel wertet folgender Befehl die beiden Hosts **192.168.1.1** und **192.168.1.2** aus:

```
linux:~ # nmap 192.168.1.1 192.168.1.2
```

Um ein Subnetz zu scannen, können Sie eine Maske am Hostnamen anfügen. Diese Maske besteht aus einem Wert zwischen 0 für das gesamte Internet und 32 für den einzelnen Host. Die Schreibweise lautet

```
linux:~ # nmap 192.168.1.0/24
```

Dieser nmap-Aufruf scannt das ganze Class-C-Netzwerk. Weitere Schreibweisen sind

```
linux:~ # nmap 192.168.1.*
```

oder

```
linux:~ # nmap 192.168.1.0-255
```

Um alle IP-Adressen, die auf .1.1 oder .1.2 enden, zu scannen, benutzen Sie folgende Schreibweise:

```
linux:~ # nmap *.*.1.1-2
```

Sie sehen also, dass es viele verschiedene Schreibweisen und damit flexible Möglichkeiten für die Angabe des Zielnetzes gibt. Sie können auch die Zielangabe aus einer Datei auslesen, und zwar über die Option -iL <Datei>. Hierbei werden zunächst alle Hosts aus dieser Datei gescannt und dann die Hosts, die Sie zusätzlich in der Kommandozeile übergeben haben.

nmap ist auch mit einer grafischen Oberfläche verfügbar, bei der dieselben Optionen wie unter der Kommandozeile zur Verfügung stehen. Sie finden es unter http://www.insecure.org/nmap/nmap_download.html unter dem Namen *nmap-fe* – das Paket ist in den Distributionen aber üblicherweise enthalten (Abbildung 10.1, Seite 222).

Abbildung 10.1:

nmapfe unter KDE

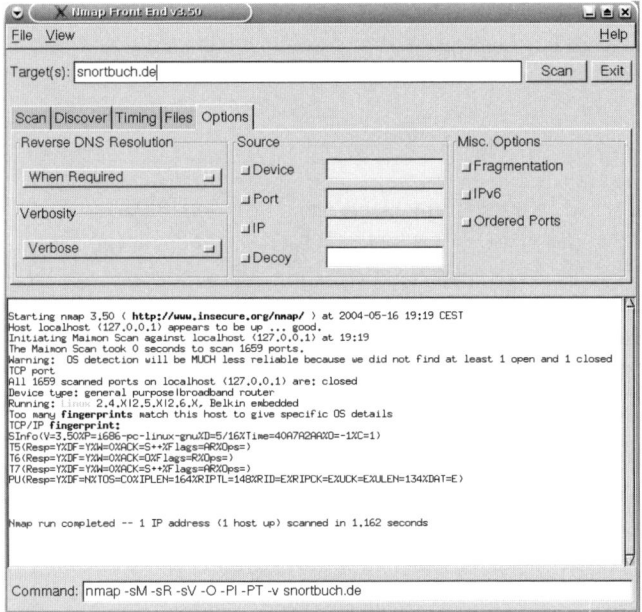

10.4.2   Nessus

Nessus[3] ist ein weiterer Sicherheitsscanner für Netzwerke. Der Aufbau dieses Programms beruht auf dem Server-Client-Prinzip. Es muss ein Nessus-Server installiert werden, der die Sicherheitsüberprüfungen vornimmt, und ein Nessus-Client, über den der Server gesteuert wird. Der Client ist für Linux und Windows unter http://nessus.org frei verfügbar. Außerdem existiert eine Client-Version, die auf Java basiert. Der Nessus-Server ist ebenfalls frei verfügbar, allerdings gibt es hier nur Versionen für Unix-Betriebssysteme.

Der Aufbau des Servers ist modular gestaltet. Das bedeutet, dass er mit Plugins arbeitet, die in verschiedenen Programmier- oder Scriptsprachen geschrieben werden können. Es ist bereits eine große Anzahl verschiedener Plugins verfügbar.

Die Plugins werden ständig erweitert, sobald neue Sicherheitslücken bekannt werden. Somit kann ein Netzwerk mit wenig Aufwand auf bekannte Schwachstellen getestet werden, denn Nessus ist sehr einfach unter einer X-Oberfläche zu bedienen. Sollten Sie selbst auf die Idee kommen, ein Plugin für Nessus zu programmieren, so erhalten Sie Hilfe, Informationen und Beispiele auf der Homepage des Nessus-Projekts (http://nessus.org). Die Dokumentation von Nessus steht ebenfalls dort bereit.

[3] http://nessus.org

Nessus ist in den meisten Linux-Distributionen enthalten. Es ist also sehr einfach, mit dem Paketmanager entweder den Client oder den Server oder beides zu installieren. Sie können den Nessus-Server zwar auf demselben Host wie den Nessus-Client installieren, es ist jedoch ratsam, den Server auf einem separaten Host zu halten. Sie können dann von beliebigen Hosts, soweit es die Firewall zulässt, auf den Nessus-Server zugreifen und Sicherheitsüberprüfungen durchführen. Einzige Voraussetzung ist, dass sich auf dem Rechner, mit dem Sie gerade arbeiten, ein Nessus-Client befindet.

Der Nessus-Server sollte nicht für jedermann zugänglich sein. Darum hat Nessus eine eigene Benutzerverwaltung, mit der die Rechte und Zugriffe der Benutzer des Scanners festgelegt werden können.

Das Nessus-Paket besteht aus verschiedenen Programmen:

nessus

> der Client des Sicherheitsscanners; über eine grafische Benutzeroberfläche wird der Server (**nessusd**) benutzt, um Sicherheitsüberprüfungen durchzuführen. Es gibt auch einen Modus ohne grafische Oberfläche. Dies ist sinnvoll, wenn Sie von einem entfernten Rechner über eine Secure Shell mit einem Nessus-Client arbeiten wollen. Um den Client zu starten, genügt die Eingabe **nessus** in der Kommandozeile.

nessus-build

> Mit diesem Programm können Nessus-Plugins aus C-Quellcode-Dateien erstellt werden. Dies benötigen Sie nur, wenn Sie eigene Plugins für Nessus schreiben wollen.

nessus-mkcert

> erstellt ein Zertifikat für den Nessus-Server; die Verbindungen zwischen dem Server und den Clients sollten verschlüsselt ablaufen. Deshalb wird mit diesem Programm eine *Certificate Authority* (CA) und ein Zertifikat für den Server erstellt, damit dieser mit den Clients über SSL verschlüsselt kommunizieren kann. Mehr Informationen zu SSL und der Generierung von Schlüsseln mit OpenSSL finden Sie in Kapitel 8 auf Seite 69.

nessus-mkrand

> Dieses Programm erzeugt eine Datei, um zufällige Bytes zu speichern. Dies wird für die Verschlüsselung benötigt, sofern nicht die normalen Zufallsgeneratoren wie zum Beispiel **/dev/random** oder **/dev/urandom** benutzt werden können. Unter normalen Umständen sollte der vom Betriebssystem bereitgestellte Zufallsgenerator benutzt werden. Dies ist auch die Standardeinstellung.

nessus-update-plugins

Mit diesem Programm können Sie automatisch neue Plugins für den Nessus-Server installieren. Die einzelnen Optionen zum Installieren von Plugins finden Sie in der Manpage zu **nessus-update-plugins**.

nessus-adduser

Der Nessus-Server verfügt über eine eigene Benutzerverwaltung, mit der Zugriffsrechte für einzelne Benutzer gesetzt werden können. Mit diesem Programm können neue Benutzer zur Benutzerdatenbank des Nessus-Servers hinzugefügt werden. Dabei müssen ein eindeutiger Benutzername, ein Passwort und eine Authentifizierungsmethode festgelegt werden. Es ist zu empfehlen, **cipher** auszuwählen. Bei **plaintext** wird das Passwort im Klartext übertragen. Außerdem kann jedem Benutzer ein Regelsatz, den er benutzen darf, zugewiesen werden. So kann zum Beispiel festgelegt werden, dass ein Benutzer X zwar alle Regeln anwenden, aber nur das interne Netzwerk **192.168.0.0/24** scannen darf. Eine andere Möglichkeit wäre die Einschränkung der Benutzung von Plugins. Benutzer Y dürfte dann zum Beispiel keine Denial-of-Service-Tests ausführen.

nessus-config

Mit diesem Programm werden Compilerflags und Linker für die Bibliotheken von Nessus angezeigt. Dies ist für den normalen Gebrauch von Nessus unwichtig.

nessus-mkcert-client

Hier kann für den Nessus-Client ein Zertifikat erstellt werden. Dieses Zertifikat wird bei der Verschlüsselung der Kommunikation zwischen Server und Client benutzt.

nessus-rmuser

Damit kann ein Benutzer aus der Benutzerverwaltung des Nessus-Servers gelöscht werden.

nessusd

Dies ist der Nessus-Server, der Verbindungen von den Clients annimmt. Durch die Clients wird dem Server mitgeteilt, welche Sicherheitsüberprüfung er für welche Netzwerksegmente durchführen soll. Um mit dem Server zu kommunizieren, muss sich der Client authentifizieren. Der Nessus-Server prüft dann in seiner Benutzerdatenbank, ob der Benutzer über die entsprechenden Rechte verfügt. Wird der Server mit dem Parameter -D gestartet, läuft er im Daemon-Modus und wartet auf eingehende Verbindungen. Zudem kann dem Server eine Adresse mitgeteilt werden, von welcher aus Verbindungen angenommen werden sollen. Dies ist sinnvoll, wenn Sie den Nessus-Daemon auf einem Gateway betreiben, aber niemand von außen auf den Nessus-Server Zugriff haben soll. Eine Angabe des Port, an welchem der Server lauschen soll, ist ebenfalls möglich.

Installation des Nessus-Servers

Die Installation von Server und Client ist sehr einfach. Es muss lediglich das Server-
oder Client-Paket installiert und ein Benutzer für den Zugriff auf den Server angelegt werden, da der Nessus-Server seine eigene Benutzerverwaltung mitbringt.
Im Folgenden eine kleine Installationsanleitung für die Distributionen SUSE und
Debian.

SUSE

Bei SUSE sind der Server und der Client im selben Paket untergebracht. Dies bedeutet, dass mit YaST nur beide Komponenten gemeinsam installiert werden können.
Geben Sie folgenden Befehl in der Kommandozeile ein:

```
linux:~ # yast -i nessus
```

Das Nessus-Paket ist nun installiert. Darin sind die oben beschriebenen Programme
enthalten. Nun müssen Sie noch über **nessus-adduser** einen neuen Benutzer anlegen. Dieser kann dann mit Hilfe des Client auf den Nessus-Server zugreifen. Folgen
Sie den Anweisungen nach Aufruf von **nessus-adduser**.

Debian

Unter Debian übernimmt APT die Installation. Server und Client sind auf verschiedene Pakete aufgeteilt, so dass Sie die zu installierenden Teile auswählen können.
Für den Nessus-Daemon und die Nessus-Plugins genügt folgender Befehl:

```
linux:~ # apt-get install nessusd nessus-plugins
```

Der Server ist nun installiert; auch hier müssen Sie per **nessus-adduser** einen Benutzer anlegen. Wird nur der Client benötigt, lautet der Installationsaufruf:

```
linux:~ # apt-get install nessus
```

Starten des Nessus-Servers

In der Regel genügt es, den Nessus-Server im Daemon-Modus ohne weitere Angaben zu starten. Dies geschieht mit dem Befehl:

```
linux:~ # nessusd -D
```

Es stehen jedoch noch einige Parameter zur Verfügung:

-c <config-Datei>

gibt eine alternative Konfigurationsdatei an; per Default benutzt der Nessus-Server /etc/nessusd.conf.

-a <Adresse>

Durch die Angabe einer Adresse wird dem Server mitgeteilt, von wo er Verbindungen annehmen soll. Dies ist sinnvoll, wenn der Nessus-Server zum Beispiel auf einem Gateway installiert ist und Sie den Zugriff auf den Server von außen verhindern wollen.

-p <Port>

Mit der Portangabe wird dem Server mitgeteilt, an welchem Port er Verbindungen annehmen soll. Der Standardport ist **1241**.

-v

gibt die Versionsnummer des Servers aus

-h

zeigt einen Hilfetext an

Weitere Möglichkeiten des Nessus-Daemon sind in der Manpage oder in der Dokumentation auf der Homepage von Nessus beschrieben.

Der Nessus-Daemon ist nun also gestartet, und ein Benutzer für den Zugriff auf den Server wurde angelegt. Nun kann der Client gestartet werden.

Die Benutzung des Client

Um den Client zu starten, reicht folgender Befehl als normaler Benutzer (nicht root):

```
user@linux:~> nessus
```

Nun erscheint der Nessus-Client als Fenster. Sie werden aufgefordert, Benutzernamen und Passwort einzugeben. Der Benutzername entspricht dem, was Sie mit dem Befehl **nessus-adduser** angelegt haben.

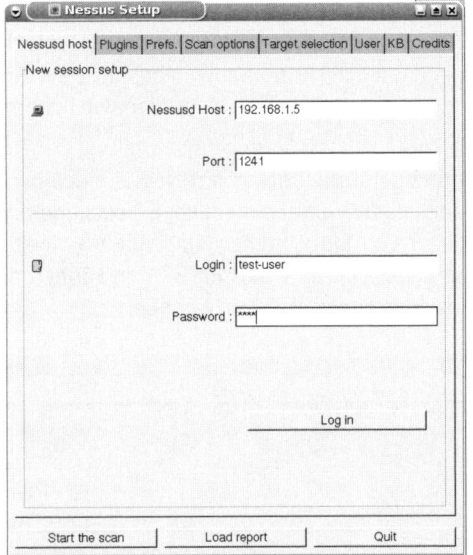

Abbildung 10.2:
Login auf dem
Nessus-Server

Nach dem Login auf dem Nessus-Server stehen, über Reiter erreichbar, zahlreiche Funktionen zur Verfügung. Zum Beispiel lässt sich unter *Plugins* auswählen, welche Tests auf einem ausgewählten Host oder auf einem ausgewählten Netzwerk durchgeführt werden sollen. Diese Tests sind in verschiedene Kategorien unterteilt. Zudem gibt es zu fast jedem Test eine kurze Dokumentation.

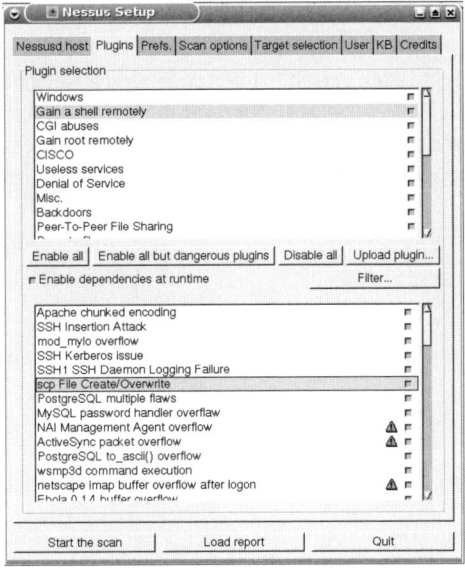

Abbildung 10.3:
Plugin-Auswahl beim
Nessus-Client

Unter *Prefs.* können einige Einstellungen vorgenommen werden, die bereits von nmap bekannt sind. Nessus benutzt nmap für einige Scantechniken. Um das zu scannende Netzwerk oder einen Host auszuwählen, muss ein Ziel unter dem Reiter *Target selection* angegeben werden. Hier kann man wie bei nmap auch eine Liste, einen Bereich oder einzelne Hosts nennen.

Nachdem ein Scan durchgeführt wurde, liefert Nessus einen Bericht über das Netzwerk mit Informationen zu den darin befindlichen Hosts und den Diensten, die auf den einzelnen Hosts zur Verfügung stehen. Dabei liefert Nessus auch Vorschläge, wie bestimmte Sicherheitslöcher geschlossen werden können oder wo man Informationen zu den einzelnen Schwachstellen findet.

Abbildung 10.4:
Nessus-Bericht

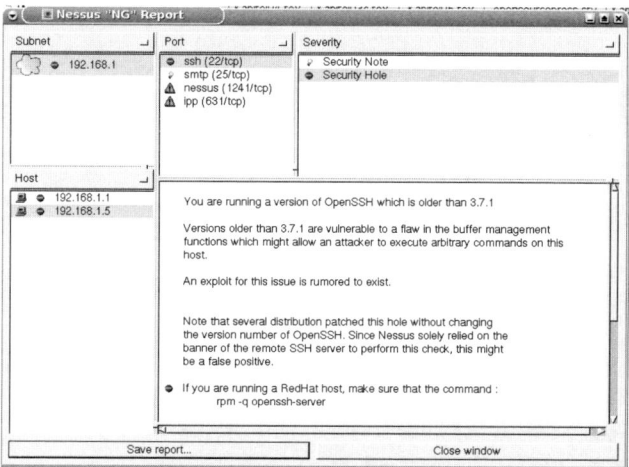

Der Bericht lässt sich in vielen verschiedenen Formaten abspeichern – so unterstützt Nessus die Formate HTML, LaTeX, XML oder ASCII. So ist es möglich, den Bericht anderen befugten Personen zur Verfügung zu stellen, mit Hilfe geeigneter Programme weiterzuverarbeiten oder automatisch auszuwerten.

Anhang

A

Aufbau und Betrieb eines Honeypot

Mit Honig fängt man Bären – mit einem Honeypot Hacker. Entsprechend sind Honeypots zwar in vieler Munde, doch die Admin-Realität ist eher ernüchternd, denn die wenigsten betreiben wirklich selbst solche Fallen oder haben konkrete Vorstellungen davon, wie sie funktionieren und welchen Nutzen sie bringen.

A.1 Wie bereits ein einfacher Honeypot nützt

Ein Honeypot kann auf verschiedenen Ebenen nützlich sein:

- Er bindet Ressourcen des Angreifers, der seine Zeit nutzlos vergeudet (und vielleicht frustriert aufgibt).

- Er dient als Alarmmelder, wenn wir bereits aus der bloßen Aktivität auf diesem System auf einen Angriff schließen können, z. B. wenn Connects an dieses System aus dem internen, sicheren LAN kommen, von wo aus eigentlich keine Kontaktversuche kommen *dürften*.

- Er dient dem Aufspüren neuer Angriffstechniken, indem wir loggen, welche Angriffsmethoden an diesem Server ausprobiert wurden.

- Er dient der Beobachtung und dem Studium eines bestimmten Hackers und seines Angriffs, wenn wir ein komplexes System haben, das reichlich Interaktion ermöglicht.

Mit einem Honeypot verhält es sich ähnlich wie mit Snort: Mit der – vergleichsweise einfachen – Installation der Software ist es nicht getan. Ein Honeypot muss individuell gewartet und vor allem auch knallhart abgesichert und überwacht werden, andernfalls legen Sie sich ein Kuckucksei ins Netz.

Ein Honeypot ist, richtig genutzt, ein sehr gutes Werkzeug zur Überwachung eines Netzwerks. Ein Honeypot ist aber keinesfalls zwingend, und es gibt auch gute Gründe, lieber *keinen* Honeypot zu betreiben; kurz: lieber gar keines als ein halbherzig aufgesetztes System!

Honeypot ist ein Oberbegriff: Wir bezeichnen damit jedes System, das wir einem Hacker absichtlich für seinen Angriff zur Verfügung stellen, das jedoch präpariert ist, um ihn zu täuschen und bei seiner Arbeit zu beobachten – eine Falle also.

Wir unterscheiden zwei Kategorien von Honeypot-Systemen:

High-Interaction Honeypots

Ein einzelner (vielleicht sogar real existierender) Host ist so vorbereitet, dass er – bis zu einer gewissen Grenze – gehackt werden kann, wir den Angreifer dabei aber Schritt für Schritt verfolgen und analysieren. Diesem stehen viele Möglichkeiten der Interaktion mit dem System zur Verfügung, in das er tatsächlich tief eindringen kann. Je nach System agiert er sogar mit echter Software und kann deren Lücken tatsächlich ausnutzen.

Solche Systeme sind nicht ganz ungefährlich, schließlich gewähren wir dem Angreifer Zugriff auf „echte" Software mit vollem Funktionsumfang, und es besteht die Gefahr, dass er von dort weiter in unser System vordringt als geplant. Es stellt sich dann die Frage, wer wen beobachtet. Sollte es dem Angreifer gelingen, den Honeypot ganz zu übernehmen (vielleicht sogar unbemerkt?), haben wir einen Angreifer in unser Netz hereingelassen – das krasse Gegenteil von dem, was wir ursprünglich bezweckt hatten.

Low-Interaction Honeypots

Simulierte Honeypots sind natürlich auch auf einem Host im Netzwerk installiert, doch geben wir dem Angreifer nicht wirklich Kontakt zu einem real existierenden System, sondern zu einer bloßen Illusion eines solchen. Durch spezielle Scripts und Software werden verschiedene Dienste bis zu einem gewissen Grade nachgebildet (Telnet-Konsole, SMTP-Server), nie jedoch gewähren wir dem Angreifer Kontakt zu den „Originalen".

Simulierende Honeypot-Systeme haben ein hohes Maß an Professionalität erreicht, bis hin zu Funktionen, die sogar die TCP/IP-Eigenschaften (TTL-Werte, Implementierungsfehler) jedes gewünschten Betriebssystems imitieren, so dass ein Scan zur Erkennung des Betriebssystems falsche Ergebnisse liefert. Moderne Systeme wie der hier vorgestellte **honeyd** können ganze Netzwerke mit zahlreichen Hosts simulieren – komplizierte Netzwerktopologien mit Routern inklusive.

A.2 honeyd – das universelle Honeypot-System

Wir haben uns entschieden, Ihnen hier die grundlegende Installation des **honeyd** vorzustellen – möchten aber zugleich ausdrücklich betonen, dass das allenfalls ein Anfang sein kann. Wir möchten Ihnen den Einstieg erleichtern, denn gerade der **honeyd** ist am Anfang sehr verwirrend und schlecht dokumentiert. Wir können Ihnen aber nicht die Arbeit abnehmen, von hier aus individuell zu entwickeln und ihn vor allem auch abgesichert und gehärtet zu betreiben.

Zuvor müssen wir allerdings anmerken, dass **honeyd** derzeit noch in der Entwicklung ist und einzelne Releases Bugs enthielten, so dass sie sich teilweise nicht sauber kompilieren ließen oder andere Fehlfunktionen zeigten. Wir sind aber optimistisch, dass diese Kinderkrankheiten bald überwunden sind (möglicherweise zu dem Zeitpunkt, da Sie dieses Buch lesen), denn der **honeyd**-Autor Niels Provos entwickelt derzeit recht aktiv weiter. Werfen Sie also auf jeden Fall einen Blick auf die Webseiten von **honeyd**[1] oder auf **http://www.snortbuch.de**, denn es werden sich hier zukünftig noch einige Änderungen ergeben.

Aber entscheidend ist – wie so oft – das grundlegende Verständnis, das wir Ihnen mit diesem Kapitel vermitteln wollen. Ist das gegeben, wird alles Weitere erheblich einfacher.

Schauen wir uns an, wie **honeyd** funktioniert:

Der **honeyd** bildet entsprechend seiner Konfigurationsdatei eine komplette Netzwerktopologie ab. Diese muss auch nicht aus einem einzelnen Subnetz bestehen; **honeyd** kann Hosts und Router gleichermaßen vorgaukeln, so dass am Ende sogar **traceroute**-Protokolle über verschiedene (nicht wirklich existierende) Hosts und Netzwerke hin möglich sind.

Zu den Hosts im Netzwerk geben wir dem **honeyd** Anweisungen, um welche Betriebssysteme in welcher Version es sich handelt. Der **honeyd** nutzt dazu die Er-

---

[1] http://www.honeyd.org

kennungsdaten von **nmap**, um passend zu diesen Betriebssystemen die TCP/IP-Eigenschaften exakt nachzubilden – bis hin zu unterschiedlichem Verhalten entsprechend verschiedener Patchlevel. Da wir dieselbe Datenbank nutzen wie **nmap** für seine Betriebssystemerkennung (nur in umgekehrter Weise), ist eine perfekte Nachahmung garantiert.

Es ist sogar möglich, bestimmte Hosts entsprechend der Uhrzeit zu aktivieren oder zu deaktivieren (z. B. „gefakte" Windows-98-Arbeitsstationen in einem Büro).

Über ARP-Spoofing (siehe Kapitel 1.2.2, Seite 19) beantwortet der **honeyd** im Netzwerk Anfragen anderer Hosts nach den von ihm abgebildeten (nicht tatsächlich existierenden) IP-Nummern des Honeypot mit seiner eigenen MAC-Adresse. Damit lenken wir den an die gefakten Hosts gerichteten Netzwerkverkehr auf das Honeypot-System, so dass die gefakten IP-Nummern aus dem LAN heraus erreichbar werden. Der **honeyd** greift dann im Promiscuous Mode der Netzwerkkarte alle eingehenden Datenpakete ab und gelangt so an „seinen" Traffic.

Einzelnen Hosts oder Hostgruppen werden über die Konfigurationsdatei des **honeyd** offene Ports zugewiesen; dabei wird für jeden Port ein passendes Script hinterlegt (bash, Perl, Python). Erkennt der **honeyd** eine Anfrage an einen (angeblich) offenen Port einer (angeblich) existierenden Honeypot-IP-Nummer, nimmt der **honeyd** die Anfrage an und startet das für diesen Port hinterlegte Script. Die Scripts haben die Aufgabe, einen für diesen Port passenden Dienst zu simulieren:

- Sie können beispielsweise reine Logging-Aufgaben wahrnehmen: Ein vorgegaukelter Telnet-Login mit Abfrage von Username und Passwort ist in wenigen Script-Zeilen realisiert; die Login-Versuche des Hackers können leicht geloggt werden. Da nie ein echter **telnetd** im Spiel ist, wird der Angreifer jedoch nie ein richtiges Passwort erraten. Interessant ist es jedoch durchaus, zu analysieren, welche Usernamen und Passwörter der Angreifer für den Login versucht. Tauchen bekannte Usernamen auf, verraten sie uns, dass der Angreifer zielgerichtet vorgeht und bereits internes Wissen besitzt – aus anderen Einbrüchen in unsere Server oder durch *Social Engineering* (Kapitel 1.2.7, Seite 24).

- Wir können jedoch auch umfangreiche Simulationen vornehmen, z. B. ein Script, das bei passender Eingabe von Username und Passwort einen Login vortäuscht, den Shell-Prompt nachbildet und vielleicht sogar einzelne Befehle (scheinbar) ermöglicht (z. B. ein **ls -al /tmp**), obwohl in Wirklichkeit natürlich nie eine Shell involviert ist und die Ausgabe der Kommandos in Wirklichkeit vorbereitete Textdateien sind. Der Film *Matrix* lässt grüßen ...

- Komplexe Scripts bilden sogar Sicherheitslücken nach und gaukeln dem Angreifer vor, er habe diese Lücken gerade erfolgreich ausgenutzt und das System sei kompromittiert – in Wirklichkeit stammt die Ausgabe auch hier aus einem vorher definierten Text, z. B. das scheinbare Listing der Festplatte.

Der honeyd hat also „nur" die Aufgabe, die Infrastruktur zur Verfügung zu stellen: Ein virtuelles Netzwerk mit virtuellen Hosts und vorgegebenen offenen Ports. Erst die für die jeweiligen Ports hinterlegten Scripts erwecken das Honeypot-System zum Leben und bieten Köder für den Angreifer an. Abgesehen von einigen grundlegenden Beispielscripts sind diese nicht Bestandteil des honeyd-Pakets. Es finden sich jedoch auf der Webseite http://www.honeyd.org eine Vielzahl fertiger Scripts für die Nachbildung der verschiedensten Dienste des Internet.

A.3 Aufbau des Honeypot-Servers

Für den Betrieb des Honeypot sollten Sie unbedingt einen eigens dafür abgestellten Host vorbereiten. Installieren Sie darauf ein passendes Linux in einer Minimalversion und versuchen Sie es bestmöglich abzusichern und zu härten.

A.3.1 Installation unter Debian

Unter Debian haben wir keine großen Probleme, ein fertiges Paket ist vorhanden:

```
linux:~ # apt-get install -t testing honeyd
```

Wenn Sie den honeyd später automatisch starten lassen wollen, können Sie das wie gewohnt in /etc/init.d/honeyd einstellen. Zugleich können wir jetzt schon die von uns in der Konfiguration benutzten IP-Nummern eintragen – später müssen Sie diese natürlich durch eigene ersetzen.

```
linux:~ # joe /etc/init.d/honeyd
# Master system-wide honeyd switch. The initscript
# will not run if it is not set to yes.
RUN="yes"

[...]

# Network Honeyd will listen for. IF this is not set
# Honeyd will claim _all_ IP addresses set on the configured
# interface (which is probably _not_ what you want)
# This "sane" default will prevent you from doing it.
NETWORK="192.168.1.51 192.168.1.53 192.168.1.100"
```

A.3.2   Installation unter SUSE/Kompilieren aus den Sourcen

Unter SUSE müssen Sie den **honeyd** leider selbst kompilieren.[2] Installieren Sie dazu auf dem Honeypot-Rechner mittels YaST die schon von Snort bekannte **libpcap** sowie die Pakete **readline** und **readline-devel**:

```
linux:~ # yast -i libpcap readline readline-devel
```

Besorgen Sie sich die dann Quellpakete von **honeyd**, **libevent** und **libdnet**. Sie finden sie auf http://www.honeyd.org/release.php, also dem Downloadbereich der **honeyd**-Webseite, verlinkt. Die zur Drucklegung des Buches gültigen URLs lauten:
http://www.honeyd.org/release.php
libevent: http://www.monkey.org/ provos/libevent
libdnet: http://libdnet.sourceforge.net

Achten Sie jedoch darauf, unbedingt eine **honeyd**-Version ab 0.8b einzusetzen, denn erst diese kann allein die nötigen ARP-Spoofs durchführen. Ältere Versionen benötigten dazu einen speziellen **arpd**, was die Installation unnötig verkompliziert.

Zuerst kompilieren und installieren wir die beiden Bibliotheken:

```
linux:/usr/local/src # tar -xvzf libevent-0.8.tar.gz
[...]
linux:/usr/local/src # cd libevent-0.8
linux:/usr/local/src/libevent-0.8 # ./configure
[...]
linux:/usr/local/src/libevent-0.8 # make
[...]
linux:/usr/local/src/libevent-0.8 # make install
[...]
linux:/usr/local/src/libevent-0.8 # cd ..
linux:/usr/local/src # tar -xvzf libdnet-1.7.tar.gz
[...]
linux:/usr/local/src # cd libdnet-1.7
linux:/usr/local/src/libdnet-1.7 # ./configure
[...]
linux:/usr/local/src/libdnet-1.7 # make
[...]
linux:/usr/local/src/libdnet-1.7 # make install
```

Anschließend können wir **honeyd** übersetzen. Wegen diverser Fehler und Probleme in der Version 0.8b müssen wir auf Python-Support verzichten, andernfalls lässt sich diese Version auf manchen Distributionen nicht übersetzen:

---

[2] Zumindest bei SUSE 9.1 ist das noch nötig, Änderung ist nicht in Sicht. Aber Sie können mal auf http://www.snortbuch.de vorbeischauen, vielleicht finden wir bei Gelegenheit Zeit, ein RPM-Paket des honeyd bereitzustellen.

```
linux:/usr/local/src # tar -xvzf honeyd-0.8b.tar.gz
[...]
linux:/usr/local/src # cd honeyd-0.8b
linux:/usr/local/src/honeyd-0.8b # ./configure --without-python
[...]
linux:/usr/local/src/honeyd-0.8b # make
[...]
linux:/usr/local/src/honeyd-0.8b # make install
```

Wenn alles geklappt hat, ist **honeyd** jetzt nach /usr/local/bin bzw. /usr/local/lib installiert.

A.3.3 Eine einfache honeyd-Konfiguration

Im Rahmen dieser Einführung in Honeypots möchten wir Ihnen eine sehr einfache, grundlegende Konfiguration vorstellen, die bereits mit wenig Aufwand sehr nützliche Ergebnisse zur Entdeckung eines Angreifers bringt.

1. Wir erzeugen lediglich drei virtuelle Hosts: einen Windows-Host mit simuliertem IIS-Webserver und NetBIOS-Ports, einen Linux-Host mit SSH-, Mail- und Webserver und einen Cisco-Router mit Telnet-Console.

2. Diese drei Honeypots werden *direkt* in das LAN integriert. Wir verzichten also auf weitere Subnetze und komplizierte Routing-Möglichkeiten.

3. Der Zugriff von außen auf diese drei Honeypots wird in der Firewall komplett gesperrt.

4. Jeder Kontakt zu einer dieser drei IPs ist damit aller Wahrscheinlichkeit nach ein Angriff und berechtigt zum Alarm. Anhand der ausgehenden IP-Nummer des Kontakts an die Honeypots können wir ein im LAN kompromittiertes System entdecken, sollte der Angreifer versuchen, von dort aus weitere Hosts des Netzwerks zu erobern.

5. Ein Snort-Sensor auf dem Honeypot meldet jeden Kontakt sofort als Alert der höchsten Stufe – die Möglichkeiten für Fehlalarme sind äußerst gering (Mitarbeiter spielt mit Netzwerkscanner herum).

Sollte alles perfekt funktionieren, haben Sie später noch die Möglichkeit, jeden der hier vorgestellten Hosts doppelt zu erzeugen und jeweils einen davon aus dem Internet heraus zugänglich zu machen. So können Sie beobachten, welche Angriffe auf diesen Server versucht werden, und auswerten, ob darunter Angriffstechniken sind, denen Ihre real existierenden Server zum Opfer fallen könnten – oder bereits unbemerkt zum Opfer gefallen sind ...

Abbildung A.1:
Drei einfache virtuelle
Hosts – fertig ist der
Honeypot

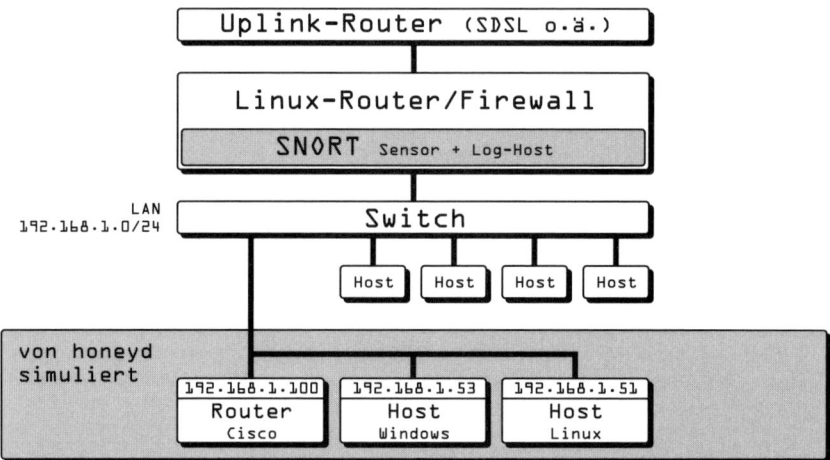

Abbildung A.1:
Drei einfache virtuelle
Hosts – fertig ist der
Honeypot

Zunächst aber wollen wir es so einfach wie möglich halten: Abbildung A.1 zeigt, wie wir einen Linux-Host mit einer gültigen IP-Nummer des LAN versehen und darauf einen honeyd laufen lassen, der drei virtuelle Hosts simuliert.

Um unseren einfachen Honeypot zum Laufen zu bringen, können Sie wie folgt vorgehen:

Legen Sie das Verzeichnis /etc/honeyd an und legen Sie das folgende Listing als /etc/honeyd/honeyd-small.conf ab.[3]

Die im Script benutzten IP-Adressen müssen Sie natürlich immer an Ihr Netzwerk anpassen. Nehmen Sie dazu einige (unbenutzte) IP-Adressen aus dem tatsächlichen Subnetz, in dem der Honeypot steht.

```
### Windows NT4 web server
create windows
set windows personality "Microsoft Windows XP Professional SP1"
add windows tcp port 80 "perl /etc/honeyd/scripts/iis-0.95/iisemul8.pl"
add windows tcp port 139 open
add windows tcp port 137 open
add windows udp port 137 open
add windows udp port 135 open
set windows default tcp action reset
set windows default udp action reset
set windows uptime 1336262
set windows ethernet "00:20:ED:78:C5:A1"

### Cisco Router
create router
set router personality "Cisco IOS 11.3 - 12.0(11)"
```

---

[3] Sie können es auch von http://www.snortbuch.de herunterladen.

```
set router default tcp action reset
set router default udp action reset
add router tcp port 23 "/usr/bin/perl \
    /etc/honeyd/scripts/router-telnet.pl"
set router uid 32767 gid 32767
set router uptime 1327650
set router ethernet "00:20:ED:78:C5:A2"

### Linux web server
create linux
set linux personality "Linux Kernel 2.4.20"
add linux tcp port 80 "bash /etc/honeyd/scripts/web.sh"
add linux tcp port 21 "bash /etc/honeyd/scripts/ftp.sh"
add linux tcp port 25 "bash /etc/honeyd/scripts/smtp.sh"
set linux default tcp action reset
set linux default udp action reset
set linux uptime 5223212
set linux ethernet "00:20:ED:78:C5:A3"

bind 192.168.1.51 linux
bind 192.168.1.53 windows
bind 192.168.1.100 router
```

Die hier aufgerufenen Shell- und Perl-Scripts müssen hinterlegt werden. Sie sind nicht im Quellcode von **honeyd** enthalten. Schauen Sie sich auf der Webseite im Download-Bereich um; Sie finden dort Links zu umfangreichen Script-Sammlungen, aus denen Sie sich die hier vorgeschlagenen herauspicken können.[4]

Wenn Sie die entsprechenden Scripts in **/etc/honeyd/scripts/** installiert haben, können Sie den **honeyd** starten – zur besseren Beobachtung durch den Parameter **-d** im Debug-Modus im Vordergrund. Die hier sichtbaren „Warning"-Meldungen können Sie übergehen, falls Sie bei Ihnen auftreten sollten. Es handelt sich nur um kleine Fehler in den von **nmap** übernommenen Definitionsdateien, die nicht weiter wichtig sind, solange Sie nicht exakt diesen Betriebssystemtyp verwenden wollen.

```
hurricane:/etc/honeyd # /usr/local/bin/honeyd -d \
> -f /etc/honeyd/honeyd-small.conf 192.168.1.51 192.168.1.53 \
> 192.168.1.100
Honeyd V0.8b Copyright (c) 2002-2004 Niels Provos
honeyd[3503]: started with -d -f /etc/honeyd/honeyd-small.conf
Warning: Impossible SI range in Class fingerprint "IBM OS/400 V4R2M0"
Warning: Impossible SI range in Class fingerprint "Microsoft Windows NT
4.0 SP3"
honeyd[3503]: listening promiscuously on eth0: (arp or ip proto 47 or (
ip )) and not ether src 00:20:ed:78:c5:ad
honeyd[3503]: Demoting process privileges to uid 32767, gid 32767
```

---

[4] Alternativ können Sie sich diese auch von **http://www.snortbuch.de** herunterladen, wir packen sie zu einem **tar**-Archiv zusammen und stellen sie dort bereit. Wir werden dort auch noch eine kompliziertere Konfiguration mit einem virtuellen Netzwerk veröffentlichen, die den Rahmen dieses Buches sprengen würde.

Zum Test müssen wir von einem *anderen* Rechner des LAN die Stationen anpingen, da der **honeyd** auf Pakete seines eigenen Host nicht reagiert. Wenn alles klappt, sollten Sie

1. die drei Honeypot-IP-Nummern anpingen können – da **honeyd** noch im Debug-Modus läuft, sollte er das auch in der Konsole melden.

2. bei einem **telnet <ip> <port>** die jeweils hinterlegten Scripts kontaktieren können, die die Dienste simulieren.

3. beim Aufruf von **nmap -O <ip>** das jeweils vorgesehene Betriebssystem erkennen.

Wichtig: Sie *müssen* die hier vorgesehene Muster-Konfiguration natürlich anpassen, denn es bringt nichts, wenn jedes Honeypot-System die hier vorgestellten Default-Einstellungen übernimmt.

1. Ändern Sie die Uptime der Server.

2. Ändern Sie die vorgesehenen MAC-Adressen. Nehmen Sie dazu eine gültige MAC-Adresse von üblicherweise in Ihrem LAN benutzten Karten und ändern Sie das Ende (!) ab, so dass der Hersteller gleich bleibt. Übrigens: Wenn Sie ein Template mehreren IP-Nummern zuweisen, wird **honeyd** die MAC-Adresse auf genau diese Art und Weise „klonen".

3. Natürlich müssen Sie auch die IP-Nummern an Ihr LAN anpassen. Nutzen Sie nicht vergebene IP-Nummern aus Ihrem Subnetz. Ändern Sie natürlich auch die IP-Nummern im Aufrufparameter von Honeypot.

4. Zu guter Letzt ist es sicher auch eine gute Idee, eine andere Windows- oder Linux-Kernelq auszuwählen. Suchen Sie dazu die Datei **nmap.prints**, die oft in **/usr/local/share/honeyd** liegt:

    ```
    linux:/usr/local/share/honeyd # grep ^Fingerprint nmap.prints
    Fingerprint 2Wire Home Portal 100 residential gateway, v.3.1.0
    Fingerprint 3Com Access Builder 4000 Switch
    Fingerprint 3Com terminal server ESPL CS2100
    Fingerprint 3Com NBX PBX
    Fingerprint 3com Office Connect Router 810
    [...]
    ```

5. Gehen Sie in jedes benutzte Script und ändern Sie ggf. Hostnamen (Mail, FTP), die Anzahl der eingeloggten und erlaubten User und andere Details der Login-Prozeduren (FTP).

6. Kontaktieren Sie deshalb auch nochmals jeden Port und schauen Sie sich den Output an, ob Sie vielleicht etwas übersehen haben, was Ihre Honeypot-Installation verraten würde.

Zuletzt schreiben Sie den Aufruf des **honeyd** noch in ein passendes Start-Script (bei Debian war bereits eines dabei) und lassen dabei den Parameter **-d** weg, denn **honeyd** soll ja nicht mehr im Debug-Modus, sondern als Daemon im Hintergrund laufen.

A.4 Snort auf dem Honeypot

Auf dem Honeypot können Sie nun ganz normal einen Snort-Sensor installieren (siehe Kapitel 5, Seite 87) oder den Honeypot durch den ohnehin im Subnetz installierten Sensor mit überwachen lassen.

Zusätzlich zu den normalen Snort-Regeln können Sie sich eigene weitere schreiben, die auf Ihren jeweiligen Honeypot zugeschnitten sind. So sind zum Beispiel Regeln denkbar, die bereits bei Traffic von oder zu einer der Honeypot-IP-Nummern einen Alert auslösen, da dieser Datenverkehr per Definition eigentlich nicht stattfinden dürfte.

Die folgenden Regeln können Ihnen dazu als Grundlage behilflich sein:

```
linux:~ # cat /etc/snort/rules/local.rules
# ---------------
# LOCAL RULES
# ---------------
# This file intentionally does not come with signatures.  Put your
# additions here.

alert any any any <> 192.168.1.51 any \
   (msg: "Datenverkehr zum Honeypot/Linux";)
alert any any any <> 192.168.1.53 any \
   (msg: "Datenverkehr zum Honeypot/Windows";)
alert any any any <> 192.168.1.100 any \
   (msg: "Datenverkehr zum Honeypot/Router";)
```

B

Berkeley Paket-Filter

Die *Berkeley Packet Filter* (BPF) können von Programmen benutzt werden, die auf der **libpcap**-Bibliothek[1] aufbauen. Beispiele sind **tcpdump**, **ngrep**, **ethereal** und auch Snort.

Anhand von Filterregeln (eben BPF) erlaubt es die **libpcap**-Bibliothek, die Zahl der zu sammelnden Pakete schon vor der Prüfung durch Snort zu reduzieren.

Wird kein Filter angegeben, wird der gesamte Traffic von Snort ausgewertet, andernfalls nur die Pakete, bei denen der Filter greift. Dies ist sinnvoll, wenn Snort aufgrund zu langsamer Abarbeitung der einzelnen Pakete zu viele Pakete verliert. Man kann also bestimmten Traffic von Snort fernhalten, um dessen Performance zu steigern.

Doch Vorsicht: Grundsätzlich sollte der gesamte Datenverkehr durch Snort überwacht werden, um alle möglichen Angriffe erkennen zu können. Nur wenn Sie

---

[1] http://tcpdump.org

ganz sicher sind (Können Sie das wirklich sein?), dass bestimmter Datenverkehr keinen Schaden an Ihrem System anrichten kann, müssen Sie ihn nicht von Snort auswerten lassen.

Der Filter für Snort wird in einer Datei gespeichert. In den folgenden Beispielen heißt diese Datei **bpf-filter**. Um den Filter mit Snort zu benutzen, muss als Startparameter -F verwendet werden.

Möchten Sie die Filterdatei **bpf-filter** mit Snort benutzen, so starten Sie Snort mit folgendem Befehl:

```
linux:~ # snort -c /etc/snort/snort.conf -F bpf-filter -T
```

Weitere Parameter sind selbstverständlich möglich. Der eben beschriebene Startvorgang dient lediglich dem Testen des Filters.

Hier kann es nur um die Grundlagen von Berkeley Paket-Filtern gehen. Weitere Informationen zu speziellen Filterangaben finden Sie in der Snort-Manpage.

Die Syntax der Berkeley Paket-Filter ist intuitiv: Sie können mehrere Filterangaben logisch mit **and, or** und **not** verknüpfen. Auch Klammersetzung ist erlaubt. Im Folgenden nun die einzelnen Möglichkeiten, die die Filterangaben bieten:

type

Der Typ kann entweder **host**, **net** oder **port** sein; **host** ist der Default. Der Typ bestimmt, auf welchen Teil eines Pakets sich die darauffolgende Angabe bezieht. Der folgende Filter würde bewirken, dass nur Pakete, bei denen der Quell- oder Zielhost **192.168.1.1** ist, an Snort weitergereicht werden:

```
linux:/etc/snort/ # joe bpf-filter
host 192.168.1.1
```

Dieser Filter bewirkt, dass Snort nur den Datenverkehr aus dem oder in das Netz **10.10.0.0/16** auswertet:

```
linux:/etc/snort/ # joe bpf-filter
net 10.10
```

Der folgende Filter weist Snort an, nur den Datenverkehr von oder zu Port **80** auszuwerten:

```
linux:/etc/snort/ # joe bpf-filter
port 80
```

dir

Mit **dir** können Sie die Transferrichtung einschränken. Mögliche Angaben sind **src, dst, src or dst** sowie **src and dst**. Der Default ist **src or dst**.

Der folgende Filter trifft auf alle Pakete zu, die an einen Webserver gerichtet sind:

```
linux:/etc/snort/ # joe bpf-filter
dst port 80
```

Der folgende Filter trifft auf alle Pakete zu, die an einen FTP-Server gerichtet sind und aus dem Netzbereich **60.80.20.0/24** kommen:

```
linux:/etc/snort/ # joe bpf-filter
dst port 21 and net 60.80.20
```

Der folgende Filter weist Snort an, nur Pakete auszuwerten, die aus dem Netz **192.168.0.0/16** oder aus dem Netz **60.30.20.0/24** an den Zielport **80** oder an den Port **21** gesendet werden:

```
linux:/etc/snort/ # joe bpf-filter
(src net 192.168 or src net 60.30.20) and \
    (dst port 80 or dst port 21)
```

proto

Mögliche Protokollangaben sind **ether, fddi, tr, ip, ip6, arp, rarp, decnet, tcp** und **udp**. Wird kein Protokoll angegeben, werden alle Protokolle benutzt.

Der folgende Filter wählt den TCP-Traffic aus, der als Quell- oder Zielnetz **192.168.0.0/16** hat:

```
linux:/etc/snort/ # joe bpf-filter
tcp net 192.168
```

Dieser Filter weist Snort an, nur IP-, ARP- und UDP-Pakete auszuwerten:

```
linux:/etc/snort/ # joe bpf-filter
ip or udp or arp
```

Bei den eben vorgestellten Filtern geben Sie explizit an, welcher Datenverkehr von Snort ausgewertet werden soll. Meist wird jedoch der umgekehrte Fall benötigt: Snort soll den kompletten Datenverkehr mit nur wenigen Ausnahmen auswerten. Um dies zu ermöglichen, muss die Option **not** verwendet werden. Hier einige Beispiele:

```
linux:/etc/snort/ # joe bpf-filter
not (net 192.168 or host 78.10.55.110)
```

Mit diesem Filter wertet Snort den kompletten Datenverkehr mit Ausnahme von Paketen aus dem Netzbereich **192.168.0.0/16** oder vom Host **78.10.55.110** aus.

```
linux:/etc/snort/ # joe bpf-filter
not ip6 and not arp
```

Wird Snort mit diesem Filter gestartet, werden alle Pakete mit Ausnahme von IPv6- und ARP-Paketen ausgewertet.

Es existieren weitere Optionen, um die Filter zu erweitern. In den meisten Fällen sollten die eben vorgestellten Optionen jedoch ausreichen.

Ein Tipp zum Abschluss: Mit diesem Wissen können Sie zukünftig auch bequem den Netzwerkverkehr beim Einsatz von **tcpdump** filtern lassen.

Neue Software für Debian Woody

Unter Debian wird der Paketmanager APT verwendet, um Programmpakete zu installieren. Bei Debian Woody stehen oft nur ältere Programmpakete zur Verfügung. Da Debian die drei Zweige „stable" (Woody), „testing" (Sarge) und „unstable" (Sid) zur Verfügung stellt, besteht die Möglichkeit, abweichend vom Typ des Grundsystems einzelne Pakete aus anderen Zweigen zu installieren. Dafür muss nur der Paketmanager APT entsprechend konfiguriert werden. Zunächst müssen die Quellen in **/etc/apt/sources.list** so angegeben werden, dass Programmpakete aus den drei Zweigen installiert werden können:

```
linux:/etc/apt/ # joe sources.list
#STABLE
deb ftp://ftp.de.debian.org/debian/ stable main contrib non-free
deb-src ftp://ftp.de.debian.org/debian/ stable main contrib non-free
deb http://non-us.debian.org/debian-non-US stable/non-US main contrib no
n-free
deb-src http://non-us.debian.org/debian-non-US stable/non-US main contri
b non-free
```

```
#TESTING
deb ftp://ftp.de.debian.org/debian/ testing main non-free contrib
deb-src ftp://ftp.de.debian.org/debian/ testing main non-free contrib
deb http://non-us.debian.org/debian-non-US testing/non-US main contrib no
n-free
deb-src http://non-us.debian.org/debian-non-US testing/non-US main contri
b non-free

#UNSTABLE
deb ftp://ftp.de.debian.org/debian/ unstable main non-free contrib
deb-src ftp://ftp.de.debian.org/debian/ unstable main non-free contrib
deb http://non-us.debian.org/debian-non-US unstable/non-US main contrib n
on-free
deb-src http://non-us.debian.org/debian-non-US unstable/non-US main contr
ib non-free
```

Bevor die neue Paketliste heruntergeladen wird, muss noch eine weitere Einstellung für APT vorgenommen werden. Der Cache von APT ist standardmäßig zu klein eingestellt, um beide Paketlisten zu verbinden. Wechseln Sie darum in das Verzeichnis **/etc/apt/apt.conf.d/** und legen Sie dort eine neue Datei namens **00Cache** an.

```
linux:/etc/apt/apt.conf.d/ # joe 00Cache
APT::Cache-Limit "141943904";
```

Speichern Sie die Datei und laden Sie sich die neuen Paketlisten für alle Zweige herunter.

```
linux:~ # apt-get update
```

Die Paketlisten sind nun vorhanden, und alle Pakete aus den verschiedenen Zweigen können installiert werden, und zwar über folgende Befehlssyntax:

```
apt-get install -t <zweig> <paketname>
```

Um zum Beispiel Snort aus dem unstable-Zweig und stunnel4 aus dem testing-Zweig zu installieren, genügt Folgendes:

```
linux:~ # apt-get install -t unstable snort-mysql
linux:~ # apt-get install -t testing stunnel4
```

APT berechnet dabei automatisch die Abhängigkeiten. Alle Pakete, die für die installierte Programmversion zu alt sind, werden aus demselben Zweig installiert wie das Programm selbst. Es besteht allerdings noch das Problem, dass Debian beim nächsten Upgrade alle Pakete auf testing oder unstable setzen will, sobald ein Paket aus diesem Zweig installiert wurde. Um weiterhin als Standard den stable-Bereich zu wählen, muss noch eine weitere Datei angelegt werden. Wechseln Sie wieder in das Verzeichnis **/etc/apt** und legen Sie dort die Datei **preferences** an:

```
linux:/etc/apt/ # joe preferences
Package: * Pin: release a=stable Pin-Priority: 700

Package: * Pin: release a=testing Pin-Priority: 650

Package: * Pin: release a=unstable Pin-Priority: 600
```

Schreiben Sie alle Einträge in diese Datei. Hiermit wird festgelegt, dass stable die höchste Priorität besitzt und somit per Default alle Pakete aus diesem Zweig verwendet werden. Nachdem die Datei angelegt wurde, können Sie ohne Probleme Ihr Debian auf dem Stand von Woody halten.

D

Netzwerkprotokolle

D.1   IP-Protokoll

Das IP-Protokoll hat folgende Funktionen: Adressierung, (De-)Fragmentierung, Definition der MTU (*Maximum Transfer Unit*, also die maximale Größe für ein zu übertragendes Paket) und das Routing von Datagrammen zu fremden Rechnern.

IP ist ein verbindungsloses Protokoll. Das bedeutet, dass bei einer Übertragung von Daten keine Prüfung vorgenommen wird, ob die übertragenen Daten auch angekommen sind. Die Verbindungskontrolle überlässt IP anderen Protokollen auf anderen Schichten, falls dies benötigt wird.

Jedes IP-Datagramm enthält Absender- und Zieladresse. Außerdem regelt das IP-Protokoll die Fragmentierung eines Datagramms, so dass jedes Teildatagramm kleiner als die MTU ist. Das Zusammensetzen (Defragmentierung) erfolgt dann erst wieder beim Ziel-Host. Sollte jedoch auf dem Weg ein Fragment des Datagramms verloren gehen, muss das komplette Datagramm erneut geschickt werden.

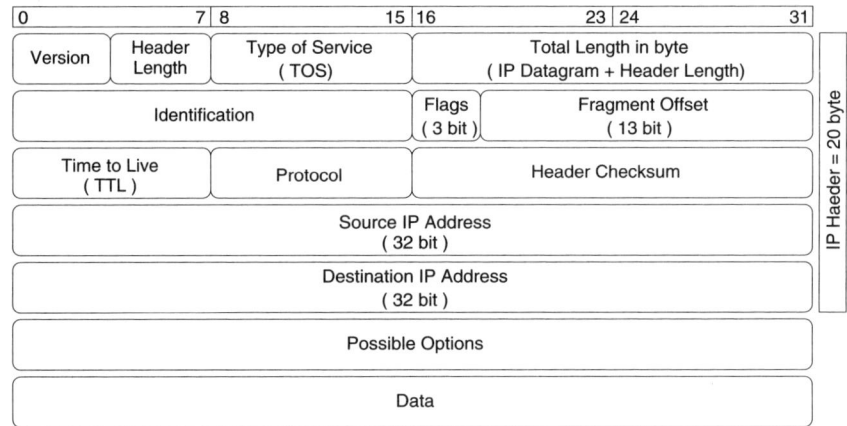

Abbildung D.1:
IP-Header

Eine kurze Erklärung zu den einzelnen Feldern eines IP-Headers:

Version

Die gängige, im Internet benutzte Version ist 4. Es gibt mittlerweile auch eine Version 6 des IP-Protokolls, die allerdings noch nicht sehr weit verbreitet ist.

Header Length

Dieses Feld gibt die Header-Länge in 32-Bit-Wörtern an. Sind im IP-Header keine Optionen angegeben, so beträgt die Header-Länge 20 Bytes. Im Feld *Header Length* steht also 5. Ist das Feld *Header Length* ungleich 5, bedeutet das, dass Optionen im IP Header vorhanden sind. Der IP-Header kann maximal 60 Bytes (Wert 15 im Feld *Header Length*) groß sein.

Type of Service (TOS)

In diesem Feld sind Angaben zur Wichtigkeit der IP-Pakete möglich, wie zum Beispiel ein maximaler Datendurchsatz oder eine kurze Reaktionszeit.

Total Length

gibt die Anzahl der Bytes in einem Paket an; die maximale Länge ist 65535.

Flags

Mit diesen 3-Bits wird angegeben, ob ein IP-Datagramm fragmentiert werden darf oder ob es sich bereits um ein Fragment handelt.

Fragment Offset

Wurde ein IP-Datagramm fragmentiert, steht in diesem Feld die Position, an der das Fragment wieder einzufügen ist.

Time to Live (TTL)

Dieser Wert gibt an, wie lange ein IP-Datagramm maximal von Router zu Router weitergereicht werden darf, bis es sein Ziel erreicht haben muss. Erreicht das Datagramm einen Router, vermindert dieser den TTL um eins, bevor er es weiterleitet. Erreicht der TTL den Wert Null, wird das Paket verworfen und eine ICMP-Fehlermeldung an den Absender zurückgeschickt.

Das Programm **traceroute** macht sich die Eigenschaft der Fehlermeldung zunutze, um den Weg eines IP-Datagramms ausfindig zu machen. Hierbei setzt **traceroute** den TTL-Zähler auf Null, um die erste Station des Pakets anhand der Fehlermeldung herauszufinden. Dann erhöht es den Wert jeweils um eins, um die nächste Station des IP-Pakets zu ermitteln. Dies geschieht so lange, bis **traceroute** den kompletten Weg des IP-Datagramms zu seinem Ziel-Host nachvollzogen hat.

Protocol

In diesem Feld wird angegeben, welches Protokoll im IP-Datagramm transportiert wird. Mögliche Angaben sind: ICMP(1), IGMP(2), TCP(6), IGRP(9), UDP(17), GRE(47), ESP(50), AH(51), SKIP(57), EIGRP(88), OSPF(89) und L2TP (115). Die Werte in den Klammern geben den Wert an, der im Feld *Protocol* steht. Die am häufigsten verwendeten Protokolle sind ICMP(1), TCP(6) und UDP(17).

Header Checksum

In diesem Feld steht eine Checksumme, die über den gesamten IP-Header geht. Die Daten sind in dieser Checksumme nicht enthalten, dies übernimmt das transportierte Protokoll.

Source IP-Address

Absenderadresse des IP-Datagramms

Destination IP-Address

Zieladresse, an die das IP-Datagramm gesendet wird

Options

Hier können noch einige Optionen für das IP-Datagramm angegeben werden. Diese Optionen werden heute jedoch selten genutzt, sie wurden früher bei Sicherheitsmaßnahmen im militärischen Bereich verwendet. Das *Options*-Feld kann 0 bis 40 Bytes groß sein. Jede angegebene Option nimmt 4 Byte in Anspruch. Mögliche Optionen sind 0 (*End of Options List*), 7 (*Record Route*), 86 (*Timestamp*), 131 (*Loose Source Route*) und 137 (*Strict Source Route*).

D.2   TCP-Protokoll

Ein TCP-Segment wird im Datenteil des IP-Fragments übertragen. Das TCP-Protokoll arbeitet verbindungsorientiert. Das bedeutet, dass Absender- und Ziel-Host immer über den Stand der aktuellen Verbindung Bescheid wissen und eine Verbindung eindeutig auf- und abgebaut werden muss. Geht ein TCP-Segment auf dem Weg verloren, so erfährt der Absender-Host das und schickt dieses Segment erneut. Die Daten stehen dem Ziel-Host als Datenstrom zur Verfügung. Die Segmentierung bei TCP funktioniert ähnlich wie die Fragmentierung bei IP. Diese beiden Vorgänge haben allerdings nichts miteinander zu tun. Bei TCP wird die *Maximum Segment Size* (MSS) – also die maximale Segmentgröße – beim Verbindungsaufbau zwischen den beiden Verbindungspartnern ausgehandelt. TCP regelt dann die Segmentierung des Datenstroms selbstständig.

Abbildung D.2:
TCP-Header

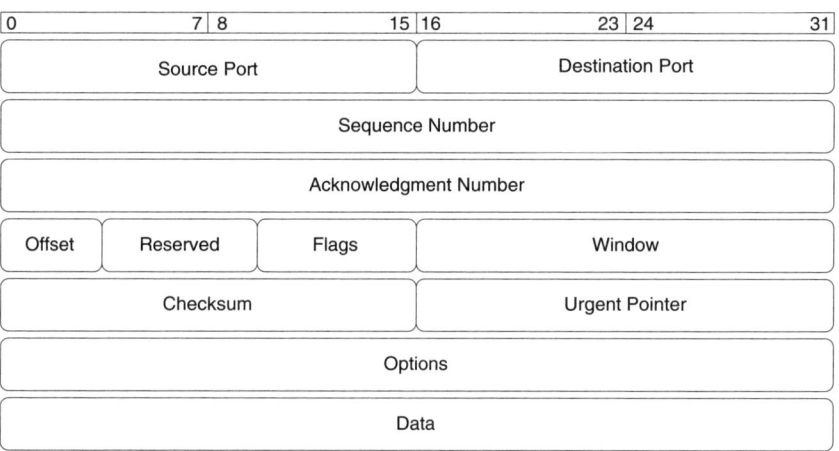

Ein Verbindungsaufbau zwischen zwei Hosts läuft folgendermaßen ab: Der Client sendet ein TCP-Segment mit gesetztem SYN-Flag an den Server. Dieser antwortet mit einem TCP-Segment, in dem die beiden Flags SYN und ACK gesetzt sind. Nach Erhalt dieses Segments antwortet der Client mit einem weiteren TCP-Segment mit gesetztem ACK-Flag. Diesen Vorgang nennt man auch *Three Way Handshake*.

Abbildung D.3:
TCP-
Verbindungsaufbau
mit Drei-Wege-
Handshake

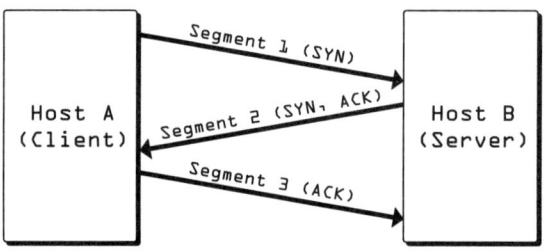

Der Verbindungsabbau läuft ähnlich ab. Allerdings kann die Verbindung von beiden Seiten geschlossen werden: Einer der beiden Hosts sendet ein TCP-Paket mit gesetztem FIN-Flag, der andere Host quittiert dies auf die gleiche Weise. Erst dann ist die Verbindung komplett geschlossen.

Hier einige Erläuterungen zu den in Abbildung D.2 dargestellten Feldern eines TCP-Segment-Headers.

Source Port

Quellport, von dem aus das Paket versendet wurde

Destination Port

Zielport, an den das Datensegment geschickt wird; eine Liste der Ports steht in der Datei /etc/services.

Sequence Number

Sequenznummer für das Datensegment; dies ist wichtig, da TCP die übertragenen Daten als Datenstrom und nicht als einzelne Pakete wertet. Die Sequenznummer sorgt dafür, dass die Datensegmente nicht durcheinander geraten. Beim Handshake werden dafür SYN-Segmente ausgetauscht, dabei wird der Startwert der Sequenznummer zwischen Quell- und Ziel-Host ausgetauscht. Jedes übertragene Byte erhält eine eindeutige Sequenznummer, die bei jedem Byte des Datenstroms um eins erhöht wird.

Acknowledgement Number

Das Acknowledgement-Segment (ACK) erfüllt zwei Funktionen: Zum einen teilt es dem Absender mit, wie viele Bytes bereits empfangen wurden, zum anderen, wie viele Bytes noch empfangen werden können. Dabei steht im ACK-Segment als Bestätigungsnummer die Sequenznummer, bis zu der alle Daten korekt empfangen wurden.

Offset (Header Length)

In diesem Feld steht die Anzahl der 32-Bit-Wörter des TCP-Headers. Der kleinste Wert ist 5.

Reserved

Diese Bits waren bis vor kurzem ungenutzt und mussten leer sein. Seit einiger Zeit gibt es jedoch Bemühungen, sie für *Explicit Congestion Notification* (ECN) zu nutzen.

Flags

Es gibt sechs Flags, die gesetzt sein können: U (Urgent Flag), A (Acknowledgement Flag), P (Push Flag), R (Reset Flag), S (Synchronize Sequence Flag) und F (Finish Connection Flag). Mit diesen lässt sich der Zustand einer TCP-Verbindung beschreiben. Jedes TCP-Segment hat ein Feld, in dem diese Flags gesetzt sind oder nicht. Beim oben beschriebenen Auf- und Abbau einer

TCP-Verbindung wurde schon die Bedeutung der SYN-, ACK- und FIN-Flags erwähnt.

Window

Das *Window*-Feld enthält die Angabe, wie viele Bytes der Zielrechner noch im Voraus empfangen kann, während andere Pakete noch nicht durch ein ACK-Paket bestätigt worden sind.

Checksum

Die Checksumme geht über den gesamten TCP-Header und über das Datensegment.

Urgent Pointer

Über den Urgent Pointer erfolgt eine Prioritätensteuerung für Dringlichkeitsdaten. Über dieses Flag wird signalisiert, dass Dringlichkeitsdaten im TCP-Header vorhanden sind.

Options

Flags in diesem Feld sind optional. Dieses Feld kann die Werte 0 (End of Option list), 2 (Maximum Segment Size), 3 (Window Scale), 4 (Selective ACK ok) und 8 (Timestamp) annehmen.

D.3   UDP-Protokoll

Das UDP-Protokoll (*User Datagram Protocol*) arbeitet verbindungslos. Dies bedeutet, dass UDP keine Kontrollmechanismen kennt, um zu überprüfen, ob Datagramme vom Absender korrekt zum Empfänger übermittelt wurden. Dies muss die Applikation selbst regeln. UDP errechnet eine Checksumme über den Header und die Daten. Die Fragmentierung von einem UDP-Datagramm wird vom IP-Protokoll übernommen. UDP hat einen eigenen Adressraum für die Portadressierung. Ein UDP-Port 23 ist also nicht dasselbe wie ein TCP-Port 23.

Der Vorteil einer verbindungslosen UDP-Verbindung gegenüber einer verbindungsorientierten TCP-Verbindung liegt im teilweise geringeren Datenaufkommen und vor allem im schnelleren Timing der Übertragung.

Abbildung D.4:
UDP-Header

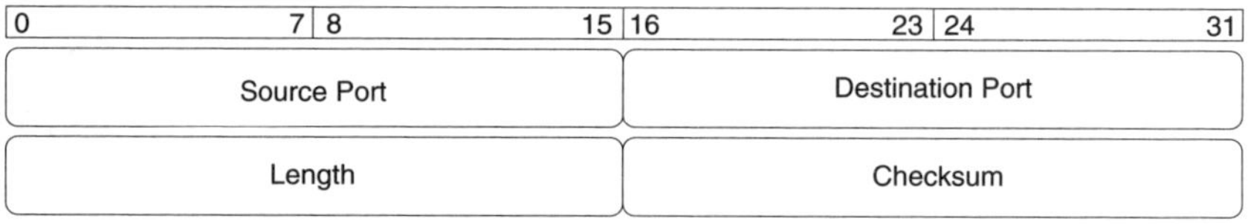

0 7	8 15	16 23	24 31
Source Port		Destination Port	
Length		Checksum	

Source Port
> Quellport des UDP-Datagramms

Destination Port
> Zielport für das UDP-Datagramm

Length
> Hier wird die Anzahl der Bytes angezeigt, die im Datenteil und im Header stehen. Die minimale Größe ist 8.

Checksum
> Die Checksumme bezieht sich auf den Header und den Datenteil eines UDP-Datagramms.

Einige bekannte UDP-Ports: 7 (echo), 19 (chargen), 37 (time), 53 (domain), 67 (boot-ps – DHCP), 68 (bootpc – DHCP), 69 (tftp), 137 (netbios-ns), 138 (netbios-dgm), 161 (snmp), 162 (snmp-trap), 500 (isakmp), 514 (syslog), 520 (rip) und 33434 (traceroute).

D.4 ICMP-Protokoll

Das *Internet Control Message Protocol* (ICMP) wird ebenfalls über IP-Pakete übertragen. Dieses Protokoll dient der Übertragung von Nachrichten mit Aussagen über den Zustand des Netzwerks. Das ICMP-Protokoll besitzt eine Checksumme, die über das gesamte Datagramm geht. Anstelle von Ports wie bei UDP oder TCP hat das ICMP-Protokoll zwei Felder, die den **Type** und den **Code** einer Nachricht angeben.

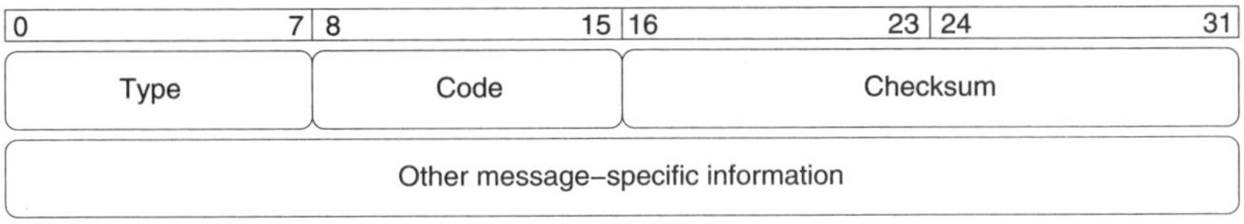

Abbildung D.5:
ICMP-Nachricht

Type	Code	Erklärung	
0	-	Echo Reply (Antwort auf ping-Anfrage)	Tabelle D.1:
3	0	Net Unreachable	ICMP-Protokoll
3	1	Host unreachable	
3	2	Protocol Unreachable	
3	3	Port Unreachable	
3	4	Fragmentation needed	

Fortsetzung:

Type	Code	Erklärung
3	5	Source Route failed
3	6	Destination Network unknown
3	7	Destination Host unknown
3	8	Source Host isolated
3	9	Network Administratively Prohibited
3	10	Host Administratively Prohibited
3	11	Network Unreachable for TOS
3	12	Host Unreachable for TOS
3	13	Communication Administratively Prohibited
4	-	Source Quench
5	0	Redirect Datagram for the Network
5	0	Redirect Datagram for the Host
5	0	Redirect Datagram for the TOS and Network
5	0	Redirect Datagram for the TOS and Host
8	-	Echo (ping-Anfrage)
9	-	Router Advertisement
10	-	Router Selection
11	0	Time to Live exceeded in Transit
11	1	Fragment Reassembly Time Exceeded
12	0	Pointer indicates the Error
12	1	Missing a required Option
12	2	Bad Length
13	-	Timestamp
14	-	Timestamp Reply
15	-	Information Request
16	-	Information Reply
17	-	Address Mask Request
18	-	Address Mask Reply
30	-	Traceroute

Index

Linux und Open Source verstehen?
Schöpfen Sie aus klarer Quelle!

open
source
AKADEMIE

Seminare & Firmenschulungen

Neben den erfolgreichen Fachbüchern bieten wir im Rahmen der Open Source AKADEMIE ein umfangreiches Schulungsprogramm an. Hier ergänzen sich persönliches Engagement unserer Autoren und Partner sowie die qualitativ hochwertige Aufbereitung von Fachwissen in unseren Büchern zu professioneller Know-how-Vermittlung. An ansprechenden Standorten im gesamten Bundesgebiet – oder auch als In-House-Schulung – sind unter anderem folgende Kurse geplant:

- Linux Systemadministration I + II
- Intrusion Detection
- Postfix
- Vorbereitung auf LPIC-1 und LPIC-2
- Debian (Secure Server)
- VPN
- TYPO3   ...und viele weitere – auch auf Anfrage!

Suchen Sie für sich oder Ihre Mitarbeiter Fortbildungsmöglichkeiten in verschiedensten Open-Source-Technologien?

Möchten Sie ausschließlich von zertifizierten und praxiserfahrenen Dozenten unterrichtet werden?

Möchten Sie sich auf hochwertige Schulungsunterlagen verlassen?

Dann nutzen Sie die Möglichkeit zur Information und Anmeldung unter

www.opensourceakademie.de